高等职业教育船舶与海洋工程装备类专业新形态教材

船舶电路基础
（含实训）

主　编　华春梅
副主编　赵婉君　张俊杰
参　编　胡惠宁
主　审　王　宇　李海凤

北京理工大学出版社
BEIJING INSTITUTE OF TECHNOLOGY PRESS

内 容 提 要

本书是职业教育船舶电气技术专业的理实一体化教材,全书共分五个项目:船舶直流电路基础、船舶交流电路基础、船舶电与磁、船舶动态电路、船舶用电安全。每个项目下有若干个任务和相应的实训,明确了知识点和技能点,任务后配有知识巩固及答案,项目结束后有项目总结和实训项目考核标准,方便读者学习。本书将理论和实践相结合的指导方针贯穿始终,内容由浅入深,结构紧凑,适用性强。

本书适合作为高等院校相关专业学生的学习用书,也可作为相关专业工程技术人员的基础参考用书。

版权专有 侵权必究

图书在版编目(CIP)数据

船舶电路基础:含实训 / 华春梅主编.--北京:
北京理工大学出版社,2021.9(2022.3重印)
ISBN 978-7-5763-0323-0

Ⅰ.①船… Ⅱ.①华… Ⅲ.①船舶—电路—教材
Ⅳ.①U665

中国版本图书馆CIP数据核字(2021)第182013号

出版发行 / 北京理工大学出版社有限责任公司
社　　址 / 北京市海淀区中关村南大街5号
邮　　编 / 100081
电　　话 / (010)68914775(总编室)
　　　　　(010)82562903(教材售后服务热线)
　　　　　(010)68944723(其他图书服务热线)
网　　址 / http://www.bitpress.com.cn
经　　销 / 全国各地新华书店
印　　刷 / 河北鑫彩博图印刷有限公司
开　　本 / 787毫米×1092毫米　1/16
印　　张 / 14
字　　数 / 365千字
版　　次 / 2021年9月第1版　2022年3月第2次印刷
定　　价 / 42.00元

责任编辑 / 阎少华
文案编辑 / 阎少华
责任校对 / 周瑞红
责任印制 / 边心超

图书出现印装质量问题,请拨打售后服务热线,本社负责调换

前言

职业教育是我国教育的重要组成部分,在知识理论学习的同时注重技能培训和技术应用是职业教育的主要特点。本书服务于船舶类电气相关专业学生,在编写过程中注意理论知识和实训技能的结合,可作为电工基础课程的首选用书。

全书共五个项目:船舶直流电路基础、船舶交流电路基础、船舶电与磁、船舶动态电路、船舶用电安全,每个项目下有若干个任务和相应的实训,具体有18个任务,17个实训。每个项目都以船舶电路为背景进行描述,并清晰地给出知识目标和技能目标,让读者对该项目将展开的知识内容一目了然。每个任务后都配有知识巩固,每个项目结束都做了知识总结,便于学生掌握基本内容。本书编写中尽量避免烦琐的数学分析与推导,力求做到基本概念清楚、语言简练通畅。书中"*"号部分作为扩展内容供选修。

本书主编华春梅,负责编写项目1、项目5和附录2,及全书的策划、知识梳理、组织、定稿;副主编赵婉君,负责编写项目2、项目3;项目1、项目2、项目3、项目4实训部分及项目5的"触电急救演练"实训由副主编张俊杰编写;参编胡惠宁负责编写项目4及项目5的"防护用品穿戴"实训、"机舱组合报警系统操作"实训、附录1及其他辅助工作。王宇教授和李海凤教授对全书进行了认真的审核,提出了许多具体、宝贵的意见,在此表示诚挚的感谢。本书的编者在编写初期在企业做了充分的调研,并与专业教研室的负责人和教师进行了充分的探讨,在这里特别感谢渤海船舶职业学院船舶电气技术专业负责人赵群老师的悉心指导,感谢浙江友联修造船有限公司生产管理部副经理盛毅的帮助。在编写过程中,参阅了许多文献资料,在此对有关资料的作者深表谢意。

由于编者水平有限,书中难免存在不足,真诚希望广大读者批评指正。

编 者

目录

Contents

项目1　船舶直流电路基础 ……………………………………………………… 1
　任务1.1　电路模型和基本物理量 ………………………………………………… 2
　任务1.2　电路元件 ………………………………………………………………… 9
　任务1.3　基尔霍夫定律 …………………………………………………………… 29
　任务1.4　电路的等效变换和电路分析方法 ……………………………………… 35
　任务1.5　电路定理 ………………………………………………………………… 59

项目2　船舶交流电路基础 ……………………………………………………… 75
　任务2.1　学习单相交流电路 ……………………………………………………… 76
　任务2.2　认识三相交流电路 ……………………………………………………… 104

项目3　船舶电与磁 ……………………………………………………………… 124
　任务3.1　认识变压器 ……………………………………………………………… 125
　任务3.2　三相异步电动机 ………………………………………………………… 157

项目4　船舶动态电路 …………………………………………………………… 167
　任务4.1　动态电路的方程及其初始条件 ………………………………………… 168
　任务4.2　一阶电路的零输入响应 ………………………………………………… 174
　任务4.3　一阶电路的零状态响应 ………………………………………………… 180
　任务4.4　一阶电路的全响应及三要素法 ………………………………………… 183
　*任务4.5　一阶电路的阶跃响应 …………………………………………………… 188

*任务4.6 一阶电路的冲激响应 ……………………………………………191

*项目5 船舶用电安全 ………………………………………………197
任务5.1 常见的触电与急救 ……………………………………………197
任务5.2 船舶电气工具工装防护 ………………………………………202
任务5.3 船舶消防管理与处置 …………………………………………209

附录1 知识巩固参考答案 ……………………………………………214

附录2 实训项目考核标准 ……………………………………………217

参考文献 …………………………………………………………………218

项目 1　船舶直流电路基础

项目描述

为了保障船舶的航行安全，船舶通信与导航设备，如 SSB 设备、VHF 设备、雷达、电罗经、GPS、测深仪、INMARSAT 船站等，都需要蓄电池作为备用电源为其供电。蓄电池也就是能够提供稳定电压的直流电源。船舶蓄电池具有维护简单、工作可靠的特点，在船舶作为应急设备的能源应用得非常广泛，是船舶的重要设备之一。船舶上采用船用蓄电池提供稳定的直流电，广泛使用的船用蓄电池是铅酸电池。铅酸电池是利用二氧化铅和硫酸的化学反应来储存和输出电能的，单节铅酸电池的端电压为 2 V，实际应用中采用多节串联以获得 6 V/12 V/24 V 直流输出为外部电路供电。除船舶通信与导航设备外，船舶报警系统和临时应急照明也采用蓄电池作为备用电源供电，如图 1.0.1 所示，船舶临时应急照明灯由 24 V 蓄电池供电，临时应急照明灯应有明显的红色标志或其灯具在结构上与一般照明灯不同，工作原理是当主电源供电出现故障时，接触器产生信号传递给常开开关 NO，NO 闭合，临时应急照明电路启动。在本项目中，学生将会学习船舶中直流电的相关知识，并掌握直流电路的原理和分析方法。

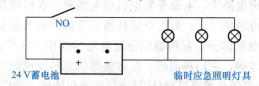

图 1.0.1　船舶临时应急照明电路

项目目标

知识目标

1. 掌握直流电路的基本物理量；
2. 认识电阻、电感、电容及电源，并掌握它们的基本性质和计算方法；
3. 掌握基尔霍夫定律并应用支路电流法分析复杂直流电路；
4. 了解网孔电流法、回路电流法和结点电压法；
5. 利用电源等效变换、叠加定理和戴维南定理分析复杂直流电路；
6. 掌握最大功率传输定理；
7. 了解齐次定理、诺顿定理、置换定理等电路定理。

技能目标

1. 会正确使用直流电压表、直流电流表和万用表；
2. 能够正确测量直流电路的电流、电压；会连接伏安特性测试电路并正确测量数据；
3. 会连接电路测试基尔霍夫定律、叠加定理和戴维南定理。

知识链接

任务 1.1　电路模型和基本物理量

1.1.1　电路和电路模型

1. 实际电路的功能与组成

实际电路是电流的通路，是由一些电器元件相互连接而成的。例如，手电筒就是一个简单的电路，它由电池、开关、灯泡、导线等组成一个电流的通路，如图 1.1.1 所示；又如电力系统、电视机、通信系统、计算机等则拥有比较复杂的电路，它们由许多的电路元件连接组成。每个电路都有其特定的功能。

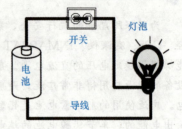

图 1.1.1　手电筒电路

日常工作和生活中的实际电路种类繁多，但就其功能来说可总结为两类。一是实现电能的传输、分配与转换，典型的例子是电力系统；二是实现信息的传递与处理，常见的例子如测量炉温的热电偶温度计、收音机、电视机电路等。

无论电路的结构多么复杂，一个完整的电路都由电源或信号源、负载和中间环节三大部分组成。在传输和转换电能的电路中，电源是发电机或电池等，它们将其他形式的能量转换成电能；负载是电动机、电灯或电炉等，它们将电能转换成其他形式的能量；变压器和输电线是中间环节，是连接电源和负载的部分，起传输和分配电能的作用。在传递和处理信号的电路中，信号源是热电偶、接收天线等，它们将温度、电磁波等信息转变成电压信号，而后通过中间环节(放大、调谐、检波、变频等各种电路)对信号进行传递和处理，最后送到负载(如毫伏计、扬声器、显像管等)还原为原始信息。

无论是用于电能的传输和转换，还是传递和处理信号，通常把电源或信号源的电压或电流称为激励，它推动电路工作；由激励在电路各部分产生的电压和电流称为响应。根据激励与响应之间的因果关系，有时又把激励称为输入，响应称为输出。

实际电路按电路参数可分为"集总参数电路"和"分布参数电路"两大类。当一个实际电路的几何尺寸远小于电路中电磁波的波长时，就称其为集总参数电路；否则就称为分布参数电路。集总参数电路可用有限个理想元件构成其电路模型，电路中的电磁量仅仅是时间的函数；而分布参数电路情况比较复杂，其电磁量不仅是时间的函数，而且是空间距离的函数。集总参数电路理论是电路的最基本理论，本书讨论的电路都是集总参数电路。

本任务的主要内容是介绍电路理论的入门知识并为后续课程的学习准备必要的基础。电路理论研究电路中发生的电磁现象，并用电流、电压、电荷、磁通等物理量来描述其中的过程。电路理论主要是计算电路中各部件、器件的端子电流和端子间的电压，一般不涉及内部发生的物理过程。本书讨论的对象不是实际电路而是实际电路的电路模型。

2. 电路元件和电路模型

在对实际电路的分析过程中，通常采用电路模型来表示整个系统，其主要优点是易于采用数学方法和熟知的电路定律来分析与处理问题。电路模型由实际电路抽象而成，它近似地反映实际电路的电气特性，电路模型是由一些理想电路元件用理想导线连接而成的。那么需要先明确什么是理想电路元件。

实际电路器件在工作时的电磁性质是比较复杂的，绝大多数器件具备多种电磁效应，给分析问题带来困难。为了便于对电路进行分析和计算，进而探讨电路的普遍规律，在分析和研究具体电路时，对实际器件加以理想化，只考虑其中起主要作用的某些电磁属性，而将其他电磁属性忽略。所谓集总参数元件是指一个集总元件只表示一种基本电磁属性，且可用数学方法定义，称集总元件为"理想电路元件"，简称为电路元件。电路元件集总假设的另外一个条件是，要求实际电路元器件的尺寸远远小于正常工作频率所对应的波长。例如，远距离输电线就不能用集总参数来描述。

实际电路中的元器件品种繁多，有的元器件主要消耗电能，如各种电阻器、电灯、电烙铁等；有的元器件主要储存磁场能量，如各种电感线圈；有的元器件主要储存电场能量，如各种类型电容器；有的元器件主要提供电能，如电池、发电机等。发生在实际电路器件中的电磁现象按性质可分为消耗电能，可以用电路元件来表征；供给电能，可以用电源元件来表征，包含电流源和电压源；储存电场能量，可以用电容元件来表征；储存磁场能量，可以用电感元件来表征。

对某一个元器件而言，其电磁性能并不是单一的，并且同一元器件在不同的工作条件下，其模型可以有不同的形式。如实验室用的滑线电阻器，它由导线绕制而成，在直流情况下，主要具有消耗电能的性质，即具有电阻的性质，其模型可以看成一个电阻元件；在较低频率的电流下，考虑磁场作用，其模型就要用电阻元件和电感元件的串联组合来抽象；在较高频率的电流下，还应考虑导体表面的电荷作用，即电容效应，所以，其模型还需要包含电容元件。上述性质总是交织在一起的，当电压、电流的性质不同时，其表现程度也不同。同时，具有相同的主要电磁性能的实际电路部件，也可用同一种电路元件近似地表示。例如，各种电阻器、电灯、电烙铁、电熨斗等，都可用电阻元件来近似表示。

电路元件按照不同的规则有以下多种分类：

(1) 有源元件、无源元件：将不能产生能量的元件称为无源元件；能产生能量的元件称为有源元件。

(2) 线性元件、非线性元件：根据描述数学表达式的不同，元件可分为线性元件、非线性元件、时不变元件和时变元件等。本书涉及的元件主要为线性元件。

(3) 二端元件：有两个接线端子的元件称为二端元件（或一端口元件）；除二端元件外，实际中还有三端元件、四端元件等。

由理想电路元件互相连接组成的电路称为电路模型。电路模型是实际电路的抽象和近似，应当通过对电路物理过程的观察分析而确定一个实际电路应该用什么样的电路模型表示。实际电路的电路模型取得恰当，电路的分析和计算结果就与实际情况接近；模型取得不恰当，则会造成很大误差，有时甚至导致自相矛盾的结果。如果模型取得太复杂就会造成分析的困难；如果取得太简单，又不足以反映所需求解的真实情况。本书中后面未加特殊说明时，所研究的电路均为电路模型。理想电路元件及其组合虽然与实际电路元件的性能不完全一致，但在一定条件下，工程上允许的近似范围内，实际电路完全可以用理想电路元件组成的电路代替，从而使电路的分析与计算得到简化。

用规定的电路符号表示各种理想元件而得到的电路模型图称为电路原理图，简称电路图。电路图只反映元器件在电磁方面相互联系的实际情况，而不反映它们的几何位置等信息。图1.1.2就是图1.1.1所示的实际手电筒电路的电路图。其中，U_S是一种被称为电压源电路元件，代表手电筒的干电池，电阻元件R_S是干电池的内阻，电阻元件R_L表示电灯泡，S表示开关，连接导线消耗电能很少，可以忽略，就用无电阻的短路线表示。

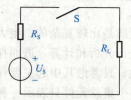

图 1.1.2　手电筒的电路模型图

1.1.2　电路的基本物理量

1.1.2.1　电流及其参考方向

1. 电荷

电荷是最基本的物理量，是组成物质并具有电特性的一种微小粒子，单位为库仑(C)。

物质是由原子组成的。原子是由带正电的原子核和一定数目的绕核运动的电子组成的。原子核又由带正电的质子和不带电的中子组成。质子所带正电量和电子所带负电量是等值的，通常用$+e$和$-e$表示。原子内的电子数和原子核内的质子数相等，所以整个原子呈中性。

一个电子或一个质子所带的电量是相等的，一个电子的电荷量$e=-1.602\times 10^{-19}$ C，1库仑电量中包括6.24×10^{18}个电子。电荷满足电荷守恒定律。电荷的唯一特性是只能被转移，即只能被从一个地方转移到另一个地方，电荷移动过程伴随着能量的转换。

2. 电流

带电粒子在电场力作用下的有序运动形成电流。将单位时间内通过导体横截面的电荷量定义为电流强度，简称电流，用i表示，其表达式为

$$i=\frac{\mathrm{d}q}{\mathrm{d}t} \tag{1.1.1}$$

在国际单位制(SI)中，电流的单位是安培(A)，简称安。当每秒通过导体横截面的电量为1库仑(C)时，电流为1 A。根据实际需要，电流的单位还可用千安(kA)、毫安(mA)、微安(μA)等来表示，它们与安的关系：

$$1\text{ kA}=10^{3}\text{ A} \quad 1\text{ mA}=10^{-3}\text{ A} \quad 1\text{ μA}=10^{-6}\text{ A}$$

如果电流的大小和方向不随时间而变化，称为直流电流(Direct Current，DC)，用大写字母I表示[图1.1.3(a)]。对于直流电流，若在时间t内通过导体横截面的电荷量为Q，则电流为

$$I=\frac{Q}{t} \tag{1.1.2}$$

电流大小和方向都随时间而变化的电流称为交流电流(Alternating Current，AC)，用小写字母i表示，如图1.1.3(b)、(c)所示。图1.1.3(b)中交流电流的大小和方向按照正弦曲线波形变化，称为正弦交流电，后续内容会详细叙述。

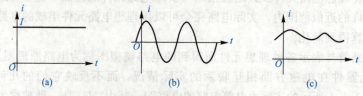

图 1.1.3　电流的波形

(a)直流电流的波形；(b)、(c)交流电流的波形

3. 电流的参考方向

电流就是电荷的流动。规定正电荷流动的方向为电流的实际方向，实际上有的电路中流动的是电子，因为带正电的原子核是不能移动的。但是人们仍然沿用正电荷流动的方向为电流的方向。

在实际电路分析中，当电路比较复杂或为交变电流电路时，在得出计算结果之前，电流的实际方向很难预先判断，而进行电路的分析与计算，又必须确定电流的方向，因此引入"参考方向"这一概念。

图 1.1.4 中长方框表示一个二端电路元件。假设流过这个元件电流的参考方向为 i（由 a 到 b）。如果计算得到 $i>0$，说明实际电流也是从 a 流到 b；如果计算得到 $i<0$，说明实际电流从 b 流到 a（和假设的参考方向相反）。

图 1.1.4　电流的参考方向

电流参考方向用以下两种方法表示：
(1) 用箭头表示：箭头的指向为电流的参考方向，如图 1.1.5(a)所示。
(2) 用双下标表示：如图 1.1.5(b)中的 i_{AB} 所示，电流的参考方向由 A 指向 B。

图 1.1.5　电流参考方向的两种表示
(a) 箭头表示；(b) 双下标表示

1.1.2.2　电压及其参考方向

1. 电压

单位正电荷 q 从电路由一点 A 移动到另一点 B 时电场力所做功的大小定义为该两点间的电位差，即 A、B 两点之间的电压，用字母 u_{AB} 表示。电压是衡量电场力做功能力的一个物理量。

若电场力做功 dW_{AB}，使电荷 q 由 A 点移动到 B 点，则 u_{AB} 为

$$u_{AB}=\frac{dW_{AB}}{dt} \tag{1.1.3}$$

在国际单位制(SI)中，电压的单位是伏特(Voter)，简称伏(V)。当电场力把 1 C(库仑)的电量从一点移动到另一点所做的功为 1 J(焦耳)时，这两点间的电压为 1 V。在电力系统中认为伏特单位小，有时用千伏(kV)来表示电压。在无线电电路中认为伏特单位太大，常用毫伏(mV)、微伏(μV)作电压单位。它们与伏的关系是

$$1\ kV=10^3\ V \quad 1\ mV=10^{-3}\ V \quad 1\ \mu V=10^{-6}\ V$$

电压的另一个定义是两点之间的电位之差即是两点间的电压。为了便于分析电路，常在电路中指定一点作为参考点，假定该点电位是零（用符号"⊥"表示）。单位正电荷 q 从电路中一点 A 移至参考点（$\varphi=0$）时电场力做功的大小，即电位，记作 φ_A。电位实质上就是电路中某点相对于参考点的电压，其单位也是伏特(V)。

可以证明电场力做功与路径无关，因此式(1.1.3)定义的电压也与路径无关，仅取决于始末

点位置，由此得出结论，电路中任意两点间的电压有确定的数值。由于电场力把正电荷从高电位点移向低电位点，因此规定电压的实际方向是从高电位点指向低电位点，即电位降的方向。

2. 电压的参考方向

与电流相同，电路中各电压的实际方向往往不能事先确定，在分析电路前，首先假设出电路中两点间电压的正方向（从高电位指向低电位），将这个假设的方向称为该电压的参考方向，只有在已经标定参考方向之后，电压的数值才有正、负之分。

通常电压参考方向的三种表示方式，如图1.1.6所示：在元件或电路两端用符号"＋""－"分别标定正、负极性，由正极指向负极的方向为电压的参考方向；也可以用箭头表示；或是用双下标表示，u_{AB}表示电路中A、B两点间电压的参考方向从A点指向B点，而u_{BA}则表示电压的参考方向从B点指向A点，显然，$u_{AB}=-u_{BA}$。

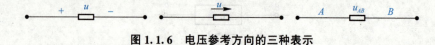

图1.1.6 电压参考方向的三种表示

设定参考方向后，如果计算出的电压$u>0$，则表示实际方向与参考方向一致；如果计算出的电压$u<0$，则表示实际方向与参考方向相反。

1.1.2.3 电压和电流的关联参考方向

一个元件的电压或电流的参考方向可以独立地任意假定。如果指定流过元件的电流参考方向是从标以电压正极性的一端指向负极性的一端，即两者的参考方向一致，则把电流和电压的这种参考方向称为关联参考方向；反之，称为非关联参考方向。

图1.1.7(a)中所示的电压、电流是关联参考方向；而图1.1.7(b)是非关联参考方向。

图1.1.7 电压、电流的关联参考方向
(a)关联参考方向；(b)非关联参考方向

在分析计算复杂电路时，电流和电压的参考方向起着重要作用，分析电路时需要注意以下几项：

(1)无论分析计算何种电路，必须首先指定电压和电流的参考方向，然后才能建立电路方程并求解电路。

(2)电流、电压的参考方向可以任意选定。但一经选定，在电路分析计算过程中不应改变。

(3)在电路图中，标出了参考方向，就按照标出的参考方向进行分析和计算。

(4)在直流电路中，如果已经知道电流、电压的实际方向，则取它们的参考方向与实际方向一致；对于不能确定实际方向的直流电路或交流电路，则一般采用关联参考方向。

1.1.2.4 电功率和电能

1. 电功率

电功率（常简称功率）是用以衡量电能转换速率的物理量。正电荷从一段电路的高电位端移到低电位端是电场力对正电荷做了功，该段电路吸收了电能；正电荷从电路的低电位端移到高电位端是外力克服电场力做了功，即这段电路将其他形式的能量转换成电能释放了出来。单位时间内电场力所做的功，或是电路吸收或释放的电能称为电功率，用符号 w 表示。

设在 dt 时间内电路转换的电能为 dw，则

$$p = \frac{dw}{dt} \tag{1.1.4}$$

又因为从 a 点移动到 b 点时电场力所做的功即电路吸收的电能，则有

$$dw = udp = uidt \tag{1.1.5}$$

对式（1.1.4）进一步推导可得

$$p = ui \tag{1.1.6}$$

式（1.1.6）表明，任一瞬时电路的功率等于该瞬时的电压与电流的乘积。对于直流电路，有

$$P = UI \tag{1.1.7}$$

在国际单位制（SI）中，功率的单位是瓦特（Watt），简称瓦（W）。常用单位还有千瓦（kW）和毫瓦（mW）。照明灯泡的功率用瓦作单位，动力设备（如电动机）则多用千瓦作单位，而在电子电路中往往用毫瓦作单位。

若式（1.1.6）结果为正值，即 $p>0$，则表明该段电路或该元件实际上是吸收或消耗功率；若结果为负值，即 $p<0$，则表明该段电路或该元件实际发出或提供功率。当电路中电压电流参考方向非关联时，在计算吸收功率的公式中需冠以负号，即

$$p = -ui \tag{1.1.8}$$

根据能量守恒原理，在一个电路中，一部分元件或电路发出的功率一定等于其他部分元件或电路吸收的功率，即整个电路的功率是平衡的。

【**例 1.1.1**】 如图 1.1.8 所示电路中，已知 $i=1$ A，$u_1=3$ V，$u_2=7$ V，$u_3=10$ V，求 ab、bc、ca 三部分电路的功率，并指出是吸收功率还是发出功率。

解：ab 段，电阻 R_1 的电压、电流为关联参考方向，由式（1.1.6）得

$$p_1 = u_1 i = 3 \text{ V} \times 1 \text{ A} = 3 \text{ W}$$

bc 段，电压、电流为关联参考方向，由式（1.1.6）得

$$p_2 = u_2 i = 7 \text{ V} \times 1 \text{ A} = 7 \text{ W}$$

ca 段，电源 u_{s1} 的电压、电流为非关联参考方向，由式（1.1.6）得

$$p_3 = -u_3 i = -10 \text{ V} \times 1 \text{ A} = -10 \text{ W}$$

$p_1>0$，故 ab 段电路吸收功率；$p_2>0$，故 bc 段电路吸收功率；$p_3<0$，故 ca 段电路发出功率。

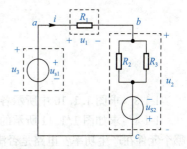

图 1.1.8 例 1.1.1 图

本例中，ab 段电路和 bc 段电路的电压与电流实际方向相同，两者吸收功率；ca 段电路的电压与电流实际方向相反，发出功率。由此可见，当电压与电流的实际方向一致时，电路一定是吸收功率的；反之是发出功率的。电阻元件的电压与电流的实际方向总是一致的，其功率总是正值；电源则不然，它的功率可能是负值，也可能是正值，这说明它可能作为电源提供电能，发出功率，也可能被充电，吸收功率。

2. 电能

电路在一段时间内吸收的能量称为电能。根据式(1.1.4)，在 t_0 到 t 时间内，电路所吸收的电能为

$$w = \int_{t_0}^{t} p \, dt \tag{1.1.9}$$

直流时
$$w = P(t - t_0) \tag{1.1.10}$$

在国际单位制(SI)中，电能的单位是焦耳(J)，它表示 1 W 的用电设备在 1 s 内消耗的电能。在电力工程中，电能常用"度"作单位，它是千瓦小时(kW·h)的简称，1 度等于功率为 1 kW 的用电设备在 1 h 内消耗的电能，即

$$1 \text{ 度电} = 1 \text{ kW·h} = 10^3 \text{ W} \times 3\,600 \text{ s} = 3.6 \times 10^6 \text{ J} = 3.6 \text{ MJ}$$

【例 1.1.2】 已知某二端元件的端电压 $u(t) = 50\sin(10\pi t)$ V，流入元件的电流 $i(t) = 2\cos(10\pi t)$ A，设电压、电流为关联参考方向，求该元件吸收瞬时功率的表达式，并求 $t = 10$ ms 和 $t = 80$ ms 时瞬时功率的值。

解： 由式(1.1.6)，有

$$p(t) = u(t)i(t) = 50\sin(20\pi t) \text{ W}$$

当 $t = 10$ ms 和 $t = 80$ ms 时，

$$p(t) = 50\sin(20\pi \times 10 \times 10^{-3}) = 29.39 \text{ (W)}$$
$$p(t) = 50\sin(20\pi \times 80 \times 10^{-3}) = -47.55 \text{ (W)}$$

计算结果说明，在 $t = 10$ ms 时该元件从外界吸收功率，在 $t = 80$ ms 时该元件向外界释放功率。

知识巩固

1-1-1 为什么要规定电流、电压的参考方向？什么是电流与电压的关联参考方向？

1-1-2 图 1.1.9 中 $U_1 = 4$ V，$U_2 = -8$ V，$U_3 = 6$ V，$I = 2$ A。若 b 为参考点，试求 a、c、d 三点的电位。

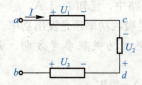

图 1.1.9 习题 1-1-2 图

1-1-3 求图 1.1.10 中所示各元件的功率，并判断是吸收功率还是发出功率。

1-1-4 求如图 1.1.11 所示的电路中，A、B、C、D 元件的功率。问哪个元件在吸收功率？哪个元件在产生功率？电路是否满足功率平衡条件？(已知 $U_A = 30$ V，$U_B = -10$ V，$U_C = U_D = 40$ V，$I_1 = 5$ A，$I_2 = 3$ A，$I_3 = -2$ A)

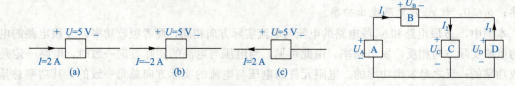

图 1.1.10 习题 1-1-3 图   图 1.1.11 习题 1-1-4 图

任务 1.2 电路元件

1.2.1 电阻元件

1. 电阻元件的基本概念

电阻器是利用一些材料对电流有阻碍作用的特性所制成的,它是一种最基本、最常用的电子器件。电阻器在电路中的用途很多,大致可以归纳为降低电压、分配电压、限制电流和向各种元器件提供必要的工作条件(电压或电流)等。

对于金属导体,实验证明,在一定温度下,电阻除与导体的材料有关外,还与导体的长度 L、导体的横截面面积 S 有关,电阻值 R 的表达式为

$$R = \rho \frac{L}{S} \tag{1.2.1}$$

式中,L 为导体长度(m),S 为导体横截面面积(m^2),ρ 为电阻率($\Omega \cdot m$),R 为电阻值(Ω)。

电阻元件是用来反映电路元件阻碍电流或电能转换为热能等其他形式能量的理想元件,电阻元件习惯上简称为电阻。实际中的电阻器、白炽灯、电炉等在一定条件下可以用电阻元件作为其模型。电阻按照电阻值是否可以调节,通常可分为固定电阻和可变电阻。电阻的电路符号如图 1.2.1 所示。其中,图 1.2.1(a)表示固定电阻,图 1.2.1(b)、(c)有两个端钮,表示二端可变电阻,图 1.2.1(d)表示三端可变电阻。

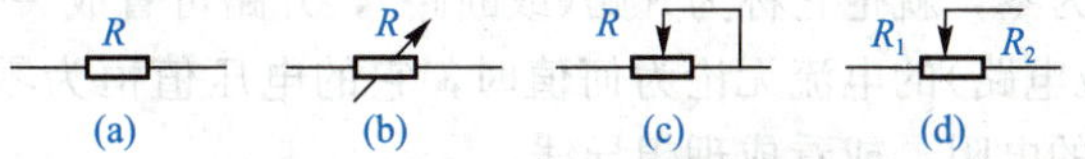

图 1.2.1 常见电阻器的电路符号
(a)固定电阻;(b)、(c)二端可变电阻;(d)三端可变电阻

2. 欧姆定律及电阻元件的约束

若电阻值 R 和其工作电压或电流无关,是一个常数,那么这样的电阻元件称为线性电阻元件。欧姆定律是电路分析中重要的基本定律之一,它表明流过线性电阻的电流与该电阻两端电压之间的关系,反映了电阻元件的特性。对于线性电阻,在关联参考方向下,流过线性电阻元件的电流与电阻两端的电压成正比,则表达式为

$$u = Ri \tag{1.2.2}$$

这就是欧姆定律,比例系数 R 是一个反映电路中电能损耗的参数,称为电阻。在国际单位制(SI)中,电压 u 的单位是伏(V),电流 i 的单位是安(A),电阻 R 的单位是欧姆(Ω),简称欧。当流过电阻的电流是 1 A、电阻两端的电压是 1 V 时,电阻元件的电阻为 1 Ω。常用单位还有千欧($k\Omega$)或兆欧($M\Omega$),其关系为

$$1 \text{ k}\Omega = 10^3 \text{ }\Omega \quad 1 \text{ M}\Omega = 10^3 \text{ k}\Omega = 10^6 \text{ }\Omega$$

为了方便分析,有时利用电阻的倒数(电导)来表征线性电阻元件的特性,用 G 表示,它的单位是西门子,简称西(S)。引入电导后,欧姆定律在关联参考方向下还可以写成

$$i = Gu \tag{1.2.3}$$

若电阻的电流和电压为非关联参考方向,欧姆定律的表达式中应加以负号,即

$$u = -Ri \quad i = -Gu \tag{1.2.4}$$

电阻元件的端电压和电流的关系称为伏安特性,这种关系也称为约束,简称 VCR。可用 $u-i$ 关系方程描述:$f(u, i)=0$,在任意时刻元件的电压与电流的关系可以用一条确定的伏安特性曲线描述。由于耗能元件的电压与电流的实际方向总是一致的,即电流流向电压降落的方向,因此当选取电压与电流的方向为关联参考方向时,电阻元件的伏安特性曲线是位于Ⅰ、Ⅲ象限的曲线。线性电阻元件的伏安特性曲线是通过原点的直线,电阻值的大小等于直线的斜率。图 1.2.2 所示为线性电阻的伏安特性曲线及元件的符号。

若电阻元件的电阻值会随着其工作电压和电流的变化而变化,那么这样的电阻称为非线性电阻元件。其伏安特性曲线如图 1.2.3 所示。例如,半导体二极管的伏安特性是非线性的。

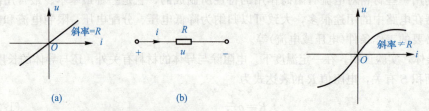

图 1.2.2 线性电阻的伏安特性和符号 图 1.2.3 非线性电阻元件的伏安特性曲线
(a)伏安特性曲线;(b)符号

实际的电阻元件(如电阻器、白炽灯、电炉等),或多或少有非线性因素存在,但这些元件在一定范围内,它们的电阻值变化很小,可以近似地看作线性电阻元件,这样便于进行电路分析。在后面的内容中,若无特殊说明,一般所说的电阻元件均指线性电阻元件,并简称为电阻。

有开路和短路两种特殊的电阻值值得注意。当一个二端元件(或电路)的端电压无论为何值时,流过它的电流值恒为零,就把它称为开路(或断路),开路可看成一个阻值为无穷大的电阻;当流过一个二端元件(或电路)的电流无论为何值时,它的电压值恒为零,就把它称为短路,短路可看成一个阻值为零的电阻,或看成理想导线。

3. 电阻消耗的功率和能量

在关联参考方向下,线性电阻元件吸收(消耗)的功率可由式(1.1.6)和式(1.2.2)计算得到,即

$$p=ui=i^2R=\frac{i^2}{G} \tag{1.2.5}$$

或

$$p=ui=\frac{u^2}{R}=u^2G \tag{1.2.6}$$

可见,当电阻值一定时,电阻消耗的功率与电流(或电压)的平方成正比。在直流电路中,只要把小写字母改成大写字母即可。由于一般情况下电阻 R 和电导 G 是正实数,故功率 p 恒为正值,表明电阻吸收(或消耗)功率,故电阻是无源耗能元件。

电阻元件吸收的电能与时间区间有关,从 t_0 到 t 吸收的能量为

$$W=\int_{t_0}^{t} Ri^2 \mathrm{d}t=\int_{t_0}^{t} \frac{u^2}{R} \mathrm{d}t \tag{1.2.7}$$

在直流情况下

$$W=I^2R(t-t_0) \tag{1.2.8}$$

【例 1.2.1】 已知一个阻值为 51 Ω 的碳膜电阻接入电源电压为 12 V 的直流电源上,求流过该电阻的电流和所消耗的功率。

解:由欧姆定律知,电流为

$$I=\frac{U}{R}=\frac{12}{51}=0.24(\text{A})$$

所消耗的功率为

$$P = \frac{U^2}{R} = \frac{12^2}{51} = 2.82(\text{W})$$

1.2.2 电容元件

1.2.2.1 电容元件的基本概念

1. 电容器和电容元件

在工程实际中,电容器的应用极为广泛。电容器的种类和规格很多,但就其构成的基本原理来说,两个导体中间用电介质隔开就构成电容器,其中两个导体称为电容器的极板。当在两极板上加上电压后,两极板上分别聚集起等量的正、负电荷,并在介质中建立电场而具有电场能量。将电源移去后,电荷可继续聚集在极板上,电场继续存在。所以,电容器是一种能储存电荷或储存电场能量的部件。电容器有很多种类,按采用的绝缘介质分,有有机薄膜电容器、瓷介电容器、电解电容器等;按其形状分,有平行板电容器、圆柱形电容器、片式电容器等;按其容量是否可变分,又有固定电容和可调电容。

实际电容器中的介质是不可能完全绝缘的,总会有电流通过介质,这一现象称为漏电。因此,忽略了漏电现象的电容器,就称为理想电容器。电容元件就是理想电容器的电路模型。线性电容的电路元件如图1.2.4(a)所示。

2. 电容的库伏特性

电容器的容量简称容量,标记为C。符号C既表示电容元件,又表示元件的参数——电容量。

电容元件的元件特性是电路物理量电荷q和电压u的代数关系,称为库伏特性。在电容元件两端电压u的参考方向给定时,若以q表示正极板上的电荷,则电容元件的电荷量与电压之间满足

$$q = Cu \tag{1.2.9}$$

式中,C表示电容元件的电容量,简称电容,也有线性和非线性之分。当电容元件是线性元件时,C不随u和q改变,称为线性电容;否则就为非线性电容。本书中只研究线性电容元件。在国际单位制(SI)中,电容的单位是法拉(F),简称法。电量q的单位是库仑(C),简称库。即如果在电容器极板间加上1 V的电压,每块极板载有1 C电量,则其电容为1 F。对于实际电容器,法拉这个单位非常大,工程上一般采用微法(μF)和皮法(pF)为单位,它们之间的关系是 1 μF = 10^{-6} F, 1 pF = 10^{-6} μF = 10^{-12} F。

电容元件是一个二端元件,其特性可以用$q-u$平面上的曲线来描述,如图1.2.4(b)所示,线性电容元件的库伏特性曲线是一条通过原点的直线。

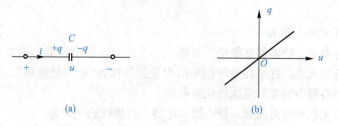

图1.2.4 线性电容元件及其库伏特性曲线
(a)线性电容元件;(b)线性电容元件的库伏特性曲线

3. 常见电容器的电容计算

电容器的电容反映其本身的特性,大小取决于电容器的结构、两极板的形状及大小、极板

的间距、板间充有的电介质等因素，与极板所带的电荷无关。

(1) 最简单、最常见的电容器是由两块金属板或金属纸作为极板构成的平行板电容器。平板电容器的电容为

$$C=\frac{\varepsilon S}{d} \tag{1.2.10}$$

式中，S 为极板面积；d 为两极板间距；ε 为电介质的介电常数。

式(1.2.10)说明，对某一个平板电容器而言，其容量是一个确定值，大小仅与电容器的有效极板面积、板间距离及介质有关，与两极板间电压的大小、极板所带电量无关。可见，增大极板面积，缩小极板间距离和采用介电常数大的电介质都可以增大平行板电容器的电容。

(2) 球形电容器由内外球面构成，电荷均匀分布在内球的外表面和外球的内表面上。其电容为

$$C=\frac{4\pi\varepsilon R_1 R_2}{R_2-R_1} \tag{1.2.11}$$

式中，R_1、R_2 为内外球面半径，ε 为分布在内外球面间介质的介电常数。球形电容器的电容是由它的几何尺寸和介质决定的，与球面所带电量无关。

4. 电容元件的约束

当电容器极板间电压变化时，极板间电荷也随之变化，电容器电路中出现电流，规定电压与电流的参考方向如图 1.2.4(a)所示。

在 dt 时间内，通过导线流进极板的电荷量为

$$dq=idt$$

根据电容定义：

$$q=Cu$$

$$dq=Cdu$$

则有电流：

$$i=\frac{dq}{dt}=C\frac{du}{dt} \tag{1.2.12}$$

这就是电容元件的电流与电压的关系。当电压增高时，$\frac{du}{dt}>0$，则 $\frac{dq}{dt}>0$，$i>0$，极板上电荷增加，电容器充电；当电压降低时，$\frac{du}{dt}<0$，则 $\frac{dq}{dt}<0$，$i<0$，极板上电荷减少，电容器放电；当电压不变时，$\frac{du}{dt}=0$，则 $\frac{dq}{dt}=0$，$i=0$，极板上电荷不变，电容器相当于开路，因此电容器有隔断直流的作用。

5. 电容元件的功率与能量

电容器能储存电荷，故能储存能量。如果把一个已充电的电容器的两个极板用导线短路而放电，可看到放电的火花，这个现象可用来熔焊金属，称为"电容储能焊"。放电火花的热能必然是从充了电的电容器中储存的电能转化而来的。

电压与电流为关联参考方向时，任一瞬间电容元件吸收的功率为

$$p=ui=uC\frac{du}{dt}$$

当 $p>0$ 时，电容吸收功率，处于充电状态；当 $p<0$ 时，电容释放功率，处于放电状态。

在 dt 时间内，电容元件电场中的能量增加量为

$$dW=pdt=Cudu$$

设 $t=0$ 时，$u(0)=0$，则从 0 到 t 时间内，电容元件储存的能量为

$$W = \int_0^t p\mathrm{d}t = C\int_0^u u\mathrm{d}u = \frac{1}{2}Cu^2 \tag{1.2.13}$$

式(1.2.13)表明，电容器在某一时刻的储能，只与此时的电压有关，而与电流无关。电容器的储能公式说明，对于同一个电容元件，当充电电压高或储存的电量多时，它储存的能量就多；对于不同的电容元件，当充电电压一定时，电容量大的储存的能量多。从这个意义上说，电容 C 也是电容元件储能本领大小的标志。

当电压的绝对值增大时，电容元件吸收能量，并全部转换为电场能量；电压减小时，电容元件释放电场能量。电容元件本身不消耗能量，同时，也不会释放出多于它吸收或储存的能量，因此说电容元件是一种无源的储能元件。

【例 1.2.2】 已知加在电容器 $C=1\,000\,\mu\text{F}$ 上的电压如图 1.2.5(a)所示，求电容电流并绘制其波形图。

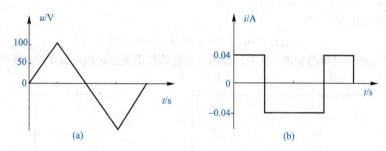

图 1.2.5 例 1.2.2 图
(a)电压波形图；(b)电流波形图

解：当 $0 \leqslant t \leqslant 2.5$ s 时，电压从零均匀上升到 100 V，其变化率为

$$\frac{\mathrm{d}u_C}{\mathrm{d}t} = \frac{100-0}{2.5} = 40(\text{V/s})$$

$$i = C\frac{\mathrm{d}u_C}{\mathrm{d}t} = 10^{-3} \times 40 = 0.04(\text{A})$$

当 2.5 s $\leqslant t \leqslant 7.5$ s 时，电压从 100 V 均匀下降到 -100 V，其变化率为

$$\frac{\mathrm{d}u_C}{\mathrm{d}t} = \frac{-100-100}{7.5-2.5} = -40(\text{V/s})$$

$$i = C\frac{\mathrm{d}u_C}{\mathrm{d}t} = 10^{-3} \times (-40) = -0.04(\text{A})$$

当 7.5 s $\leqslant t \leqslant 10$ s 时，电压从 -100 V 均匀上升到 0，其变化率为

$$\frac{\mathrm{d}u_C}{\mathrm{d}t} = \frac{0-(-100)}{10-7.5} = 40(\text{V/s})$$

$$i = C\frac{\mathrm{d}u_C}{\mathrm{d}t} = 10^{-3} \times 40 = 0.04(\text{A})$$

绘制的电流波形图如图 1.2.5(b)所示。

1.2.2.2 电容元件的串联、并联

1. 电容元件的串联

在实际的电路中，有时会碰到多个电容的串联或并联组合，为了分析方便，可以用一个等效电容来替代它们。

图 1.2.6(a)是 n 个电容的串联电路,根据 KVL,有

$$u=u_1+u_2+\cdots+u_n \tag{1.2.14}$$

因为串联电容中流过的电流相同,即

$$u_k = u_k(t_0)+\frac{1}{C_k}\int_{t_0}^{t}i(\xi)\mathrm{d}\xi, k=1,2,\cdots,n \tag{1.2.15}$$

将式(1.2.15)代入式(1.2.14),得

$$u = u_1(t_0)+u_2(t_0)+\cdots+u_n(t_0)+\left(\frac{1}{C_1}+\frac{1}{C_2}+\cdots+\frac{1}{C_n}\right)\int_{t_0}^{t}i(\xi)\mathrm{d}\xi$$

$$= u(t_0)+\frac{1}{C_{\mathrm{eq}}}\int_{t_0}^{t}i(\xi)\mathrm{d}\xi$$

由此可得 n 个电容串联的等效电容 C_{eq} 为

$$\frac{1}{C_{\mathrm{eq}}}=\frac{1}{C_1}+\frac{1}{C_2}+\cdots+\frac{1}{C_n}=\sum_{k=1}^{n}\frac{1}{C_k} \tag{1.2.16}$$

等效的初始电压为

$$u(t_0)=u_1(t_0)+u_2(t_0)+\cdots+u_n(t_0) \tag{1.2.17}$$

n 个电容串联的等效电路如图 1.2.6(b)所示。注意等效仍然是对端点而言的,或者说对外等效。

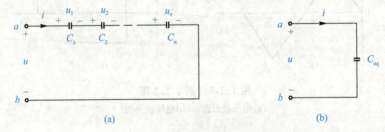

图 1.2.6 串联电容及等效电路
(a)串联电容电路;(b)等效电路

从图 1.2.6 中可以看出,串联等效电容的计算公式与并联等效电阻的计算公式相似,相应的串联电容电路中,每个电容分配到的电压计算公式在形式上与并联电阻的分流公式相似。读者可以自行计算加以验证。

2. 电容元件的并联

图 1.2.7(a)所示为 n 个电容的并联电路,根据 KCL 有

$$i=i_1+i_2+\cdots+i_n \tag{1.2.18}$$

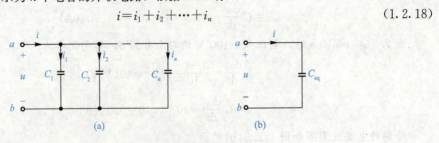

图 1.2.7 并联电容及等效电路
(a)并联电容电路;(b)等效电路

因为并联电容上的电压是相同的,即

$$i_k=C_k\frac{\mathrm{d}u}{\mathrm{d}t},\ (k=1,2,\cdots,n) \tag{1.2.19}$$

将式(1.2.19)代入式(1.2.18),得

$$u=(C_1+C_2+\cdots+C_n)\frac{\mathrm{d}u}{\mathrm{d}t}=C_{eq}\frac{\mathrm{d}u}{\mathrm{d}t}$$

即等效电容 C_{eq} 为

$$C_{eq}=C_1+C_2+\cdots+C_n=\sum_{k=1}^{n}C_k \tag{1.2.20}$$

可以看出,并联等效电容的计算公式与串联等效电阻的计算公式相似,相应的并联电容电路中,每个电容分配到的电流计算公式在形式上与串联电阻的分压公式相似。读者可以自行计算加以验证。

1.2.3 电感元件

电感线圈是由导线绕制而成的,当线圈通入电流时,其中就产生磁通,线圈内部及周围就形成磁场从而具有磁场能,因此,电感线圈可以将电能转换成磁场能;当线圈中的磁通变化时,线圈上就感应出电势,所以,它又可以将磁场能转换成电能。可见,电感线圈是一种可以将电能和磁场能相互转换的器件,是用来描述储存磁场能量的物理现象的理想电路元件。

1.2.3.1 电感元件及其电压、电流关系

1. 定义

图 1.2.8(a)所示为一个单匝线圈,当通过它的磁通 Φ 发生变化时,线圈中就产生感应电动势 e。设磁通 Φ 和电动势 e 的方向都为参考方向,物理学中规定 Φ 和 e 的方向符合右手螺旋关系,即四指代表 e 的方向而拇指代表 Φ 的方向。

如果规定电流 i 和电动势 e 的参考方向相同,如图 1.2.8(a)所示,则电流 i 也和磁通 Φ 符合右手螺旋关系。

$$e=-\frac{\mathrm{d}\Phi}{\mathrm{d}t}$$

图 1.2.8(b)所示为一个绕制紧密的 N 匝线圈,给线圈通入电流 i,根据右手螺旋关系判断产生磁通 Φ 的方向。因为电动势 e 和电流 i 的方向相同,就电动势而言,电流从低电位流向高电位,所以电动势 e 的参考方向为下正上负。如果认为通过各匝线圈的磁通相同,则线圈的感应电动势是单匝线圈的 N 倍,即

$$e=-N\frac{\mathrm{d}\Phi}{\mathrm{d}t}=-\frac{\mathrm{d}N\Phi}{\mathrm{d}t}=-\frac{\mathrm{d}\Psi}{\mathrm{d}t} \tag{1.2.21}$$

式中,$\Psi=N\Phi$,称为磁链,即与线圈各匝交链的磁通总和。

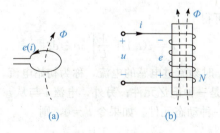

图 1.2.8 电感线圈
(a)单匝线圈;(b)N 匝线圈

图 1.2.9(a)是图 1.2.8(b)所示电感线圈的符号,称为电感元件,简称电感。对于线性电感

而言,电感上的磁链 Ψ 与通过它的电流 i 成正比,即

$$\Psi = N\Phi = Li \quad \text{或} \quad L = \frac{\Psi}{i} = \frac{N\Phi}{i} \tag{1.2.22}$$

式中,L 为线圈的电感(参数),也称自感(系数),是一个正常数。当磁通或磁链的单位为韦伯(Wb,简称韦),电流的单位为安(A),则电感的单位为亨利(H,简称亨)。

若以电流 i 为横坐标,以磁链 Ψ 为纵坐标,则电感上的 $\Psi - i$ 关系为通过坐标原点的一条直线,如图 1.2.9(b)所示,称为线性电感的韦安特性。可见,线性电感中磁链 Ψ 与电流 i 之比等于常数 L。若 Ψ、i 之比不是常数,这种电感称为非线性电感,如铁芯线圈等。本书涉及的均为线性电感。

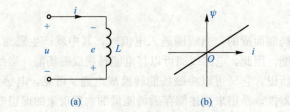

图 1.2.9 电感元件的符号及韦安特性
(a)符号;(b)韦安特性

2. 电感的电压与电流关系

在图 1.2.9(a)或图 1.2.8(b)中,根据 KVL 有

$$u + e = 0$$

结合式(1.2.21)和式(1.2.22)得电感上的伏安特性,即

$$u = -e = \frac{d\Psi}{dt} = L\frac{di}{dt} \tag{1.2.23}$$

式(1.2.23)说明,电感上的电压 u 和流过电流的变化率成正比。若 $i = I$(为直流)时,$u = 0$,故电感对直流相当于短路。另外,流过电感的电流必须是连续的。

由式(1.2.23),可得

$$\Psi = \int_{-\infty}^{t} u(\xi)d\xi = \int_{-\infty}^{t_0} u(\xi)d\xi + \int_{t_0}^{t} u(\xi)d\xi = \Psi(t_0) + \int_{t_0}^{t} u(\xi)d\xi \tag{1.2.24}$$

式中,$\Psi(t_0)$ 为 t_0 时刻电感中的磁链数,称为初始磁链,它说明从 $-\infty$ 到 t_0 时刻电感中所积累的磁链数。如果令 $t_0 = 0$,则

$$\Psi = \Psi(0) + \int_0^t u(\xi)d\xi \tag{1.2.25}$$

另外,由式(1.2.24),可得

$$i = i(t_0) + \frac{1}{L}\int_{t_0}^{t} u(\xi)d\xi \tag{1.2.26}$$

式中,$i(t_0) = \Psi(t_0)/L$,为 t_0 时刻流过电感的电流,称为初始电流。可见,电感电流 i 和初始电流 $i(t_0)$ 有关,所以,电感也是一种记忆元件;另外,电流 i 与从 t_0 到 t 电感两端的电压 u 具有动态关系,因此,电感也是一种动态元件。如果令 $t_0 = 0$,则

$$i = i(0) + \frac{1}{L}\int_0^t u(\xi)d\xi \tag{1.2.27}$$

电感电压 u 的大小取决于 i 的变化率,与 i 的大小无关,电感是动态元件。当 i 为常数(直流)时,$u = 0$,电感相当于短路。在实际电路中,电感的电压 u 为有限值,则电感电流 i 不能跃变,必定是时间的连续函数。在实际电路中,通过电容的电流 i 为有限值,则电容电压 u 必定是

时间的连续函数。

某一时刻的电感电流值与$-\infty$到该时刻的所有电流值有关，也即与初始电流有关，即电感元件有记忆电压的作用，电感元件也是记忆元件。

研究某一初始时刻 t_0 以后的电感电流，不需要了解 t_0 以前的电流，只需要知道 t_0 时刻开始作用的电压 u 和 t_0 时刻的电流 $i(t_0)$。

1.2.3.2 电感元件上的功率和能量

在电压和电流为关联参考方向时，线性电感吸收的功率为

$$p = ui = Li\frac{\mathrm{d}i}{\mathrm{d}t}$$

当 $t=-\infty$ 时，$i(-\infty)=0$，则电感中没有磁场能。因此，电感从 $-\infty$ 到 t 所吸收的磁场能为

$$W_L = \int_{-\infty}^{t} u(\xi)i(\xi)\mathrm{d}\xi = L\int_{-\infty}^{t} i(\xi)\frac{\mathrm{d}i(\xi)}{\mathrm{d}\xi}\mathrm{d}\xi = L\int_{i(-\infty)}^{i(t)} i(\xi)\mathrm{d}i(\xi) = \frac{1}{2}Li^2(t) \quad (1.2.28)$$

可见，电感所吸收的磁场能和电流的平方成正比。

若讨论从 t_1 到 $t_2(t_1 < t_2)$ 时间段电感所吸收的磁场能，由式(1.2.28)得

$$W_L = L\int_{t_1}^{i(t_2)} i(\xi)\mathrm{d}i(\xi) = \frac{1}{2}Li^2(t_2) - \frac{1}{2}Li^2(t_1) = W_L(t_2) - W_L(t_1)$$

当 $i(t_2) > i(t_1)$ 时，$W_L(t_2) > W_L(t_1)$，此时电感从外界吸收能量；当 $i(t_2) < i(t_1)$ 时，$W_L(t_2) < W_L(t_1)$，则电感向外界释放能量。可见电感可以将从外界吸收的能量储存起来，所以，电感也是一种储能元件；又因为电感不可能向外界释放它吸收或储存的多余能量，因此它也是一种无源元件。

由于电感是储能元件，所以电感不消耗能量。但是实际电感都是由导线绕制而成的，由于导线的电阻不可能为零，所以实际的电感元件本身也会消耗一些能量。另外，由于消耗能量和电流直接相关，所以实际电感的电路模型是电感元件和电阻元件的串联组合。

电感的储能只与当时的电流值有关，电感电流不能跃变，反映了储能不能跃变。电感储存的能量一定大于或等于零。

【例 1.2.3】 已知电感元件的电感 $L=0.1$ H，流过它的电流是如图 1.2.10(a)所示的梯形波，求：(1)电压及其波形图；(2)电感元件吸收的瞬时功率，并绘制其波形图。

解：(1)当 $0 \leq t \leq 2$ s 时，电流从零均匀上升到 4 A，其变化率为

$$\frac{\mathrm{d}i}{\mathrm{d}t} = \frac{4-0}{2} = 2(\mathrm{A/s})$$

$$u_L = L\frac{\mathrm{d}i}{\mathrm{d}t} = 0.1 \times 2 = 0.2(\mathrm{V})$$

当 $2 \text{ s} \leq t \leq 6$ s 时，电流为 4 A，其变化率为零，即

$$u_L = L\frac{\mathrm{d}i}{\mathrm{d}t} = 0.1 \times 0 = 0$$

当 $6 \text{ s} \leq t \leq 10$ s 时，电流从 4 A 均匀下降到 -4 A，其变化率为

$$\frac{\mathrm{d}i}{\mathrm{d}t} = \frac{-4-4}{10-6} = -2(\mathrm{A/s})$$

$$u_L = L\frac{\mathrm{d}i}{\mathrm{d}t} = 0.1 \times (-2) = -0.2(\mathrm{V})$$

当 $10 \text{ s} \leq t \leq 14$ s 时，电流为 -4 A，其变化率为零，即

$$u_L = L\frac{\mathrm{d}i}{\mathrm{d}t} = 0.1 \times 0 = 0$$

当 14 s≤t≤16 s 时，电流从 -4 A 均匀上升到 0，其变化率为

$$\frac{\mathrm{d}i}{\mathrm{d}t}=\frac{0-(-4)}{2}=2(\mathrm{A/s})$$

$$u_L=L\frac{\mathrm{d}i}{\mathrm{d}t}=0.1\times2=0.2(\mathrm{V})$$

根据所计算的数据绘制出的电压波形图，如图 1.2.10(b)所示。

(2) 根据 $p=u_L i$，得

当 0≤t≤2 s 时，$p=0.4t$； 当 2 s≤t≤6 s 时，$p=0$；
当 6 s≤t≤8 s 时，$p=-0.4t$； 当 8 s≤t≤10 s 时，$p=0.4t$；
当 10 s≤t≤14 s 时，$p=0$； 当 14 s≤t≤16 s 时，$p=-0.4t$

由此绘制出图 1.2.10(c)所示的瞬时功率波形图。

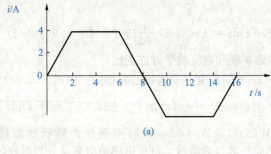

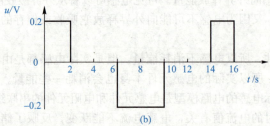

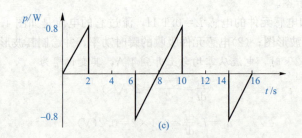

图 1.2.10 例 1.2.3 图
(a)电流波形图；(b)电压波形图；(c)瞬时功率波形图

通过本例可知，电压是一矩形波。电流增大时，电压为正值；电流减小时，电压为负值；电流不变时，电压为零。功率为正值时，电感元件吸收能量；功率为负值时，电感元件释放能量。

1.2.3.3 电感元件的串联、并联

在实际中，有时需要将多个电感进行串联或并联组合，为了分析方便，可以用一个等效电感 L_{eq} 来替代它们。下面先讨论电感的串联，图 1.2.11(a)是 n 个电感的串联电路，根据 KVL，有

$$u = u_1 + u_2 + \cdots + u_n \qquad (1.2.29)$$

因为串联电感中流过的电流相同,即

$$u_k = L_k \frac{\mathrm{d}i}{\mathrm{d}t}, \; k = 1, 2, \cdots, n \qquad (1.2.30)$$

将式(1.2.30)代入式(1.2.29),得

$$u = (L_1 + L_2 + \cdots + L_n)\frac{\mathrm{d}i}{\mathrm{d}t} = L_\text{eq}\frac{\mathrm{d}i}{\mathrm{d}t}$$

即等效电感 L_eq 为

$$L_\text{eq} = L_1 + L_2 + \cdots + L_n = \sum_{k=1}^{n} L_k \qquad (1.2.31)$$

n 个电感串联的等效电路如图 1.2.11(b)所示。注意等效是对端点而言的,或者说对外等效。

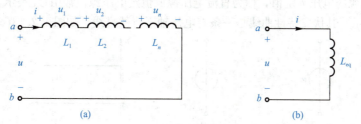

图 1.2.11 串联电感及等效电路
(a)电感串联;(b)等效电路

图 1.2.12(a)是 n 个电感的并联电路,根据 KCL,有

$$i = i_1 + i_2 + \cdots + i_n \qquad (1.2.32)$$

因为并联电感上的电压相同,即

$$i_k = i_k(t_0) + \frac{1}{L_k}\int_{t_0}^{t} u(\xi)\mathrm{d}\xi, (k = 1, 2, \cdots, n) \qquad (1.2.33)$$

将式(1.2.33)代入式(1.2.32),得

$$i = i_1(t_0) + i_2(t_0) + \cdots + i_n(t_0) + \left(\frac{1}{L_1} + \frac{1}{L_2} + \cdots + \frac{1}{L_n}\right)\int_{t_0}^{t} u(\xi)\mathrm{d}\xi$$

$$= i(t_0) + \frac{1}{L_\text{eq}}\int_{t_0}^{t} u(\xi)\mathrm{d}\xi$$

则 n 个电感并联的等效电感 L_eq 为

$$\frac{1}{L_\text{eq}} = \frac{1}{L_1} + \frac{1}{L_2} + \cdots + \frac{1}{L_n} = \sum_{k=1}^{n}\frac{1}{L_k} \qquad (1.2.34)$$

等效电感上的初始电流为

$$i = i_1(t_0) + i_2(t_0) + \cdots + i_n(t_0) \qquad (1.2.35)$$

n 个电感并联的等效电路如图 1.2.12(b)所示。同样,等效是对 a、b 端点而言的。

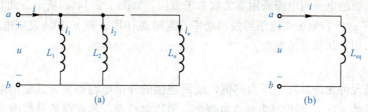

图 1.2.12 并联电感及等效电路
(a)电感串联;(b)等效电路

1.2.4 电源元件

1.2.4.1 独立电源

电源是将其他形式的能量转换成电能的装置，称为有源元件，是各种电能量产生器的理想化模型。电源可分为独立电源和非独立电源（受控源）两类。所谓独立电源，是指能独立地向电路提供电压和电流的有源电路元件。独立电源可分为独立电压源和独立电流源。

1. 电压源

若一个二端元件无论其通过的电流为何值，或所连接的外部电路如何，其两端电压始终保持为某确定的时间函数 $u_S(t)$，则称其为独立电压源，简称电压源，其电路符号如图 1.2.13(a)所示；如果电压源的电压为定值，称为直流电压源或恒定电压源，常用 U_S 表示，其电路符号用图 1.2.13(b)表示；其伏安特性曲线是一条与电流轴平行的直线，如图 1.2.13(c)所示。

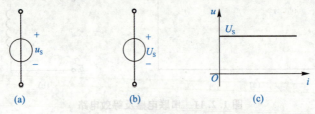

图 1.2.13 电压源的符号及伏安特性
(a)电压源；(b)直流电压源；(c)伏安特性

当电压源与外部电路连接时，如图 1.2.14(a)所示，某一时刻电压源流过的电流大小与方向由电压源及它所连接的外部电路共同确定，它随外电路的不同而变化，但电压源的端电压始终为 $u_S(t)$，与外电路无关。如果电压源没有接外部电路时，如图 1.2.14(b)所示，电流 i 总为零，但其两端电压仍为 $u_S(t)$，这种情况称为电压源开路，$u=u_S(t)$ 称为开路电压。如果电压源的电压 u_S 恒等于零，则其伏安特性曲线为 $u-i$ 平面上的电流轴，输出电压等于零，该电压源相当于短路，实际中是不允许发生的。

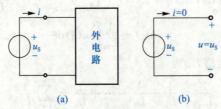

图 1.2.14 电压源的特性
(a)与外部电路连接；(b)电压源开路

通常，电压源的电压与电流采用非关联参考方向，如图 1.2.14(a)所示。此时电压源的功率为 $p=-u_S i$。若 $p<0$，则表明电压源发出功率，起电源作用；若 $p>0$，表明电压源吸收功率，相当于负载的作用，如蓄电池充电。

2. 电流源

若一个二端元件无论其端电压为何值，或所连接的外部电路如何，其输出电流始终保持某个确定的时间函数 $i_S(t)$，则称其为独立电流源，简称电流源，其电路符号如图 1.2.15(a)所示。如果电流源的电流为定值，称为直流电流源或恒定电流源，常用 I_S 表示，其电路符号用

图 1.2.15(b)表示。其伏安特性曲线是一条与电流轴垂直的直线,如图 1.2.15(c)所示。

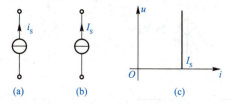

图 1.2.15 直流源的符号及伏安特性
(a)电流源;(b)直流电流源;(c)伏安特性

当电流源与外部电路连接时,如图 1.2.16(a)所示,某一时刻电流源的端电压的大小与方向由电流源与它所连接的外部电路共同确定,它随外电路的不同而变化,但其端电流始终为 $i_S(t)$,与外电路无关。当电流源的外接电路是一条短路线时,其端电压等于零值,但输出的电流仍为 $i_S(t)$,即 $i=i_S$,此时,电流源的电流为短路电流,如图 1.2.16(b)所示。如果电流源的电流 $i_S(t)=0$,则其伏安特性曲线为 $u-i$ 平面上的电压轴,该电流源相当于开路,实际中"电流源开路"是没有意义的。

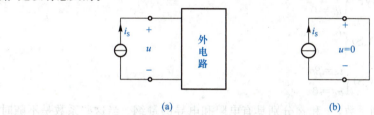

图 1.2.16 电流源的特性
(a)与外部电路连接;(b)电流源短路

通常,电流源的电流和其端电压采用非关联参考方向,如图 1.2.16(a)所示。此时电压源的功率 $p=-ui_S$。若 $p<0$,表明电流源发出功率;若 $p>0$,则表明电流源吸收功率。

一个实际电源在电路分析中,可以用电压源与电阻串联电路或电流源与电阻并联电路的模型表示,具体采用哪一种计算模型,根据计算繁简程度而定。该问题将在等效变换中给予详细叙述。

1.2.4.2 受控电源

受控电源是一种特殊的电源,其输出的电压或电流不是给定的时间函数,而是受电路中某支路电压或电流的控制,又称为非独立电源。如实际中电子管的输出电压受输入电压的控制,晶体管的输出电流受基极输入电流的控制等。

受控电源是有源的二端口元件,它有两个端口:一个是电源端口,体现为电压源 u_S 或电流源 i_S,能提供电功率;另一个是控制端口,体现为控制电压 u_C 或控制电流 i_C。按照控制变量与受控变量的不同组合,受控源可分为电压控制的电压源(Voltage Controlled Voltage Source, VCVS)、电流控制的电压源(Current Controlled Voltage Source, CCVS)、电压控制的电流源(Voltage Controlled Current Source, VCCS)和电流控制的电流源(Current Controlled Current Source, CCCS)四类。受控源的电路符号如图 1.2.17 所示。

四种电源的特性分别表示为

电压控制电压源(VCVS) $\begin{cases} u_S = \alpha u_C \\ i_C = 0 \end{cases}$

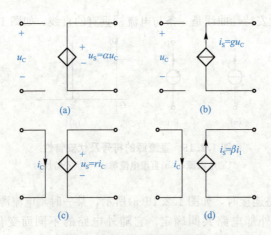

图 1.2.17 受控源的符号
(a)VCVS；(b)VCCS；(c)CCVS；(d)CCCS

电流控制电压源(CCVS) $\begin{cases} u_S = ri_C \\ u_C = 0 \end{cases}$

电压控制电流源(VCCS) $\begin{cases} i_S = gu_C \\ i_C = 0 \end{cases}$

电流控制电流源(CCCS) $\begin{cases} i_S = \beta i_C \\ u_C = 0 \end{cases}$

其中，α、r、g、β 是控制系数，r 和 g 分别具有电阻和电导的量纲。当这些系数是不随时间变化的常数时，受控量和控制量成正比，这种受控源称为线性时不变受控源。本书只涉及这类受控源。

在实际电路中，电子管电压放大器可以用 VCVS 构成电路模型；场效应管电路可以用 VCCS 构成电路模型；他励式直流发电机可以用 CCVS 构成电路模型；晶体管电路可以用 CCCS 构成电路模型。受控源反映了很多电子器件在工作过程中发生的控制关系，许多情况下可以用受控源元件建立电子器件的电路模型。

需要指出，独立电源和受控电源是两个不同的概念。独立电源不受电路中其他部分的电压或电流的控制，能够独立地向网络提供能量和信号；受控电源在电路中虽然能够提供能量和功率，但其提供的能量和功率要取决于受控支路与控制支路的情况。当电路中不存在独立电源时，没有电源为控制支路提供电压和电流，此时的控制量为零，受控电源的电压、电流也为零，因此它不能作为电路独立的激励。

【例 1.2.4】 求图 1.2.18 所示电路中的 U 值。

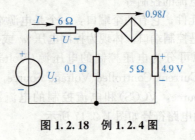

图 1.2.18 例 1.2.4 图

解：先将受控电流源与独立电流源同样看待，即受控电流源所在支路的电流为 $0.98I$，根据

欧姆定律，5 Ω 电阻的电压为

$$u_{5\,\Omega}=0.98I\times 5=4.9\text{ V}$$

所以

$$I=\frac{4.9}{0.98\times 5}=1(\text{A})$$
$$U=6I=6\times 1=6(\text{V})$$

任务实训1

用模拟式万用表测电压、电流、电阻

训练地点：电工基础实训室

训练器材：MF－47型模拟式万用表、15 V 直流稳压电源、12 V 直流稳压电源、220 V 40 W 灯泡、220 V 60 W 灯泡、线性电阻：330 Ω(2个)、51 Ω、200 Ω、100 Ω；各种阻值电阻若干。

训练内容与步骤：

1. MF－47型模拟式万用表的结构

模拟式万用表也称指针式万用表，MF－47型万用表是一种高灵敏度、多量程的便携式整流系仪表，能完成交直流电压、直流电流、电阻等基本项目的测量，还能估测电容器的性能、测量三极管的放大倍数等。其外形如图1.2.19所示，正面有刻度盘、机械调零旋钮、转换开关、欧姆调零旋钮、表笔插孔、大电压插孔、大电流插孔等，背面有电池盒。

模拟式万用表主要由磁电式表头、转换开关和测量线路组成。测量电路的作用是将被测量转换成适合磁电式仪表测量的小直流电流；转换开关的作用是针对不同的测量电量实现不同测量电路的转换和量程的转换。

2. 模拟式万用表使用的注意事项

图1.2.19　MF－47型万用表

(1)在使用万用表之前，应先进行"机械调零"，即在没有被测电量时，使万用表指针指在零电压或零电流的位置上。

(2)在使用万用表过程中，不能用手去接触表笔的金属部分，这样一方面可以保证测量的准确；另一方面也可以保证人身安全。

(3)在测量某一电量时，不能在测量的同时换挡，尤其是在测量高电压或大电流时，更应注意，否则会使万用表毁坏。如需换挡，应先断开表笔，换挡后再去测量。

(4)在测量电阻时尤其要注意每换一个挡位，就要进行一次欧姆挡调零。

(5)万用表使用完毕，应将转换开关置于交流电压的最大挡。如果长期不使用，还应将万用表内部的电池取出来，以免电池腐蚀表内其他器件。

3. 用模拟式万用表测量电阻值

(1)测量某一电阻器的阻值时，要依据电阻器的阻值正确选择倍率挡，按万用表使用方法规定，万用表指针应在刻度盘的中心部分读数才较准确。测量时，电阻器的阻值是万用表上刻度

的数值与倍率的乘积。如测量一电阻，所选倍率为 $R×1$，刻度数值为9.4，该电阻器电阻值为 $R=9.4×1=9.4(\Omega)$。

(2)在测量电阻之前必须进行电阻挡调零。挡位旋钮置于电阻挡，将红、黑表笔短接。旋转调零电位器，使指针指向零。在测量电阻时，每更换一次倍率挡后，都必须重新调零。

(3)用万用表测量各种电阻器阻值并记录数据，要注意不能用手同时捏着表笔和电阻器两引出端，以免人体电阻影响测量的准确性。被测电阻不能有并联支路，不能是其他电路中正在通电的电阻。

4. 用模拟式万用表测量直流电压、电流

按如图 1.2.20 所示的电路接线，直流稳压电源 $U_{S1}=15\text{ V}$，$U_{S2}=12\text{ V}$。

(1)选择合适的量程。首先是够用，其次是准确。

(2)测电压并接，测电流串接，如果已知电压、电流方向，则红表笔接高电位，如果不知道电压、电流方向，可用轻触法试探，如发现指针反偏，则调换红、黑表笔。

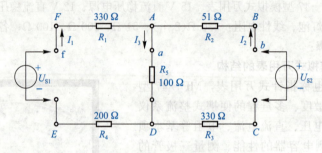

图 1.2.20 电路接线

(3)用万用表测量各部分电压和各支路电流，并记录数据。

5. 用模拟式万用表测量交流电压

将 220 V 40 W 的灯泡和 220 V 60 W 的灯泡串接在交流 220 V 的电源上，选择合适的量程，用万用表分别测量电源和两个灯泡两端的电压，并记录数据。

注意：要求实验人员严格遵守电工实训安全操作规程，防止发生触电事故。

任务实训2

电阻、电容、电感的识别与简易检测

训练地点：教室、电工基础实训室
训练器材：各种不同的电阻、电感、电容、万用表
训练内容与步骤：

1. 电阻器

(1)电阻器和电位器型号命名方法。电阻器和电位器型号一般以四个部分组成，如图 1.2.21 所示。

电阻器的主要参数有标称阻值及允许偏差、温度系数、额定功率。

(2)电阻器的识别。

1)直标法。用阿拉伯数字和单位符号在电阻器表面直接

图 1.2.21 电阻器型号标识图

标出阻值与允许偏差。如 3.6 kΩ±5%。

2)文字符号法。用阿拉伯数字和文字符号有规律的组合来表示标称阻值及允许误差。如 1R5K 表示 1.5(1±10%) Ω、2K7F 表示 2.7(1±1%) kΩ。

3)色标法。用不同颜色的色带在电阻器表面标出标称值和允许偏差。如五色环电阻示意如图 1.2.22 所示。

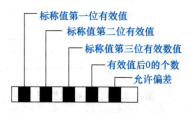

图 1.2.22 五色环电阻示意

黑 0 棕 1 红 2 橙 3 黄 4 绿 5 蓝 6 紫 7 灰 8 白 9
金表示误差为±5%，银表示误差为±10%。
第一条色环：阻值的第一位数字；
第二条色环：阻值的第二位数字；
第三条色环：阻值的第三位数字；
第四条色环：阻值乘数的 10 的幂数；
第五条色环：误差(常见是棕色，误差为 1%)。
五色环电阻器的识别技巧如下：
①找出决定识别方向的第 1 道色环，其特点是该色环距电阻器的一端引线距离较近。
②表示电阻器的最后一条色环的偏差色环一般与前几条色环的间隔比较大，以此判断哪一条为最后一条色环。
③金色、银色在有效数字中无具体含义，只表示具体偏差值，所以，金色或银色这一环必定为最后一条色环，根据这一点可以分辨各色的顺序。
四色环电阻则只有两位有效值。

(3)用万用表测量电阻值。

1)选择适当倍率挡。测量某一电阻器的阻值时，要依据电阻器的阻值正确选择倍率挡，按万用表使用方法规定，万用表指针应在刻度盘的中心部分读数才较准确。测量时，电阻器的阻值是万用表上刻度的数值与倍率的乘积。如测量一电阻，所选倍率为 $R×1$，刻度数值为 9.4，该电阻器电阻值为 $R=9.4×1=9.4$（Ω）。

2)电阻挡调零。在测量电阻之前必须进行电阻挡调零。挡位旋钮置于电阻挡，将红、黑表笔短接，旋转调零电位器，使指针指向零。在测量电阻时，每更换一次倍率挡后，都必须重新调零。

3)测量电阻。测量电阻器时，要注意不能用手同时捏着表笔和电阻器两引出端，以免人体电阻影响测量的准确性。

2. 电容器

(1)电容器型号命名方法。国产电容器的命名一般有四部分(不适用压敏、可变、真空电容器)。

第一部分：名称，用字母表示，电容器用 C；第二部分：材料，用字母表示；第三部分：分类，一般用数字表示，个别用字母表示；第四部分：序号，用数字表示。

用字母表示产品的材料：A—钽电解；B—聚苯乙烯等非极性薄膜；C—高频陶瓷；D—铝电解；E—其他材料电解；G—合金电解；H—复合介质；I—玻璃釉；J—金属化纸；L—涤纶等极性有机薄膜；N—铌电解；O—玻璃膜；Q—漆膜；T—低频陶瓷；V—云母纸；Y—云母；Z—纸介。

在电容器上实际标注时也有按如图1.2.23所示的标注方法。

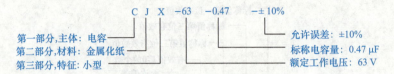

图1.2.23　电容器标注

电容器的主要参数有标称容量及允许误差、额定工作电压、绝缘电阻。

(2)识读电容的标称值。电容器容量单位的标注规则：当电容器的容量大于100 pF而又小于1 F时，一般不注单位，没有小数点的，其单位是pF，有小数点的其单位是F。如4700就是4 700 pF，0.22就是0.22 F；当电容量大于10 000 pF时，可用F为单位，当电容小于10 000 pF时用pF为单位。

具体标称方法主要有如下几种：

1)直接标称法。由于电容体积要比电阻大，所以一般都使用直接标称法。如果数字是0.001，那它代表的是0.001 F，同样，100就是100 pF。

2)不标单位的直接表示法。用1～4位数字表示，容量单位为pF，如350为350 pF，3为3 pF，0.5为0.5 pF。

3)文字符号法。用数字和文字符号有规律的组合来表示容量。如p10表示0.1 pF，1p0表示1 pF，6p8表示6.8 pF，2μ2表示2.2 μF。

4)数学计数法。如瓷介电容，标值272，容量：27×100 pF＝2 700 pF。如果标值473，即47×1 000 pF＝0.047 μF。又如：332＝33×100 pF＝3 300 pF。

5)色标法。沿电容引线方向，用不同的颜色表示不同的数字，第一、二色环表示电容量，第三种颜色表示有效数字后零的个数(单位为pF)。

颜色意义：黑＝0、棕＝1、红＝2、橙＝3、黄＝4、绿＝5、蓝＝6、紫＝7、灰＝8、白＝9。

(3)判断电解电容的极性。

1)从管脚和外形判断极性(图1.2.24)。

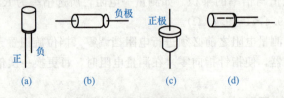

图1.2.24　电解电容极性

(a)长短引脚；(b)、(c)不同端头形状；(d)标出负极性引脚

①采用长短不同的引脚来表示引脚极性，通常长的引脚为正极性引脚，如图1.2.24(a)所示。

②采用不同的端头形状来表示引脚的极性，如图1.2.24(b)和(c)所示，这种方式往往出现在两根引脚轴向分布的电解电容器。

③标出负极性引脚，如图1.2.24(d)所示，在电解电容器的绝缘套上画出像负号的符号，以

表示这一引脚为负极性引脚。

2)用万用表检测判断极性。用万用表测量电解电容器的漏电电阻,并记下这个阻值的大小,然后将红、黑表笔对调再测电容器的漏电电阻,将两次所测得的阻值对比,漏电电阻小的一次,黑表笔所接触的是负极。

(4)电容器的检测。

1)用模拟式万用表测量电容器的漏电电阻。

①用万用电表的欧姆挡($R×10$ k 或 $R×1$ k 挡,视电容器的容量而定)进行测量,当两表笔分别接触容器的两根引线时,表针首先朝顺时针方向(向右)摆动,然后又慢慢地向左回归至∞位置的附近,此过程为电容器的充电过程。

②当表针静止时所指的电阻值就是该电容器的漏电电阻(R)。在测量中如表针距无穷大较远,表明电容器漏电严重,不能使用。有的电容器在测漏电电阻时,表针退回到无穷大位置后,又顺时针摆动,这表明电容器漏电更严重。一般要求漏电电阻 $R \geqslant 500$ kΩ,否则不能使用。

③对于电容量小于 5 000 pF 的电容器,万用表不能测它的漏电电阻。

2)用模拟式万用表检测电容器的断路(又称开路)、击穿(又称短路)。

①检测容量为 6 800 pF~1 F 的电容器,用 $R×10$ k 挡,红、黑表笔分别接电容器的两根引脚,在表笔接通的瞬间,应能见到表针有一个很小的摆动过程。

如若未看清表针的摆动,可将红、黑表笔互换一次后再测,此时表针的摆动幅度应略大一些,若在上述检测过程中表针无摆动,说明电容器已断路。

若表针向右摆动一个很大的角度,且表针停在那里不动(没有回归现象),说明电容器已被击穿或严重漏电。

注意:在检测时手指不要同时碰到两支表笔,以避免人体电阻对检测结果的影响,同时,检测大电容器如电解电容器时,由于其电容量大,充电时间长,所以当测量电解电容器时,要根据电容器容量的大小,适当选择量程,电容量越小,量程越要放小,否则就会把电容器的充电误认为击穿。

②检测容量小于 6 800 pF 的电容器时,由于容量太小,充电时间很短,充电电流很小,万用表检测时无法看到表针的偏转,所以此时只能检测电容器是否存在漏电故障,而不能判断它是否开路,即在检测这类小电容器时,表针应不偏,若偏转了一个较大角度,说明电容器漏电或击穿。关于这类小电容器是否存在开路故障,用这种方法是无法检测到的。可采用代替检查法,或用具有测量电容功能的数字万用表来测量。

3. 电感器

凡是应用"电磁感应"原理制成、用在电路中进行电与磁转换作用的器件统称为电感器。

电感器可分为两大类:一类主要是应用"自感"作用的电感线圈;另一类则主要是应用"互感"作用的变压器。

(1)识读电感器的标称值。

1)色标法,也称色码表示法。色标法即用色环表示电感量,单位为μH,第一、二位表示有效数字,第三位表示倍率,第四位为允许偏差,如图 1.2.25 所示。

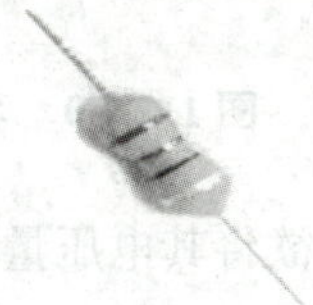

色序:红、红、黑、银
$L = 22 × 10^0$ μH
$= 22$ μH
允许偏差为±10%

图 1.2.25 电感器色标法

2)文字表示法。文字表示法如图 1.2.26 所示。

采用这种表示方法的通常是一些小功率电感器,如 "6N8" 表示电感量为 6.8 nH

图 1.2.26　电感器文字表示法

3)数码法。数码法如图 1.2.27 所示。

这种表示方法常用于贴片电感器上,单位为 μH。
如:$470=47×10^0$ μH=47 μH
$221=22×10^1$ μH=220 μH。
允许偏差为±10%

图 1.2.27　电感器数码法

4)直标法。直标法即将电感量直接印在电感器上,如图 1.2.28 所示。

图 1.2.28　电感器直标法

(2)电感的测量及好坏判断。
1)电感测量。将万用表打到蜂鸣二极管挡,把表笔放在两引脚上,看万用表的读数。
2)好坏判断。
①贴片电感此时的读数应为零,若万用表读数偏大或为无穷大则表示电感损坏。
②电感线圈匝数较多,线径较细的线圈读数会达到几十到几百,通常情况下线圈的直流电阻只有几欧姆。损坏表现为发烫或电感磁环明显损坏,若电感线圈不是严重损坏,而又无法确定其故障时,可用电感表测量其电感量或用替换法来判断。电感的代换原则:电感线圈必须原值代换(匝数相等,大小相同);贴片电感只需大小相同即可。

知识巩固

1-2-1　在指定的电压 u、电流 i 参考方向下,写出图 1.2.29 所示元件 u 和 i 的约束方程。
1-2-2　在指定的电压 u、电流 i 参考方向下,写出图 1.2.30 所示元件 u 和 i 的约束方程。

图 1.2.29　习题 1-2-1 图　　　图 1.2.30　习题 1-2-2 图

1-2-3　一量程为 U_1 的电压表,其内阻为 R_g。欲将其电压量程扩大到 U_2,可以采用串联分压电阻的方法,如图 1.2.31 所示,求串联电阻 R。
1-2-4　为了扩大量程为 $I_g=30$ μA、内阻为 $R_g=1$ kΩ 的电流表的量程为 $I_0=5$ mA,如

图 1.2.32 所示，可以在表头的两端并接一个分流电阻，求 R 的值。

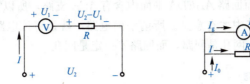

图 1.2.31　习题 1-2-3 图　　　图 1.2.32　习题 1-2-4 图

1-2-5　如图 1.2.33 所示的电路，已知 $R_1=100\ \Omega$，$R_2=50\ \Omega$，电流表的示数为 $I_1=1.2\ \text{A}$，$I=6\ \text{A}$，求 I_2、I_3 及电阻 R_3。

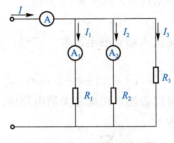

图 1.2.33　习题 1-2-5 图

任务 1.3　基尔霍夫定律

基尔霍夫定律和欧姆定律都是电路的基本定律。这两个定律都是以大量的实验为基础，并且经过无数次实践证实的，如果欧姆定律反映了线性电阻元件上电流与电压的约束关系，那么基尔霍夫定律则是从电路结构上(与元件性质无关)反映了电路中电流之间或电压之间的约束关系，这种约束也称"拓扑约束"。为了便于定律的阐述，先介绍几个有关的电路术语。

(1)支路。一个电路中至少有一个电路元件且通过同一电流的分支，称为支路。一个支路可以是一个元件，也可以由几个元件串联组成。如图 1.3.1 所示，共有 ABE、ACE、ADE 三条支路，ABE、ACE 为有源支路，ADE 为无源支路。

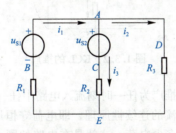

图 1.3.1　电路举例

(2)结点。三个或三个以上支路的交汇点称为结点。图示电路中有 A、E 两个结点，而 B、C、D 不称为结点。

(3)回路。电路中由若干条支路构成的任一闭合路径称为回路。图示电路中 ABECA、ACEDA、ABEDA 都是回路，此电路只有三个回路。

(4) 网孔。回路平面内再不含有其他支路的回路称为网孔。在图 1.3.1 电路中，回路 $ABECA$、$ACEDA$ 就是网孔，而回路 $ABEDA$ 平面内含有 ACE 支路，所以它就不是网孔，只能称为回路。网孔只有在平面电路中才有意义。所谓平面电路，就是将该电路绘制在一个平面上时，不会出现互相交叉的支路。网孔是回路，而回路不一定是网孔。

1.3.1 基尔霍夫电流定律

基尔霍夫电流定律(KCL)也称基尔霍夫第一定律。其内容：在集总参数电路中，对于电路中的任一结点、任一时刻，流入该结点的电流之和等于流出该结点的电流之和，即

$$\sum i_\text{入} = \sum i_\text{出} \tag{1.3.1}$$

例如，图 1.3.1 所示的电路中结点 A，列出 KCL 方程为

$$i_1 = i_2 + i_3$$

若考虑电流的参考方向，规定流入结点的电流取"+"号，流出结点的电流取"−"号，则上述方程可以改写为

$$i_1 + (-i_2) + (-i_3) = 0$$

因而，基尔霍夫电流定律又可以表述：在集总参数电路中，任一时刻，流经任一结点电流的代数和恒等于零。它的表达式为

$$\sum i = 0 \tag{1.3.2}$$

基尔霍夫电流定律通常用于结点，但也可推广应用于电路中包含着几个结点的封闭面。

如图 1.3.2 所示，点画线绘制出的包含三个结点 1、2、3 的封闭面，分别列出结点 1、2、3 的 KCL 方程，有

结点 1：$-i_1 - i_4 - i_6 = 0$

结点 2：$i_2 + i_4 - i_5 = 0$

结点 3：$-i_3 + i_5 + i_6 = 0$

以上三个方程相加，得

$$i_2 + (-i_1) + (-i_3) = 0$$

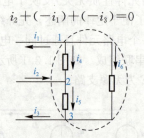

图 1.3.2 KCL 的推广

可见，基尔霍夫电流定律的推广为任一时刻流入电路中任一封闭面的电流代数和恒等于零。

基尔霍夫电流定律体现了电流的连续性原理，即电荷守恒原理。在电路中进入某一地方多少电荷，必定同时从该地方出去多少电荷。这就是在电路的同一条支路中各处电流都相等的道理。基尔霍夫电流定律仅仅涉及电路的电流，与电路元件的性质无关。在物理上，基尔霍夫电流定律是电荷守恒原理在电路中的反映。

注意：在列 KCL 方程时，无论根据哪一种表述方式列写，必须先指定各支路电流的参考方向，并在图上明确标出。

【**例 1.3.1**】 电路如图 1.3.3 所示，求图中的电流 i_3。

解：对于图中的结点应用 KCL，根据流入电流和等于流出电流和，则

$$i_2 + 5 = i_1 + i_3$$

或是规定流出结点电流为正,流入为负,则

$$i_1 - i_2 + i_3 - 5 = 0$$

可见,如果求出 i_1 和 i_2 就可以求出 i_3。为了求出 i_1,在 2 Ω 的电阻上应用欧姆定律:

$$i_1 = 4/2 = 2(A)$$

图中 i_2 是一个 CCCS,由给定参数可求出 $i_2 = 1$ A,将 i_1 和 i_2 代入 KCL 方程,则

$$2 - 1 + i_3 - 5 = 0$$

解得

$$i_3 = 4 \text{ A}$$

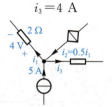

图 1.3.3 例 1.3.1 图

1.3.2 基尔霍夫电压定律

基尔霍夫电压定律(KVL)也称为基尔霍夫第二定律,是用来确定连接在同一回路中各支路电压之间关系的。它的表述:在集总参数电路中的任一回路,在任意时刻,沿该回路绕行一周的全部电压的代数和等于零,即

$$\sum u = 0 \tag{1.3.3}$$

直流电路中应表述为

$$\sum U = 0$$

需要注意的是,上式取和时,首先要给定各元件电压的参考方向,其次必须指定回路的绕行方向,可以是顺时针也可以是逆时针。当元件电压的参考方向与回路的绕行方向一致时,该电压前取"+"号;元件电压参考方向与回路绕行方向相反时前面取"-"号。回路的绕行方向用带箭头的虚线表示。

对于图 1.3.4 所示的电路,按照图中标定的元件电压参考方向与回路绕行方向,回路 L_1 与回路 L_2 的 KVL 方程分别为

$$L_1: u_{S2} + u_2 - u_1 - u_{S1} = 0$$
$$L_2: u_3 - u_2 - u_{S2} = 0$$

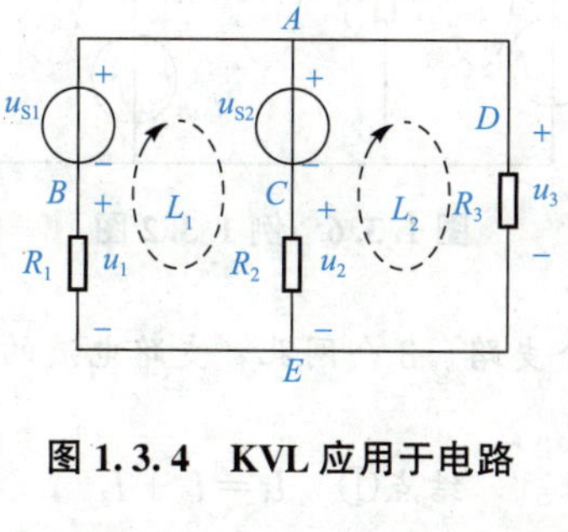

图 1.3.4 KVL 应用于电路

基尔霍夫电压定律实质上是电路中两点间电压与路径无关这一性质的体现,从电路中的一点出发,经任意路径绕行一周回到原点,所经回路的电位差代数和一定为零。

若对以上方程做适当移项,有

$$L_1: u_{S2} + u_2 = u_1 + u_{S1}$$
$$L_2: u_3 = u_2 + u_{S2}$$

对照电路可知,方程左边的各项相对于回路的绕行方向为电压降,右边各项则是电压升。因此,基尔霍夫电压定律还可表述:在任意时刻,沿回路各支路电压降的和等于电压升的和。

KVL 也适用电路中任一假想的回路。例如,在图 1.3.5 中可以假想回路 $acba$,其中的 a、b 端并未绘制出支路。对此回路沿图示方向,从 a 点出发,顺时针绕行一周,按图中规定的参考方向有

$$u_1 + u_2 - u_{ab} = 0$$

移项得到

$$u_{ab} = u_1 + u_2$$

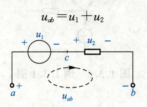

图 1.3.5 KVL 的推广

在一个电路中,KCL 是支路电流之间的线性约束关系,KVL 是支路电压之间的线性约束关系。这两个定律仅与电路中元件的连接关系有关,与元件的性质无关。就是说,如果两个电路的元件数、元件编号及对应的连接关系相同,则两个电路对应的 KCL 和 KVL 方程是相同的。或者说,只要两个电路的拓扑相同,KCL 和 KVL 方程就是相同的,所以,基尔霍夫定律是电路网络的拓扑约束。无论元件是线性的或非线性的、时变的或时不变的,KCL 和 KVL 总是成立的。

对一个电路应用 KCL 和 KVL 时,应对各结点编号,并指定有关回路的绕行方向,同时指定各支路电流和各元件电压的参考方向,一般两者取关联参考方向。

【例 1.3.2】 指出图 1.3.6 中有几个结点、支路、网孔,并列出图 1.3.6 中①、②结点的 KCL 方程和网孔的 KVL 方程。

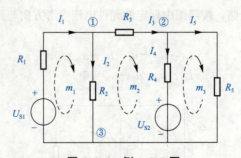

图 1.3.6 例 1.3.2 图

解: 图中共有 3 个结点、5 个支路、3 个网孔,支路电流的参考方向已标在图中,KCL 方程如下:

$$结点① \quad I_1 = I_2 + I_3$$
$$结点② \quad I_3 = I_4 + I_5$$

图中有三个网孔,标出网孔的绕行方向如图 1.3.6 所示,对网孔列 KVL 方程,其中电阻电

压用支路电流来表示：

$$网孔\ m_1 \quad R_1I_1+R_2I_2-U_{S1}=0$$
$$网孔\ m_2 \quad R_3I_3+R_4I_4+U_{S2}-R_2I_2=0$$
$$网孔\ m_3 \quad R_5I_5-R_4I_4-U_{S2}=0$$

【例 1.3.3】 电路如图 1.3.7 所示，求电路中的 u_1、u_2 和 u_3。

解：图中三个回路（也是网孔）m_1、m_2 和 m_3，箭头表示各自回路的绕行方向，对 3 个回路分别列出 KVL 方程，即

$$回路\ m_1 \quad -u_1+15-u_2=0$$
$$回路\ m_2 \quad u_2+u_3-20=0$$
$$回路\ m_3 \quad 30-u_3-15=0$$

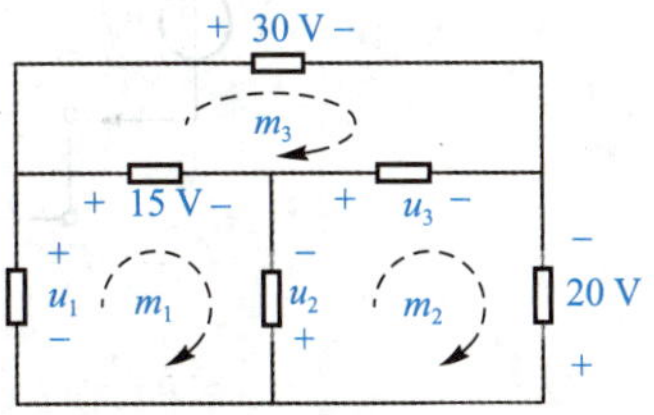

由回路 m_3 方程，得 $u_3=15\ V$；将 u_3 代入回路 m_2 方程，得 $u_2=5\ V$；将 u_2 代入回路 m_1 方程，得 $u_1=10\ V$；另外，对于由 u_1、30 V 和 20 V 支路所构成的回路同样可以应用 KVL，即

$$-u_1+30-20=0$$

于是，得

$$u_1=10\ V$$

可见，在求 u_1 的过程中选择不同的路径，所得的结果是相同的。此结果说明：电路中任一支路上（或任意两点之间）的电压与所选的路径无关，这说明了 KVL 与路径无关的性质。

图 1.3.7 例 1.3.3 图

【例 1.3.4】 求图 1.3.8 所示电路中两个受控电源各自发出的功率。

解：对结点②列 KCL 方程求得 $i_1+2i_2=9\ A \Rightarrow i_1=3\ A$
电阻两端电压为

$$u_1=-(2\ \Omega \times i_1)=-6\ V$$

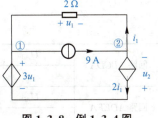

图 1.3.8 例 1.3.4 图

利用外回路的 KVL 方程求得受控电流源端口电压为

$$u_2=-3u_1+u_1=12\ V$$

受控电流源发出的功率为

$$P_{CCCS}=u_2\times 2i_1=72\ W$$

受控电压源发出的功率为

$$P_{VCVS}=3u_1\times 2i_1=-108\ W$$

任务实训

验证基尔霍夫定律

训练地点：电工基础实训室

训练器材：15 V 直流稳压电源、12 V 直流稳压电源、数字电压表、多量程直流电流表；线性电阻：330 Ω(2个)、51 Ω、200 Ω、100 Ω；万用表。

训练内容与步骤：

(1) 按图 1.3.9 所示的电路接线，直流稳压电源 $U_{S1}=15\ V$，$U_{S2}=12\ V$，以多量程电流表分别串入三条支路（以电流表分别取代 Ff、Aa 和 Bb 间的连线），测定三个支路电流 I_1、I_2 和 I_3。将所测数据填入表 1.3.1，并观察计算所得数据之间的关系。

(2) 在图 1.3.9 中，用数字电压表分别测定回路 $ABCDA$ 和回路 $ADEFA$ 各段电压，并计算

出回路总电压 $\sum U$，填入表 1.3.2，分析所得电压数据。

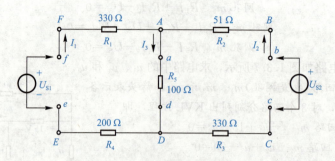

图 1.3.9　基尔霍夫定律验证电路

表 1.3.1　基尔霍夫第一定律

I_1/mA	I_2/mA	I_3/mA	$\sum I$（A 点）	U_{S1}/V	U_{S2}/V

表 1.3.2　基尔霍夫第二定律

	U_{AB}	U_{BC}	U_{CD}	U_{DA}	$\sum U$
回路 ABCDA					
	U_{AD}	U_{DE}	U_{EF}	U_{FA}	$\sum U$
回路 ADEFA					

注意：

（1）接入电流表时，要注意量程选择，量程的选择取决于对通过的电流值的估算，同时要注意电源和电表的极性不要接错。

（2）在记录电表数值时，要注意参考方向与测量方向一致取正号；相反取负号。

知识巩固

1-3-1　观察如图 1.3.10 所示的电路，列举出它的支路、结点、回路、网孔。

1-3-2　列出图 1.3.11 中的 KCL 方程和 KVL 方程。

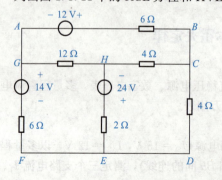

图 1.3.10　习题 1-3-1 图

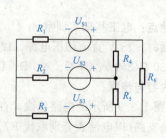

图 1.3.11　习题 1-3-2 图

任务1.4 电路的等效变换和电路分析方法

1.4.1 电阻的等效变换

1.4.1.1 等效变换的概念

对电路进行分析和计算时,有时可以把电路中某一部分简化,即用一个较为简单的电路代替该电路。在图1.4.1(a)中,右方线框中由几个电阻构成的电阻网络N_1可以用一个电阻R_{eq}代替,如图1.4.1(b)所示,使整个电路得以简化。进行代替的条件是使图1.4.1(a)、(b)中,端子$a-b$以右的部分有相同的伏安特性。电阻R_{eq}称为等效电阻,其值取决于被代替的原电路中各电阻的值及它们的连接方式。

当图1.4.1(a)中端子$a-b$以右电路被R_{eq}代替后,$a-b$以左部分电路的任何电压和电流都将维持与原电路相同,这就是电路的"等效概念"。一般来说,当电路中某一部分用其等效电路代替后,未被代替部分的电压和电流均应保持不变。也就是说,用等效电路的方法求解电路时,电压和电流保持不变的部分仅限于等效电路以外,这就是"对外等效"的概念。等效电路是被代替部分的简化或结构变形,因此,内部并不等效。例如,把图1.4.1(a)所示电路简化后,不难按图1.4.1(b)求得端子$a-b$以左部分的电流i和端子$a-b$的电压u,它们分别等于原电路中的电流i和电压u。如果要求图1.4.1(a)中线框内的各电阻的电流,就必须回到原电路,根据已求得的电流i和电压u来求解。可见,"对外等效"也就是其外部特性等效。

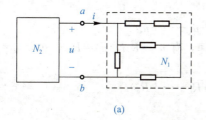
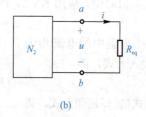

(a)   (b)

图1.4.1 等效的概念
(a)电阻网络;(b)等效电阻

1.4.1.2 无源一端口的等效电阻

若一端口网络内部含有独立源,称为有源一端口网络;若一端口网络内部不含有独立源,称为无源一端口网络。

一个无源一端口N_0包括两种情况:一是内部仅含电阻的一端口;二是内部除含有电阻外,还含有受控源。这样的一端口可以用一个电阻等效替代。设无源一端口的电压u和电流i如图1.4.2(a)所示,其中,u、i是关联参考方向,则该无源一端口等效电阻的定义为

$$R_{eq} = \frac{u}{i} \tag{1.4.1}$$

当无源一端口作为电路的输入端口时,等效电阻称为输入电阻R_{in}。注意,含有受控源一端口的等效电阻有时可能为负值。

求取一端口的等效电阻一般有两种方法,即电压法和电流法。

(1)电压法:电压法是在端口加一个电压源u_S,设$u=u_S$,然后求出在该电压源作用下的电

流 i,如图 1.4.2(b)所示。

(2)电流法：电流法是在端口加一个电流源 i_S,设 $i=i_S$,求出在该电流源作用下的电压 u,如图 1.4.2(c)所示。

最后根据式(1.4.1)可以求出一端口的等效电阻或输入电阻。

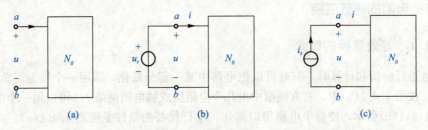

图 1.4.2 一端口的等效电阻
(a)电压和电流；(b)电压法；(c)电流法

1.4.1.3 电阻的串联和并联

1. 电阻的串联

电路中有两个或多个电阻首尾依次顺序相连，而且中间无任何分支，这样的连接方式就称为电阻的串联。电阻串联时，各电阻中通过同一电流，其端电压是各元件电压之和。

如图 1.4.3(a)所示，电路为 n 个电阻 R_1、R_2、$\cdots$、R_k、$\cdots$、R_n 串联连接，由于电阻串联时，每个电阻中流过同一个电流，所以用电流法可以求得等效电阻。

在图 1.4.3(a)中，应用 KVL，即

$$u = u_1 + u_2 + \cdots + u_k + \cdots + u_n$$

因为每个电阻中的电流均为 i，根据欧姆定律，有 $u_1 = R_1 i$，$u_2 = R_2 i$，$\cdots$，$u_k = R_k i$，$\cdots$，$u_n = R_n i$，代入上式，得

$$u = (R_1 + R_2 + \cdots + R_k + \cdots + R_n) i$$

再利用式(1.4.1)和上式，得

$$R_{eq} = \frac{u}{i_S} = \frac{u}{i} = R_1 + R_2 + \cdots + R_k + \cdots + R_n = \sum_{k=1}^{n} R_k \tag{1.4.2}$$

电阻 R_{eq} 是 n 个电阻串联的等效电阻，即等效电阻等于所有串联电阻之和。等效后的电路如图 1.4.3(b)所示。显然，等效电阻大于任一个串联的电阻。

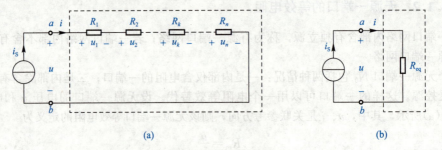

图 1.4.3 电阻的串联
(a)串联电阻；(b)等效电路

如果已知端口电压 u，可以求得每个电阻上的电压，即

$$u_k = R_k i = \frac{R_k}{R_{eq}} u, \quad k=1, 2, \cdots, n \tag{1.4.3}$$

式(1.4.3)就是电阻串联时的分压公式。可见，当端电压确定后，每个电阻上的电压和电阻值成正比。如果 $n=2$，即两个电阻串联，分压公式为

$$u_1 = \frac{R_1}{R_1+R_2} u, \quad u_2 = \frac{R_2}{R_1+R_2} u \tag{1.4.4}$$

分压公式(1.4.3)说明第 k 个电阻上分配到的电压取决于这个比值，这个比值称为分压比。尤其要说明的是，当其中某个电阻较其他电阻相比很小时，这个小电阻两端的电压也较其他电阻上的电压低很多，因此在工程估算中，小电阻的分压作用就可以忽略不计。

2. 电阻的并联

电路中有两个或更多个电阻的首端与尾端连接在同一对结点之间，这种连接方式称为电阻的并联。当电阻并联时，各电阻的电压为同一电压，总电流是各支路电流之和。

如图 1.4.4(a)所示，n 个电阻并联连接，图中 G_1、G_2、$\cdots$、G_k、$\cdots$、G_n 分别是 n 个并联电阻所对应的电导。电导并联时，所有电导两端的电压相同，用上述的电压法可以求得等效电导。

在图 1.4.4(a)中，应用 KCL，有

$$i = i_1 + i_2 + \cdots + i_k + \cdots + i_n$$

根据欧姆定律，有 $i_1 = G_1 u$，$i_2 = G_2 u$，$\cdots$，$i_k = G_k u$，$\cdots$，$i_n = G_n u$，代入上式，得

$$i = (G_1 + G_2 + \cdots + G_k + \cdots + G_n) u$$

进而得

$$G_{eq} = \frac{i}{u_S} = \frac{i}{u} = G_1 + G_2 + \cdots + G_k + \cdots + G_n = \sum_{k=1}^{n} G_k \tag{1.4.5}$$

电阻 G_{eq} 是 n 个电导并联的等效电导，即等效电导等于所有并联电导之和。等效后的电路如图 1.4.4(b)所示。可见，等效电导大于任何一个并联电导。

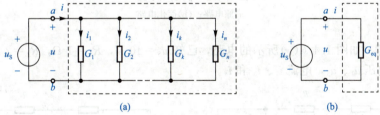

图 1.4.4 电阻的并联
(a)并联电阻；(b)等效电路

根据式(1.2.3)和式(1.4.5)，有

$$\frac{1}{R_{eq}} = G_{eq} = \sum_{k=1}^{n} \frac{1}{R_k} \tag{1.4.6}$$

可以看出，等效电阻小于任何一个并联电阻。

如果已知端口电流 i，可以求得每个电导上的电流，即

$$i_k = G_k u = \frac{G_k}{G_{eq}} i, \quad k=1, 2, \cdots, n \tag{1.4.7}$$

式(1.4.7)是电阻并联时的分流公式。可见，当端口电流确定以后，流过每个电导(阻)的电流和电导值成正比。如果 $n=2$，即两个电阻并联，分流公式为

$$i_1 = \frac{G_1}{G_1+G_2} i = \frac{R_2}{R_1+R_2} i, \quad i_2 = \frac{G_2}{G_1+G_2} i = \frac{R_1}{R_1+R_2} i \tag{1.4.8}$$

【例 1.4.1】 求图 1.4.5(a)所示电路的电压 U_1 及电流 I_2。

解： 先应用并联化简得到图 1.4.5(b)所示的电路，有

$$R_1 = \frac{12\ \Omega \times 6\ \Omega}{12\ \Omega + 6\ \Omega} = 4\ \Omega$$

$$R_2 = \frac{10\ \Omega \times 40\ \Omega}{10\ \Omega + 40\ \Omega} = 8\ \Omega$$

由串联分压公式得

$$U_1 = \frac{R_1}{R_1 + R_2} \times 24\ \text{V} = 8\ \text{V}$$

电流 I 为

$$I = \frac{24\ \text{V}}{R_1 + R_2} = 2\ \text{A}$$

由并联分流公式得

$$I_2 = \frac{40\ \Omega}{10\ \Omega + 40\ \Omega} \times I = 1.6\ \text{A}$$

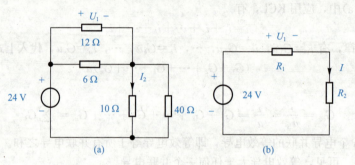

图 1.4.5 例 1.4.1 图
(a)原电路；(b)简化电路

【例 1.4.2】 如图 1.4.6(a)所示的电路，已知 $u_S = 10$ V，$R_1 = 1\ \Omega$，$R_2 = 2\ \Omega$，$R_3 = 3\ \Omega$，$R_4 = 6\ \Omega$，求电压 u_1、u_3，电流 i_1、i_3 和 i_4。

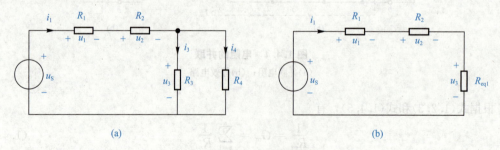

图 1.4.6 例 1.4.2 图
(a)原电路；(b)简化电路

解： 该电路既有串联又有并联，称为混联电路。设 R_3、R_4 并联的等效电阻为 R_{eq1}，根据式(1.4.6)，有

$$\frac{1}{R_{eq1}} = \frac{1}{R_3} + \frac{1}{R_4} = \frac{1}{3} + \frac{1}{6} = \frac{1}{2}\ (\Omega)$$

所以 $R_{eq1} = 2\ \Omega$，等效电路如图 1.4.6(b)所示。由分压公式(1.4.3)，有

$$u_1 = \frac{R_1}{R_1+R_2+R_{eq1}}u_S = \frac{1}{1+2+2}\times 10 = 2(\text{V})$$

$$u_3 = \frac{R_{eq1}}{R_1+R_2+R_{eq1}}u_S = \frac{2}{1+2+2}\times 10 = 4(\text{V})$$

在图 1.4.6(b)中，根据 KVL 有 $u_S = u_1 + u_2 + u_3 = (R_1+R_2+R_{eq1})i_1$，则

$$i_1 = \frac{U_S}{R_1+R_2+R_{eq1}} = \frac{10}{1+2+2} = 2(\text{A})$$

然后根据分流公式(1.4.8)，有

$$i_3 = \frac{R_4}{R_3+R_4}i_1 = \frac{6}{3+6}\times 2 = \frac{4}{3}(\text{A})$$

$$i_4 = \frac{R_3}{R_3+R_4}i_1 = \frac{3}{3+6}\times 2 = \frac{2}{3}(\text{A})$$

除串联、并联外，另一种特殊的连接形式是桥形连接。图 1.4.7(a)所示的桥形结构电路中电阻既不是串联也不是并联，因此，无法根据电阻的串联、并联变换规律将电路结构加以变动。如果在该电路的任一支路中加入一个电压源就可得到图 1.4.7(b)所示电路，该电路称为惠斯通电桥。其中 R_1、R_2、R_3、R_4 所在支路称为桥臂，R_5 支路称为对角线支路。不难证明，当满足条件 $R_1R_3 = R_2R_4$ 时，对角线支路中电流为零，称为电桥处于平衡状态，这一条件也称为电桥的平衡条件。电桥平衡时 R_5 可看作开路或短路，电路就可按串、并联规律计算。但当电桥不满足平衡条件时，就无法应用串、并联变换，而要应用电阻的 Y—△等效变换。

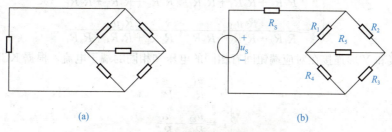

图 1.4.7 桥式结构与惠斯通电桥
(a)桥式结构；(b)惠斯通电桥

1.4.1.4 Y 形连接和△形连接的电阻等效变换

Y 形连接也称为星形连接，如图 1.4.8(a)所示，三个电阻元件的一端连接在一起，另一端分别连接到电路的三个结点。△形连接也称为三角形连接，如图 1.4.8(b)所示，三个电阻元件首尾相接，连成一个三角形，三角形的三个顶点是电路的三个结点。在图 1.4.7(b)所示的电桥电路中，R_1、R_4、R_5 构成 Y 形连接(R_2、R_3、R_5 也构成 Y 形连接)；R_1、R_2、R_5 构成△形连接(R_3、R_4、R_5 也构成△形连接)。图 1.4.8(a)、(b)分别表示接于端子 1、2、3 的 Y 形连接与△形连接的三个电阻，端子 1、2、3 与电路的其他部分相连，图中没有画出电路的其他部分。当两种电路的电阻之间满足一定关系时，它们在端子 1、2、3 上及端子以外的特性可以相同，就是说它们可以互相等效变换。如果在它们的对应端子之间具有相同的电压 u_{12}、u_{23}、u_{31}，以及具有相同流入对应端子的电流 i_1、i_2、i_3，则这两种网络可以相互替代，而不影响其他部分的电压与电流，它们彼此等效，此时称 Y 形网络与△形网络相互等效。

在 Y 形连接中，电压、电流关系根据基尔霍夫定律有

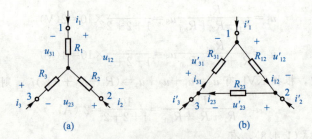

图 1.4.8 Y形和△形连接电路
(a)Y形连接；(b)△形连接

$$\begin{cases} u_{12}=R_1 i_1 - R_2 i_2 \\ u_{23}=R_2 i_2 - R_3 i_3 \\ u_{31}=R_3 i_3 - R_1 i_1 \\ i_1+i_2+i_3=0 \end{cases}$$

解出电流

$$\begin{cases} i_1=\dfrac{R_3 u_{12}}{R_1 R_2+R_2 R_3+R_3 R_1}-\dfrac{R_2 u_{31}}{R_1 R_2+R_2 R_3+R_3 R_1} \\ i_2=\dfrac{R_1 u_{23}}{R_1 R_2+R_2 R_3+R_3 R_1}-\dfrac{R_3 u_{12}}{R_1 R_2+R_2 R_3+R_3 R_1} \\ i_3=\dfrac{R_2 u_{31}}{R_1 R_2+R_2 R_3+R_3 R_1}-\dfrac{R_1 u_{23}}{R_1 R_2+R_2 R_3+R_3 R_1} \end{cases} \quad (1.4.9)$$

△形连接和Y形连接在对应端钮间有相同的电压和相同的端子电流，根据KCL定律有

$$\begin{cases} i_1=\dfrac{u_{12}}{R_{12}}-\dfrac{u_{31}}{R_{31}} \\ i_2=\dfrac{u_{23}}{R_{23}}-\dfrac{u_{12}}{R_{12}} \\ i_3=\dfrac{u_{31}}{R_{31}}-\dfrac{u_{23}}{R_{23}} \end{cases} \quad (1.4.10)$$

式(1.4.9)和式(1.4.10)中电压 u_{12}、u_{23}、u_{31} 前面的系数应该对应相等，于是得

$$\begin{cases} R_{12}=\dfrac{1}{G_{12}}=\dfrac{R_1 R_2+R_2 R_3+R_3 R_1}{R_3}=\dfrac{G_1+G_2+G_3}{G_1 G_2} \\ R_{23}=\dfrac{1}{G_{23}}=\dfrac{R_1 R_2+R_2 R_3+R_3 R_1}{R_1}=\dfrac{G_1+G_2+G_3}{G_2 G_3} \\ R_{31}=\dfrac{1}{G_{31}}=\dfrac{R_1 R_2+R_2 R_3+R_3 R_1}{R_2}=\dfrac{G_1+G_2+G_3}{G_3 G_1} \end{cases} \quad (1.4.11)$$

式(1.4.11)是从已知的星形连接电路的电阻确定等效三角形连接电路的各电阻的关系式。反过来，从已知△形连接电路的电阻确定等效Y形连接电路的各电阻的关系式为

$$\begin{cases} R_1=\dfrac{R_{12}R_{31}}{R_{12}+R_{23}+R_{31}}=\dfrac{G_{23}}{G_{12}G_{23}+G_{23}G_{31}+G_{31}G_{12}} \\ R_2=\dfrac{R_{23}R_{12}}{R_{12}+R_{23}+R_{31}}=\dfrac{G_{31}}{G_{12}G_{23}+G_{23}G_{31}+G_{31}G_{12}} \\ R_3=\dfrac{R_{31}R_{23}}{R_{12}+R_{23}+R_{31}}=\dfrac{G_{12}}{G_{12}G_{23}+G_{23}G_{31}+G_{31}G_{12}} \end{cases} \quad (1.4.12)$$

为了方便记忆，以上互换公式可以归纳为

$$\begin{cases} Y形电阻 = \dfrac{\triangle形相邻电阻的乘积}{\triangle形电阻之和} \\ \triangle形电阻 = \dfrac{Y形电阻两两乘积之和}{Y形不相邻电阻} \end{cases} \quad (1.4.13)$$

若△形连接的三个电阻相等,即 $R_{12}=R_{23}=R_{31}=R_\triangle$,则等效变换后 Y 形连接的三个电阻满足:

$$R_1 = R_2 = R_3 = R_Y = \dfrac{R_\triangle}{3}$$

反过来,若 Y 形连接的三个电阻相等,即 $R_1=R_2=R_3=R_Y$,则等效变换后△形连接的三个电阻满足:

$$R_{12} = R_{23} = R_{31} = R_\triangle = 3R_Y$$

【例 1.4.3】 求图 1.4.9(a)所示电路的等效电阻 R_{eq}。

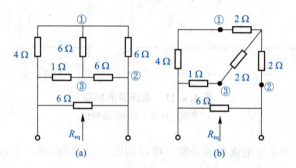

图 1.4.9 例 1.4.3 图
(a)原电路;(b)等效电路

解:将节点①、②、③之间的对称△形连接电阻化为等效对称的 Y 形连接,如图 1.4.9(b)所示。用串并联化简等效后的电路求出等效电阻为

$R_{eq} = 6\,\Omega // [(4\,\Omega + 2\,\Omega) // (1\,\Omega + 2\,\Omega) + 2\,\Omega] = 2.4\,\Omega$ ('//'表示并联,'+'表示串联)

【例 1.4.4】 电路如图 1.4.10(a)所示,用 Y—△变换求电路中的电流 i。

解:图 1.4.10(a)所示为桥形电路,通过 Y—△变换将 a、b、c 点所构成的△形电路变换成 Y 形电路,结果如图 1.4.10(b)所示。根据式(1.4.12),有

$$R_1 = \dfrac{4 \times 2}{2+3+4} = \dfrac{8}{9}(\Omega),\ R_2 = \dfrac{4}{3}\,\Omega,\ R_3 = \dfrac{2}{3}\,\Omega$$

再根据串并联关系求出 $a-d$ 两端的等效电阻 $R_{ad} = 4.86\,\Omega$,则

$$i = \dfrac{20}{5+R_{ad}} = \dfrac{20}{5+4.86} = 2.03(\text{A})$$

也可以先将 Y 形电路换成△形电路,然后求解,读者可自行练习。

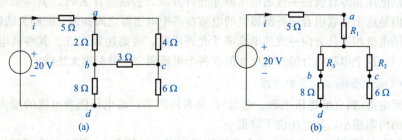

图 1.4.10 例 1.4.4 图
(a)桥形电路;(b)等效电路

1.4.2 电源的等效变换

1. 电压源和电流源的串联与并联

图 1.4.11(a)所示为 n 个电压源的串联，可以用一个电压源等效替代如图 1.4.11(b)所示，这个等效电压源的激励电压为

$$u_S = u_{S1} + u_{S2} + \cdots + u_{Sn} = \sum_{k=1}^{n} u_{Sk} \tag{1.4.14}$$

如果 u_{Sk} 的参考方向与图 1.4.11(b)中 u_S 的参考方向一致，式中的 u_{Sk} 前面取"+"号，不一致取"−"号。

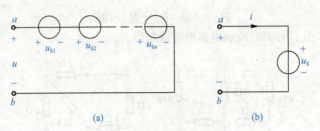

图 1.4.11　电压源的串联
(a)串联电压源；(b)等效替代

图 1.4.12(a)所示为 n 个电流源的并联，可以用图 1.4.12(b)中一个电流源等效替代。等效电流源的激励电流为

$$i_S = i_{S1} + i_{S2} + \cdots + i_{Sn} = \sum_{k=1}^{n} i_{Sk} \tag{1.4.15}$$

如果 i_{Sk} 的参考方向与图 1.4.12(b)中 i_S 的参考方向一致，式中 i_{Sk} 的前面取"+"号，不一致取"−"号。

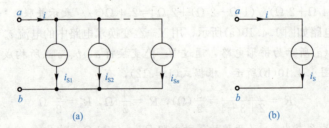

图 1.4.12　电流源的并联
(a)电流源并联；(b)等效替代

只有激励电压相等且极性一致的电压源才允许并联，否则违背 KVL。其等效电路为其中任一电压源，但是这个并联组合向外部提供的电流在各个电压源之间如何分配则无法确定。

只有激励电流相等且方向一致的电流源才允许串联，否则违背 KCL。其等效电路为其中任一电流源，但是这个串联组合的总电压如何在各个电流源之间分配则无法确定。

2. 两种实际电源模型的等效变换

实际直流电源(如直流稳压电源、电池)，是有内阻的，端电压随着电流的增大而下降，由于电池本身的内阻很小，其电压值下降很小。

(1)电压源：如果将实际电源中产生能量的部分用电压源描述，则实际电源可以用一个电压

源和一个电阻的串联来表示，称为等效模型Ⅰ，如图1.4.13(a)所示。图中 $u_S=u_{oc}$ 为开路电压，$R=R_S$ 为电源的内阻。

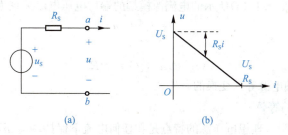

图 1.4.13　实际电源的模型Ⅰ和伏安特性
(a)模型Ⅰ；(b)伏安特性

对于图1.4.13(a)应用KVL，有

$$u=u_S-R_S i \tag{1.4.16}$$

若电源为直流电源，则 $u_S=U_S$，此时 $u=U_S-R_S i$，由此得出模型Ⅰ的伏安特性(外特性)，如图1.4.13(b)所示。可见伏安特性为一条直线，直线的斜率为 $-R_S$，直线和纵轴的交点为 U_S (开路电压)，和横轴的交点为 $i_{SC}=U_S/R_S$ (短路电流)。另外，随着电源输出电流的增加，电源的端电压随之下降直到短路为零。需要注意的是，实际中尽量避免电源短路，否则将造成损坏。这种模型的外特性某种程度上反映了实际电源的真实情况。

(2)电流源：如果将实际电源中产生能量的部分用电流源描述，则实际电源可以用一个电流源和一个电阻的并联来表示，称为等效模型Ⅱ。

如果从式(1.4.16)中解出电流 i，则

$$i=\frac{u_S}{R_S}-\frac{u}{R_S}=i_{SC}-G_S u=i_S-G_S u \tag{1.4.17}$$

由式(1.4.17)可以得出实际电源的模型Ⅱ，如图1.4.14(a)所示。可见，一个实际电源可以用一个电流源和一个电阻(电导 G_S)的并联来表示。对于直流电源，则 $i_S=i_{SC}=I_{SC}$，$i=I_S-G_S u$，因为式(1.4.16)和式(1.4.17)在 $u-i$ 坐标系中是同一条直线，所以模型Ⅱ的伏安特性和模型Ⅰ相同，如图1.4.14(b)所示。

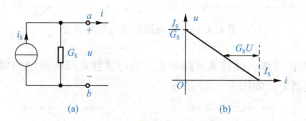

图 1.4.14　实际电源的模型Ⅱ和伏安特性
(a)模型Ⅱ；(b)伏安特性

两种电源模型等效变换的条件是端口的电压、电流关系完全相同，即当它们对应的端口具有相同的电压时，端口电流必须相等。在如图1.4.13(a)、图1.4.14(a)所示的电路中，两种模型对应的端口电压均为 u，等效变换的条件是端口电流必须相等，即均等于 i，由KVL可知，图1.4.13(a)电压源模型的端口电压、电流关系为

$$u+i R_S-u_S=0$$

即
$$i = \frac{u_S}{R_S} - \frac{u}{R_S}$$

由 KCL 可知，图 1.4.14(a)所示的电流源模型的端口电压电流关系为
$$i = i_S - G_S u$$

比较两式，有
$$i_S = G_S u_S, \quad G_S = 1/R_S \tag{1.4.18}$$

式(1.4.18)为两种电源等效变换的条件。

3. 其他含源支路的等效

(1)电压源并联电阻。理想电压源的特点是在任何电流下保持端电压不变，因此，当一个理想电压源和一个二端元件（如电阻、电流源）并联时，对于外电路，等效于一个电压源，如图 1.4.15 所示。

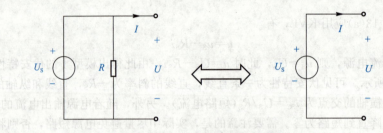

图 1.4.15　电压源并联电阻的等效

(2)电流源串联电阻。理想电流源的特点是在任何电压下保持电流不变，因此，当一个电流源和一个电阻元件串联时，对于外电路，等效于一个电流源，如图 1.4.16 所示。

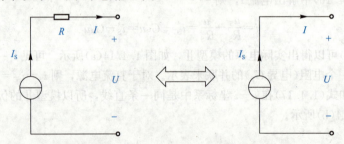

图 1.4.16　电流源串联电阻的等效

(3)含受控源支路的等效。受控源支路变换方法与含独立源的情况相似，但在使用这种变换时注意不要使控制量消失，如图 1.4.17 所示。

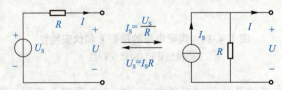

图 1.4.17　含受控源支路的等效

4. 电源支路的串并联等效变换

(1)电压源串联。几个电压源串联时，可以简化成一个等效的电压源支路。如图 1.4.18(a)所示，两个电压源支路相串联，其中一条支路由电压源 u_{S1} 和电阻 R_1 串联构成，另一条支路由

电压源 u_{S2} 和电阻 R_2 串联构成。在这个电路中，根据 KVL 可知
$$u = u_{S1} - iR_1 + u_{S2} - iR_2$$
$$= (u_{S1} + u_{S2}) - i(R_1 + R_2)$$

等效电压源支路如图 1.4.18(b)所示，其中 $u_S = u_{S1} + u_{S2}$，$R_S = R_1 + R_2$。等效的过程可以理解为理想电压源的串联等效以及串联电阻的等效。

(2) 电流源并联。几个电流源并联时，可以简化成一个等效的电流源支路。如图 1.4.19(a)所示，两个电流源支路相并联，其中一个由电流源 i_{S1} 与电导为 G_1 的电阻并联构成，另一个由电流源 i_{S2} 与电导为 G_2 的电阻并联构成。在这个电路中，根据 KCL 可知
$$i = i_{S1} - uG_1 + i_{S2} - uG_2 = (i_{S1} + i_{S2}) - u(G_1 + G_2)$$

则等效电流源支路如图 1.4.19(b)所示。其中 $i_S = i_{S1} + i_{S2}$，$G_S = G_1 + G_2$。等效的过程可以理解为理想电流源并联的等效和并联电阻的等效。

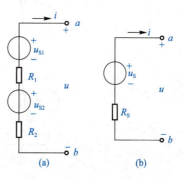

图 1.4.18　电压源串联
(a)串联；(b)等效支路

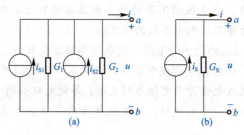

图 1.4.19　电流源并联
(a)并联；(b)等效支路

(3) 电压源支路并联。如图 1.4.20(a)所示，可以用等效电流源支路代替原来的电压源支路，得到如图 1.4.20(b)所示的等效电路，且
$$i_{S1} = \frac{u_{S1}}{R_1}, \ i_{S2} = \frac{u_{S2}}{R_2}, \ G_1 = \frac{1}{R_1}, \ G_2 = \frac{1}{R_2}$$

合并电流源支路得到图 1.4.20(c)所示的等效电路，并且 $i_S = i_{S1} + i_{S2}$，$G_S = G_1 + G_2$。

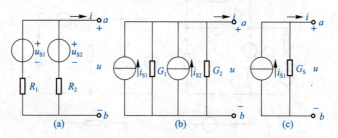

图 1.4.20　电压源并联等效变换
(a)并联；(b)等效电路；(c)合并支路

(4) 电流源支路串联。如图 1.4.21(a)所示，可以分别用等效的电压源支路代替原来的电流源支路，得到图 1.4.21(b)，再将两个串联电压源支路合并，得到一个等效电路，如图 1.4.21(c)所示。

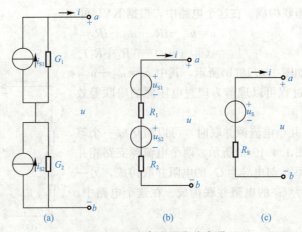

图 1.4.21 电流源支路串联
(a)串联；(b)等效电路；(c)合并支路

注意：两个没有串联电阻的电压源并联，只在各电压值相等时才有解，它们并联以后仍等于一个相同电压值的电压源。当电压值不等的两个电压源并联时，不满足 KVL，无解。同样，两个没有并联电阻的电流源串联，也有类似的情况。

【**例 1.4.5**】 如图 1.4.22(a)所示的电路，用电源等效变换求图示电路中的电流 I。

解：将电流源与电阻串联电路等效成电流源，将电压源与电阻并联电路等效成电压源，将电压源与电阻串联支路等效成电流源与电阻并联支路，等效电路如图 1.4.22(b)所示。

将两个并联电流源等效为一个电流源，其电流等于两个并联电流源源电流的代数和，化简电路如图 1.4.22(c)所示。

将电流源与电阻并联电路等效成电压源与电阻串联支路，并将两个串联电压源等效成一个电压源，等效电路如图 1.4.22(d)所示。

由 KVL 列方程得

$$2I+2.5I-9=0$$

因此求得

$$I=\frac{9\text{ V}}{2\text{ }\Omega+2.5\text{ }\Omega}=2\text{ A}$$

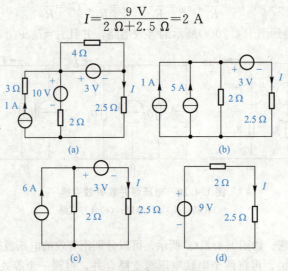

图 1.4.22 例 1.4.5 图
(a)原电路；(b)等效电路；(c)化简电路；(d)最终等效电路

【例 1.4.6】 如图 1.4.23(a)所示的电路，利用电源等效变换求支路电流 I。

解： 首先将电路左端的电压源和电阻串联支路等效变换为电流源和电阻并联的电路，等效电路如图 1.4.23(b)所示。

由 KCL 可以合并两个电流源，同时利用电阻串并联等效变换，化简电路如图 1.4.23(c)所示。

再将图 1.4.23(c)中左、右两端电流源和电阻并联部分等效变换为电压源和电阻串联的电路，等效电路如图 1.4.23(d)所示。

由 KVL 列方程得

$$I - 9 + 2I + 4 + 7I = 0$$

因此求得

$$I = 0.5 \text{ A}$$

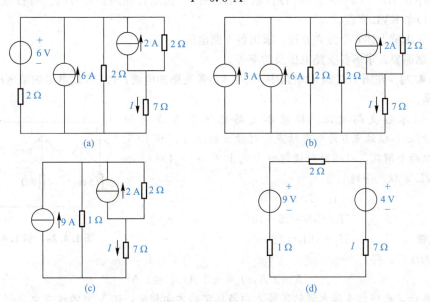

图 1.4.23 例 1.4.6 图
(a)原电路；(b)等效电路；(c)化简电路；(d)最终等效电路

1.4.3 支路电流法

每条支路中流过的电流称为支路电流。支路电流法是以支路电流为未知量，根据基尔霍夫电流和电压定律及电阻元件的伏安关系，列出与未知量数目相等的独立方程，从而解出各未知的支路电流。

1. KCL 和 KVL 的独立方程数

所谓独立方程，是其中的任何一个方程不能从其余方程中推导出来。通过对实际电路的分析可以得到如下结论：

(1) 一般地，具有 n 个结点的网络，按 KCL 只能写出 $n-1$ 个独立方程，对应的 $n-1$ 个结点称为独立结点，剩余的一个结点称为参考结点。

(2) 一般地，具有 n 个结点、b 条支路的网络，按 KVL 只能写出 $b-(n-1)$ 个独立方程。为了保证 KVL 方程的独立性，通常可选取网孔来列 KVL 方程，或保证每次选取的回路都至少包含一个新的支路。

综上所述，具有 n 个结点、b 条支路的网络，有 $b-(n-1)$ 个独立的 KVL 方程，$n-1$ 个独立的 KCL 方程，整个电路独立方程的总个数为 b 个。

2. 支路电流法

以支路电流为求解变量，由支路方程求解电路的方法称为支路电流分析法，简称支路电流法。

即对于 n 个结点、b 条支路的网络，选取 b 个支路电流为变量，写出 $n-1$ 个独立的 KCL 方程，$b-(n-1)$ 个用电流表示支路电压的 KVL 方程，求解各支路电流，再求得支路电压的方法，称为支路电流法。

利用支路电流法进行网络分析计算的主要步骤如下：

(1) 选定各支路电流的参考方向，指定参考结点。对各独立结点列出 $n-1$ 个 KCL 方程。

(2) 选择 $b-(n-1)$ 个独立的回路（通常取网孔），指定各回路绕行方向。对各独立回路列出 $b-(n-1)$ 个 KVL 方程。

(3) 联立求解上述 b 个独立方程，求出各支路电流。

(4) 根据需要，求解各支路电压及功率等。

【**例 1.4.7**】 在图 1.4.24 示电路中，求：(1) 各支路的电流；(2) 15 Ω 电阻的端电压；(3) 各元件的功率。

解：(1) 求各支路电流。标定各支路电流参考方向如图 1.4.24 所示，以结点 b 为参考结点，对独立结点 a 列出 KCL 方程。选取两个网孔，以顺时针绕行方向列出 $3-(2-1)=2$ 个独立的 KVL 方程，得到

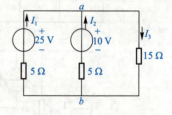

图 1.4.24 例 1.4.7 图

$$\begin{cases} -I_1-I_2+I_3=0 \\ 5I_1-5I_2=25-10 \\ 5I_2+15I_3=10 \end{cases}$$

解联立方程，得

$$I_1=2 \text{ A}, \quad I_2=-1 \text{ A}, \quad I_3=1 \text{ A}$$

I_2 为负值，表明该支路电流的实际方向与标定的方向相反，10 V 电源被充电。

(2) 计算 15 Ω 电阻的端电压。

$$U_3=15I_3=15\times 1=15(\text{V})$$

(3) 计算元件的功率。两个电源的功率为

$$P_{25\text{ V}}=-25I_1=-25\times 2=-50(\text{W})$$

$$P_{10\text{ V}}=-10I_2=-10\times(-1)=10(\text{W})$$

可见，25 V 电压源发出功率，10 V 电压源吸收功率。

负载吸收的功率为

$$P_1=5I_1^2=5\times 2^2=20(\text{W})$$

$$P_2=5I_2^2=5\times(-1)^2=5(\text{W})$$

$$P_3=15I_3^2=15\times 1^2=15(\text{W})$$

显然，整个电路功率平衡，即发出的功率等于吸收的功率。

从例 1.4.7 中可以看出，支路电流法要求 b 个支路电压均能用相应的支路电流表示，当一条支路含有电流源时，可以采用如下方法处理：将电流源两端的电压作为一个求解变量列入方程，同时增加一个辅助方程，即电流源所在支路的电流等于电流源的电流，然后求解联立方程。

【**例 1.4.8**】 电路如图 1.4.25 所示，试求流经 10 Ω、15 Ω 电阻的电流及电流源两端的电压。

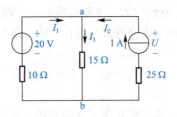

图 1.4.25 例 1.4.8 图

解：指定各支路电流的参考方向如图 1.4.25 所示，I_2 等于电流源的电流。设电流源的端电压为 U，对结点 a 列出 KCL 方程，以顺时针绕行方向对两个网孔列出 KVL 方程，得到

$$\begin{cases} -I_1 - I_2 + I_3 = 0 \\ 10I_1 + 15I_3 = 20 \\ -25I_2 - 15I_3 = -U \end{cases}$$

增加辅助方程： $I_2 = 1 \text{ A}$

解联立方程得 $I_1 = 0.2 \text{ A}, I_3 = 1.2 \text{ A}, U = 43 \text{ V}$

*1.4.4 网孔电流法

当电路的支路数较多时，用支路电流法分析计算电路，所列方程数就很多，计算量较大。为了减少计算量，在支路法的基础上，人们又总结出两种方法，即网孔电流法和结点电压法。网孔法的基本思想就是引入一组新的变量——网孔电流，将这些网孔电流作为电路的变量，应用 KVL 列出与网孔电流数目相等的独立方程，解出网孔电流，再根据网孔电流和支路电流之间的关系，求出各支路电流。

1. 网孔电流

电路的每个网孔中环行流动的电流称为网孔电流，网孔电流是假想的。如图 1.4.26 所示的电路中有三个网孔，沿三个独立回路流动的电流分别为 i_{m1}、i_{m2}、i_{m3}，其参考方向一般规定为与网孔的绕行方向一致。

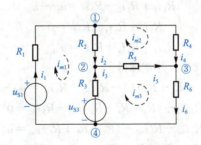

图 1.4.26 网孔电流法

2. 网孔电流和支路电流的关系

引入网孔电流，各支路的电流可用网孔电流表示，当电路中支路为一个网孔单独所有时，如果支路电流参考方向与网孔电流参考方向相同，支路电流等于网孔电流；如果支路电流参考方向与网孔电流参考方向相反，支路电流等于负的网孔电流。

当电路中支路为两个网孔共同所有时，支路电流为两个网孔电流的代数和，与支路电流参考方向一致的网孔电流取正，与支路电流参考方向相反的网孔电流取负。如果网孔电流都取同一绕向，支路电流为相邻网孔电流之差。

在图 1.4.26 所示的电路中，电路中的各支路电流 $i_1 \sim i_6$ 都可以采用网孔电流表示，根据网孔电流与支路电流的流向，可以确定支路电流与网孔电流关系为

$$\begin{cases} i_1 = i_{m1} \\ i_2 = i_{m1} - i_{m2} \\ i_3 = i_{m3} - i_{m1} \end{cases} \begin{cases} i_4 = i_{m2} \\ i_5 = i_{m3} - i_{m2} \\ i_6 = i_{m3} \end{cases} \quad (1.4.19)$$

这样，只要求出各网孔电流，就可确定所有支路电流。需要注意的是，这些网孔电流都是假想的，电路中实际存在的电流仍是支路电流 $i_1 \sim i_6$。

3. 自电阻与互电阻

电路中第 k 个网孔内所有电阻之和，称为该网孔的自电阻，简称自阻，用符号 R_{kk} 表示。在列 KVL 方程时，一般选取网孔绕行方向与网孔电流方向一致，那么自阻总是取正值。

电路中第 k 个网孔和第 j 个网孔共有的电阻，称为两个网孔的互电阻，简称互阻，用符号 R_{kj} 和 R_{jk} 表示。如果这两个网孔电流在此公共支路上的方向相同，互阻为正；否则为负。

两个网孔之间没有共用电阻时，互阻为零；相邻网孔的互阻相等，即 $R_{kj} = R_{jk}$。

根据上述定义，在图 1.4.26 所示的电路中，三个网孔的自阻分别为

$$R_{11} = R_1 + R_2 + R_3, \quad R_{22} = R_2 + R_4 + R_5, \quad R_{33} = R_3 + R_5 + R_6$$

互阻分别为

$$R_{12} = R_{21} = -R_2, \quad R_{13} = R_{31} = -R_3, \quad R_{23} = R_{32} = -R_5$$

4. 网孔电流方程的列写

网孔电流从网孔中某一个结点流入，同时又从这个结点流出，因此，网孔电流在所有结点处都自动满足 KCL，因此不必对各独立结点另列 KCL 方程，与支路电流法相比，可以省去 $n-1$ 个 KCL 方程，而只列出 $b-(n-1)$ 个 KVL 方程，使方程数减少，进而对于网孔应用 KVL 列出网孔方程就可以求出网孔电流，并由支路电流与网孔电流的关系，进而求出支路电流。

该电路有三个网孔，设网孔电流分别为 i_{m1}、i_{m2}、i_{m3}，每个支路的电流可以用网孔电流表示，如式(1.4.19)所示。

对三个网孔 m_1、m_2、m_3 列写 KVL 方程(如图 1.4.26 所示，绕行方向为顺时针)，得

$$\begin{cases} R_1 i_1 + R_2 i_2 - R_3 i_3 = u_{S1} - u_{S3} \\ -R_2 i_2 + R_4 i_4 - R_5 i_5 = 0 \\ R_3 i_3 + R_5 i_5 + R_6 i_6 = u_{S3} \end{cases} \quad (1.4.20)$$

将式(1.4.19)代入式(1.4.20)，并整理得

$$\begin{cases} (R_1 + R_2 + R_3) i_{m1} - R_2 i_{m2} - R_3 i_{m3} = u_{S1} - u_{S3} \\ -R_2 i_{m1} + (R_2 + R_4 + R_5) i_{m2} - R_5 i_{m3} = 0 \\ -R_3 i_{m1} - R_5 i_{m2} + (R_3 + R_5 + R_6) i_{m3} = u_{S3} \end{cases} \quad (1.4.21)$$

在式(1.4.21)中，令 $R_{11} = R_1 + R_2 + R_3$，$R_{12} = -R_2$，$R_{13} = -R_3$，…，则得到网孔电流的一般方程，即

$$\begin{cases} R_{11} i_{m1} + R_{12} i_{m2} + R_{13} i_{m3} = u_{S11} \\ R_{21} i_{m1} + R_{22} i_{m2} + R_{23} i_{m3} = u_{S22} \\ R_{31} i_{m1} + R_{32} i_{m2} + R_{33} i_{m3} = u_{S33} \end{cases} \quad (1.4.22)$$

式中，$R_{kk}(k=1,2,3)$ 称为自阻，它是第 k 个网孔中所有电阻之和，如果网孔的绕行方向和网孔电流方向一致，则自阻总为正。

$R_{jk}(j, k=1, 2, 3; j \neq k)$ 称为互阻，它是 j、k 两个网孔中共有的电阻，在所有网孔电流的绕行方向一致(顺时针或逆时针)的情况下，互阻总为负；在无受控源的电路中有 $R_{jk} = R_{kj}$。

u_{Skk} 是第 k 个网孔中所有电压源电压的代数和。

对于有 m 个网孔的平面电路,设网孔电流为 i_{m1}、i_{m2}、…、i_{mm},则网孔电流方程的一般形式为

$$\begin{cases} R_{11}i_{m1}+R_{12}i_{m2}+\cdots+R_{1m}i_{mm}=u_{S11} \\ R_{21}i_{m1}+R_{22}i_{m2}+\cdots+R_{2m}i_{mm}=u_{S22} \\ \cdots \\ R_{m1}i_{m1}+R_{m2}i_{m2}+\cdots+R_{mm}i_{mm}=u_{Smm} \end{cases} \quad (1.4.23)$$

式中,$R_{kk}(k=1,2,\cdots,m)$ 称为网孔 k 的自阻;$R_{jk}(j,k=1,2,\cdots,m;j\neq k)$ 称为网孔 k 和 j 的互阻;u_{Skk} 是第 k 个网孔中所有电压源电压的代数和。电压源电压参考方向与网孔电流方向相同时取"−"号,相反时取"+"号。

5. 应用网孔电流法的步骤

应用网孔电流法的具体步骤可归纳如下:
(1) 设变量,即网孔电流 i_{m1}、i_{m2}、…、i_{mm};
(2) 求出所有 R_{kk}、R_{jk} 和 u_{Skk}(注意正负)代入式(1.4.23),或直接列出网孔电流方程;
(3) 求解得出网孔电流;
(4) 用网孔电流求得各支路电流或电压。

【例 1.4.9】 电路如图 1.4.27 所示,根据网孔法求电路中的 i_2、i_3。

解:设网孔电流 i_{m1}、i_{m2}、i_{m3},如图 1.4.27 所示:

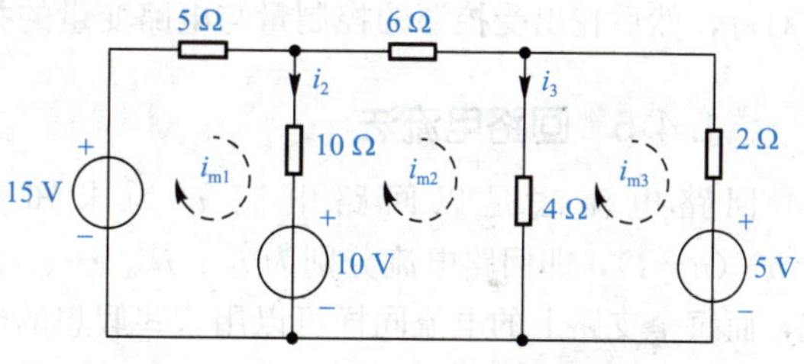

自阻为
$R_{11}=5+10=15(\Omega)$
$R_{22}=10+6+4=20(\Omega)$
$R_{33}=4+2=6(\Omega)$

互阻为
$R_{12}=R_{21}=-10\ \Omega$
$R_{13}=R_{31}=0\ \Omega$
$R_{23}=R_{32}=-4\ \Omega$,且
$u_{S11}=15-10=5(V)$
$u_{S22}=10\ V$
$u_{S33}=5\ V$

图 1.4.27 例 1.4.9 图

代入式(1.4.23),即

$$\begin{cases} 15i_{m1}-10i_{m2}=5 \\ -10i_{m1}+20i_{m2}-4i_{m3}=10 \\ -4i_{m2}+6i_{m3}=5 \end{cases}$$

解之得

$$i_{m1}=1.375\ A,\quad i_{m2}=1.562\ 5\ A,\quad i_{m3}=1.875\ A$$

根据 KCL,有

$$i_2=i_{m1}-i_{m2}=-0.187\ 5\ A$$
$$i_3=i_{m2}-i_{m3}=-0.312\ 5\ A$$

用所计算的结果可以进行检验。例如,在第 2 个网孔中根据 KVL,有

$$-10-10\times(-0.187\ 5)+6\times1.562\ 5+4\times(-0.312\ 5)=0(V)$$

可见答案是正确的。

如果电路中含有电流源,则处理的方法通常有两种:一种方法是设电流源两端的电压为 u,将 u 也作为一个电路变量列入方程,所以最后还要补充一个方程;另一种方法就是在选取网孔电流时,只让 1 个网孔电流通过电流源,这种方法也称为回路法,这样该网孔的网孔电流就可以定为电流源的电流,这样做实际上是减少了一个网孔方程。后一种方法简单,但要求概念明确,列方程熟悉;前一种方法稍繁,但可以按常规列方程,不容易出错,应用时要灵活掌握,有时两种方法要同时使用。

6. 网孔电流法的特殊情况处理

(1)含有电流源与电阻的并联组合(有伴电流源)。采用电源等效变换法将它们等效变换成电压源与电阻串联的组合。

(2)含无伴电流源电路。如果电路中存在无伴电流源,且为边界支路时,该回路的电流等于理想电流源的电流;如果电路中存在无伴电流源,且不为边界支路时,可以假设理想电流源支路的端电压为 u,并补充一个与理想电流源的电流有关的方程(或电流约束),然后按上述步骤求解。

如果电路中含有无伴的电流源支路,由于电流源的端电压为未知量,处理方法是设它的端电压为 u,这样就多出一个电压变量,由于无伴电流源的电流为已知,可以增加一个电流方程(或电流约束)。

(3)含受控源电路。若电路中含有受控源,在列写电路方程时,可暂时先将受控源当作独立源对待,然后找出受控源的控制量与电路变量的关系,作为辅助方程列出即可。

*1.4.5 回路电流法

回路电流法是以回路电流 i_l 为未知变量,变量的个数等于基本回路的个数 $l=b-(n-1)$,即回路电流分别为 i_{l1}、i_{l2}、$\cdots$、i_{ll}。与网孔电流相同,回路电流也是一种假想电流,而每个支路上的电流同样可以用这些假想的电流表示。回路电流法是网孔电流法的推广。

回路电流和网孔电流不同的是网孔电流是平面电路网孔中的假想电流,而回路电流是回路中的假想电流,可以想象两者方程的结构是相同的。对于有 n 个结点 b 条支路的电路,设回路电流 i_{l1}、i_{l2}、$\cdots$、i_{ll},$l=b-(n-1)$,将式(1.4.23)中的下标改成 l,即得回路电路电流方程的一般形式为

$$\begin{cases} R_{11}i_{l1}+R_{12}i_{l2}+\cdots+R_{1l}i_{ll}=u_{S11} \\ R_{21}i_{l1}+R_{22}i_{l2}+\cdots+R_{2l}i_{ll}=u_{S22} \\ \cdots\cdots \\ R_{l1}i_{l1}+R_{l2}i_{l2}+\cdots+R_{ll}i_{ll}=u_{Sll} \end{cases} \quad (1.4.24)$$

式中,$R_{kk}(k=1, 2, \cdots, l)$ 称为回路 k 的自阻,自阻 R_{kk} 总为正;$R_{jk}(j, k=1, 2\cdots\cdots, l; j\neq k)$ 称为回路 k 和 j 的互阻,互阻 R_{jk} 可正可负(当 j、k 回路的电流 i_j 和 i_k 在互阻 R_{jk} 上的方向相同时,互阻取正;反之取负),在无受控源的电路中有 $R_{jk}=R_{kj}$。u_{Skk} 是第 k 个回路中所有电压源电压的代数和,如果回路绕行方向和所经过支路电压源电压方向相反,该电压源取正;反之取负。

回路电流法的具体步骤如下:
(1)在电路确定并设回路电流 i_{l1}、i_{l2}、$\cdots$、i_{ll};
(2)求出所有 R_{kk}、R_{jk} 和 u_{Skk}(注意正负),代入式(1.4.24),或直接列出回路电流方程;
(3)求解得出回路电流;
(4)用回路电流求得各支路电流或电压。

回路电流法的特殊情况处理和网孔电路法一致。对于含有无伴电流源和受控源的情况,处理方法和网孔电流法相同。

【例 1.4.10】 电路如图 1.4.28 所示，列出回路方程。

解： 设回路电流变量分别为 i_{l1}、i_{l2} 和 i_{l3}。

自阻为
$$R_{11}=R_1+R_2+R_4+R_6$$
$$R_{22}=R_2+R_3+R_4$$
$$R_{33}=R_4+R_5+R_6$$

互阻为
$$R_{12}=R_{21}=-(R_2+R_4)$$
$$R_{13}=R_{31}=-(R_4+R_6)$$
$$R_{23}=R_{32}=R_4 \text{ 且}$$
$$u_{S11}=u_{S1}-u_{S6}$$
$$u_{S22}=0$$
$$u_{S33}=u_{S6}$$

将它们代入式(1.4.24)得
$$(R_1+R_2+R_4+R_6)i_{l1}-(R_2+R_4)i_{l2}-(R_4+R_6)i_{l3}=u_{S1}-u_{S6}$$
$$-(R_2+R_4)i_{l1}+(R_2+R_3+R_4)i_{l2}+R_4 i_{l3}=0$$
$$-(R_4+R_6)i_{l1}+R_4 i_{l2}+(R_4+R_5+R_6)i_{l3}=u_{S6}$$

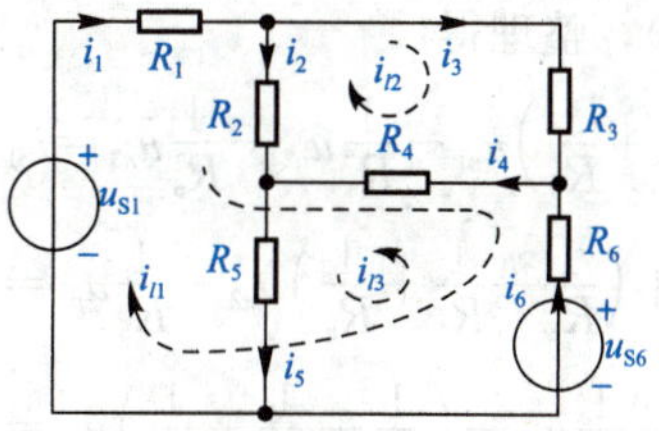

图 1.4.28 例 1.4.10 图

*1.4.6 结点电压法

1. 结点电压法简介

在电路中任意选一结点作为参考结点，电路其余结点称为独立结点。独立结点与参考结点之间的电压称为结点电压。如果结点电压的参考方向总是由独立结点指向参考结点，则结点电压等于结点电位，如图 1.4.29 所示。

选结点④为参考点，设结点①、②、③为独立结点，独立结点与参考结点之间的电压称为结点电压。即结点①、②、③与结点④之间的结点电压分别为 u_{n1}、u_{n2}、u_{n3}，也表示支路①④、支路②④和支路③④电压。支路①③接在独立结点①、③之间，其支路电压再由 KVL 得出

$$u_{13}=u_{n1}-u_{n3}$$

同理得出支路①②、支路②③电压为

$$u_{12}=u_{n1}-u_{n2}$$
$$u_{23}=u_{n2}-u_{n3}$$

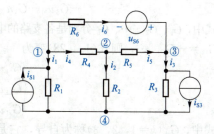

图 1.4.29 结点电压法

可见，结点电压可以表示每条支路上的电压。根据支路的 VCR 和以上诸式，可以用结点电压表示图 1.4.29 中每条支路上的电流，即

$$\begin{cases} i_1 = \dfrac{u_{n1}}{R_1} - i_{S1} \\[4pt] i_2 = \dfrac{u_{n2}}{R_2} \\[4pt] i_3 = \dfrac{u_{n3}}{R_3} + i_{S3} \\[4pt] i_4 = \dfrac{u_{12}}{R_4} = \dfrac{u_{n1} - u_{n2}}{R_4} \\[4pt] i_5 = \dfrac{u_{23}}{R_5} = \dfrac{u_{n2} - u_{n3}}{R_5} \\[4pt] i_6 = \dfrac{u_{13} + u_{S6}}{R_6} = \dfrac{u_{n1} - u_{n3} + u_{S6}}{R_6} \end{cases} \quad (1.4.25)$$

对结点①、②、③列出 KCL 方程，即

$$\begin{cases} i_1 + i_4 + i_6 = 0 \\ i_2 - i_4 + i_5 = 0 \\ i_3 - i_5 - i_6 = 0 \end{cases} \quad (1.4.26)$$

将式(1.4.25)代入式(1.4.26)，整理得

$$\begin{cases} \left(\dfrac{1}{R_1} + \dfrac{1}{R_4} + \dfrac{1}{R_6}\right) u_{n1} - \dfrac{1}{R_4} u_{n2} - \dfrac{1}{R_6} u_{n3} = i_{S1} - \dfrac{u_{S6}}{R_6} \\[6pt] -\dfrac{1}{R_4} u_{n1} + \left(\dfrac{1}{R_2} + \dfrac{1}{R_4} + \dfrac{1}{R_5}\right) u_{n2} - \dfrac{1}{R_5} u_{n3} = 0 \\[6pt] -\dfrac{1}{R_6} u_{n1} - \dfrac{1}{R_5} u_{n2} + \left(\dfrac{1}{R_3} + \dfrac{1}{R_5} + \dfrac{1}{R_6}\right) u_{n3} = -i_{S3} + \dfrac{u_{S6}}{R_6} \end{cases} \quad (1.4.27)$$

式(1.4.27)就是图 1.4.29 所示电路的结点电压方程。将式(1.4.27)中的 $1/R$ 写成电导的形式，则有

$$\begin{cases} (G_1 + G_4 + G_6) u_{n1} - G_4 u_{n2} - G_6 u_{n3} = i_{S1} - G_6 u_{S6} \\ -G_4 u_{n1} + (G_2 + G_4 + G_5) u_{n2} - G_5 u_{n3} = 0 \\ -G_6 u_{n1} - G_5 u_{n2} + (G_3 + G_5 + G_6) u_{n3} = -i_{S3} + G_6 u_{S6} \end{cases} \quad (1.4.28)$$

式中，G_1、G_2、$\cdots$、G_6 分别是各支路的电导。在式(1.4.28)中分别令 $G_{11} = G_1 + G_4 + G_6$，$G_{12} = -G_4$，$G_{13} = -G_6$，$\cdots$，则式(1.4.28)变为

$$\begin{cases} G_{11} u_{n1} + G_{12} u_{n2} + G_{13} u_{n3} = i_{S11} \\ G_{21} u_{n1} + G_{22} u_{n2} + G_{23} u_{n3} = i_{S22} \\ G_{31} u_{n1} + G_{32} u_{n2} + G_{33} u_{n3} = i_{S33} \end{cases} \quad (1.4.29)$$

式中，$G_{kk}(k=1,2,3)$ 称为自导，它是第 k 个结点所连的所有电导之和，总为正；$G_{jk}(j,k=1,2,3;j \neq k)$ 称为互导，它是 j、k 两个结点之间的电导，总为负；i_{Skk} 是流入第 k 个结点所有电流源电流的代数和，流入电流取正，反之取负，需要注意 $G_6 u_{S6}$ 是有伴电压源支路 6 等效为有伴电流源的电流。在无受控源的电路中，有 $G_{jk} = G_{kj}$，如式(1.4.29)中 $G_{12} = G_{21} = -G_4$，$G_{23} = G_{32} = -G_5$ 等。如果电路中有受控源，则有些互导是不相等的。

对于有 n 个结点的电路，设结点电压为 u_{n1}、u_{n2}、$\cdots$、$u_{n(n-1)}$，则结点电压方程的一般形式为

$$\begin{cases} G_{11}u_{n1}+G_{12}u_{n2}+\cdots+G_{1(n-1)}u_{n(n-1)}=i_{S11} \\ G_{21}u_{n1}+G_{22}u_{n2}+\cdots+G_{2(n-1)}u_{n(n-1)}=i_{S11} \\ \cdots \\ G_{(n-1)1}u_{n1}+G_{(n-1)2}u_{n2}+\cdots+G_{(n-1)(n-1)}u_{n(n-1)}=i_{S(n-1)(n-1)} \end{cases} \quad (1.4.30)$$

式中，$G_{kk}[k=1,2,\cdots,(n-1)]$ 称为结点 k 的自导，总为正；$G_{jk}[j,k=1,2,\cdots,(n-1)$；$j\neq k]$ 称为结点 k 和 j 的互导，总为负；i_{Skk} 是流入第 k 个结点所有电流源电流的代数和，流入取正，反之取负。

综上所述，对于具有 n 个结点、b 条支路的网络，任意假定一个参考结点，将 b 条支路的电压用相关结点的电压表示，并将支路电流用支路电压表示，根据 KCL 列出 $n-1$ 个独立结点的结点方程，求解未知变量的方法，称为结点电压法。

与支路电流法相比，结点电压法省去了 $b-(n-1)$ 个 KVL 方程，使方程组的求解变得简单易行，尤其对于结点数目较少而网孔数目较多的网络更为方便。

2. 结点电压法的应用

(1) 结点电压法进行电路计算的主要步骤。

1) 指定参考结点，其余独立结点对参考结点的电压为该结点电压，规定其参考方向由独立结点指向参考结点。

2) 按式 (1.4.30) 列出 $(n-1)$ 个独立的结点方程。注意方程中的自导总为正值，互导总为负值；等号右边的电流源，流入结点的电流源取正，流出结点的则取负。

3) 求解结点方程组，得出结点电压。

4) 选定支路电流的参考方向，根据欧姆定律求出各支路电流，并求解其他待求量。

(2) 使用结点电压法的注意事项。

1) 如果电路中存在电压源与电阻串联的组合，先将它们等效变换为电流源与电阻并联的组合，然后列写方程。

2) 当电路中的电压源没有电阻与之串联时，可以：

① 尽可能选取电压源支路的负极性端作为参考结点，这时该支路的另一端电压成为已知量，即等于该电压源电压，因而不必再对这个结点列结点方程。

② 将电压源中的电流作为变量（未知量）写入结点方程，并将电压源电压与两端结点电压的关系作为辅助方程一并求解。

3) 若电路中含有受控源，在列写电路方程时，可暂时先将受控源当作独立源对待，然后找出受控源的控制量与电路变量的关系，作为辅助方程列出即可。

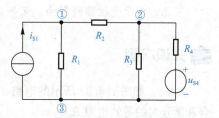

图 1.4.30 例 1.4.11 图

【例 1.4.11】 电路如图 1.4.30 所示，列出电路的结点电压方程。

解： 选结点③为参考点，设结点①、②的结点电压分别为 u_{n1}、u_{n2}，将电阻写成电导的形式，直接列出结点电压方程，即

$$(G_1+G_2)u_{n1}-G_2u_{n2}=i_{S1}$$
$$-G_2u_{n1}+(G_2+G_3+G_4)u_{n2}=G_4u_{S4}$$

如果电路中含有无伴电压源支路，因为电压源的电流为未知量，处理方法是设出它的电流 i，这样就多出一个电流变量，由于已知无伴电压源的电压，可以增加一个电压方程（或电压约束）。另外，对于电路中的受控源，将其先按独立源对待列方程，然后将控制量用结点电压变量表示，整理方程即可。下面通过例子对这两类情况加以说明。

【例 1.4.12】 电路如图 1.4.31 所示,试用结点法求图中的电压 u。

解：选结点④为参考点,设结点①、②、③的结点电压分别为 u_{n1}、u_{n2} 和 u_{n3},设无伴电压源支路的电流为 i,则结点电压方程分别为

$$(0.5+0.2)u_{n1}-0.2u_{n3}=2-i$$
$$(0.25+0.5)u_{n2}-0.5u_{n3}=i$$
$$-0.2u_{n1}-0.5u_{n2}+(0.2+0.5+0.5)u_{n3}=1-2$$

新增电压约束方程为

$$u_{n2}-u_{n1}=6$$

整理并消去电流 i 得

$$14u_{n1}+15u_{n2}-14u_{n3}=40$$
$$2u_{n1}+5u_{n2}-12u_{n3}=10$$
$$u_{n2}-u_{n1}=6$$

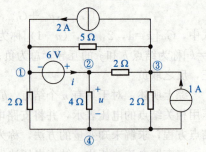

图 1.4.31 例 1.4.12 图

解之得

$$u_{n1}=4\text{ V},\ u_{n2}=-2\text{ V},\ u_{n3}=-1\text{ V}$$

由图知

$$u=u_{n2}=-2\text{ V}$$

在该例中如果选结点①为参考点,所列的方程是否能简单一些,请读者自行思考。

【例 1.4.13】 电路如图 1.4.32 所示,试列出电路的结点电压方程。

解：选结点③为参考点,设结点①、②的结点电压分别为 u_{n1}、u_{n2},先将受控的电流源按独立源对待,则结点电压方程为

$$(G_1+G_2+G_3)u_{n1}-G_3u_{n2}=G_1u_{S1}+\beta i_1$$
$$-G_3u_{n1}+(G_3+G_4+G_5)u_{n2}=G_5u_{S5}-\beta i_1$$

将受控源的控制量用结点电压表示,即

$$i_1=G_1u_{S1}-G_1u_{n1}$$

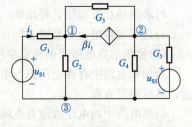

图 1.4.32 例 1.4.13 图

代入结点电压方程并整理得

$$(G_1+\beta G_1+G_2+G_3)u_{n1}-G_3u_{n2}=(1+\beta)G_1u_{S1}$$
$$-(\beta G_1+G_3)u_{n1}+(G_3+G_4+G_5)u_{n2}=G_5u_{S5}-\beta G_1u_{S1}$$

可见,由于受控源的影响,互导 $G_{12}\neq G_{21}$。

知识巩固

1-4-1 如图 1.4.33 所示的电路,已知 $R_1=R_2=2\text{ }\Omega$,$R_3=R_4=4\text{ }\Omega$,$R_5=8\text{ }\Omega$,试求开关闭合和断开时的等效电阻 R_{ab}。

1-4-2 如图 1.4.34 所示电路,求 ab 两端口的等效电阻。

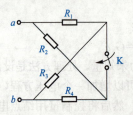

图 1.4.33 习题 1-4-1 图

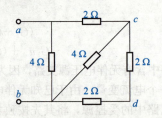

图 1.4.34 习题 1-4-2 图

1-4-3 电路如图 1.4.35 所示，试用电源等效变换方法求图 1.4.35(a)中的电压 U 及图 1.4.35(b)中的电流 I。

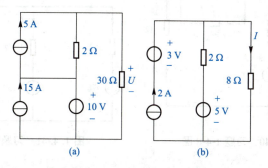

图 1.4.35 习题 1-4-3 图

1-4-4 用电源等效变换方法求如图 1.4.36 所示电路中的电流 i。

1-4-5 电路如图 1.4.37 所示，求电压 U_{ab}。

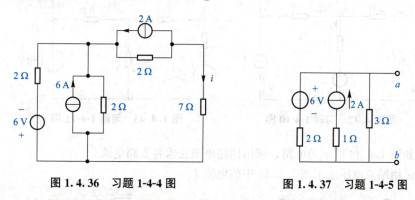

图 1.4.36 习题 1-4-4 图　　　　　图 1.4.37 习题 1-4-5 图

1-4-6 在图 1.4.38 所示电路中，试用支路电流法求各支路电流。

1-4-7 在图 1.4.39 所示的电路中，求：(1)各支路的电流；(2)15 Ω 电阻的端电压；(3)各元件的功率。

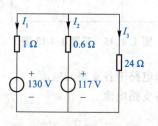　　　　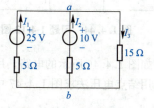

图 1.4.38 习题 1-4-6 图　　　　　图 1.4.39 习题 1-4-7 图

1-4-8 电路如图 1.4.40 所示，求电流 I 和电压 U_{AB}。

1-4-9 用网孔电流法求图 1.4.41 所示电路的各支路电流。

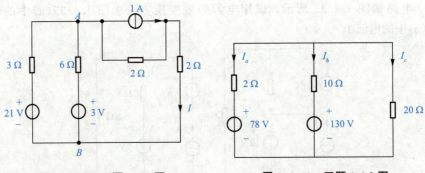

图 1.4.40 习题 1-4-8 图　　　　图 1.4.41 习题 1-4-9 图

1-4-10　电路如图 1.4.42 所示，试用回路电流法求各支路电流。

1-4-11　用网孔电流法求图 1.4.43 所示电路的电压 U。

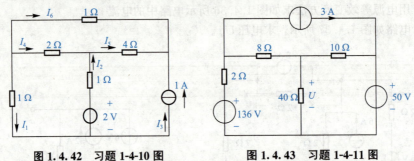

图 1.4.42 习题 1-4-10 图　　　　图 1.4.43 习题 1-4-11 图

1-4-12　如图 1.4.44 所示的电路，试用回路电流法求各支路电流。

1-4-13　试用结点电压法求图 1.4.45 中的电流 I。

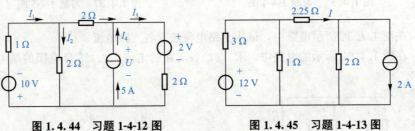

图 1.4.44 习题 1-4-12 图　　　　图 1.4.45 习题 1-4-13 图

1-4-14　如图 1.4.46 所示的电路，用结点电压法求电路中各支路的电流。

1-4-15　用结点电压法求图 1.4.47 中所示电路中各支路电流。

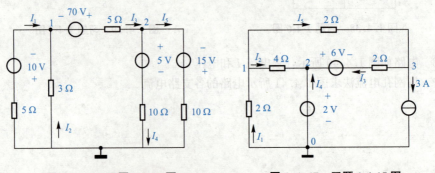

图 1.4.46 习题 1-4-14 图　　　　图 1.4.47 习题 1-4-15 图

任务 1.5 电路定理

1.5.1 叠加定理和齐次定理

叠加定理是电路理论中的一个重要定理，是线性电路的基本定理，它体现了线性网络的基本性质，是分析线性电路的基础，线性电路中的许多定理可以由叠加定理导出。

1. 叠加定理的内容

由独立电源和线性元件(线性电阻和线性受控源)组成的电路，称为线性电阻电路。线性电路最基本的特性包含可加性和齐次性，叠加定理就是可加性的反映。

叠加定理可以表述为：当线性电路中有两个或两个以上的独立电源作用时，任意支路的电流(或电压)响应，等于电路中每个独立源单独作用下在该支路中产生的电流(或电压)响应的代数和。

一个独立源单独作用意味着其他独立源不作用，即不作用的电压源的电压为零，不作用的电流源的电流为零。电路分析中可用短路代替不作用的电压源，而对于实际电压源保留其内阻在电路中；可用开路代替不作用的电流源，而对于实际电流源保留其内电导在电路中。

需要注意的是，当电路中存在受控源时，由于受控源不能够向独立源一样单独产生激励，因此要将受控源保留在各分电路中，应用叠加定理进行电路分析。

以图 1.5.1 所示的电路予以说明。

在图 1.5.1 中，根据支路电流法可列写 KCL 和 KVL 方程如下：

$$\begin{cases} i_1 - i_2 + i_S = 0 \\ R_1 i_1 + R_2 i_2 = u_S \end{cases}$$

解得

$$\begin{cases} i_1 = \dfrac{u_S}{R_1 + R_2} - \dfrac{R_2 i_S}{R_1 + R_2} \\ i_2 = \dfrac{u_S}{R_1 + R_2} + \dfrac{R_1 i_S}{R_1 + R_2} \end{cases}$$

图 1.5.2(a)中，电压源 U_S 单独作用下产生的电流为

$$\begin{cases} i_1' = \dfrac{1}{R_1 + R_2} u_S \\ i_2' = \dfrac{1}{R_1 + R_2} u_S \end{cases}$$

图 1.5.2(b)中，电流源 i_S 单独作用，列写 KCL 和 KVL 方程如下：

$$\begin{cases} i_1'' + i_S = i_2'' \\ R_1 i_1'' + R_2 i_2'' = 0 \end{cases}$$

解得 i_S 单独作用产生的电流为

$$i_1'' = -\dfrac{R_2}{R_1 + R_2} i_S$$

$$i_2'' = \dfrac{R_1}{R_1 + R_2} i_S$$

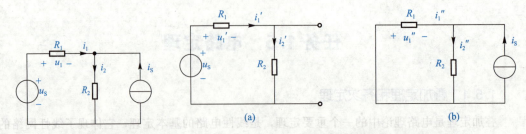

图 1.5.1 两个独立源激励的电路　　图 1.5.2 两个独立源分别作用的电路
(a)电压源；(b)电流源

由此可见，电流具有叠加性，叠加定理得到验证，可以将电流 i_1、i_2 写为

$$i_1 = i_1' + i_1''，i_2 = i_2' + i_2''$$

同理，电压也具有叠加性：

$$u_1 = u_1' + u_1''，u_2 = u_2' + u_2''$$

2. 叠加定理的应用

叠加定理常用于分析电路中某一电源的影响。用叠加定理计算复杂电路时，要将一个复杂电路化为几个单电源电路进行计算，然后把它们叠加起来；电压或电流的叠加要按照标定的参考方向进行。因为电流与功率不成线性关系，功率必须根据元件上的总电流和总电压计算，而不能够按照叠加定理计算。

综上所述，应用叠加定理进行电路分析时，应注意以下几点：

(1)叠加定理只适用线性电路，不适用非线性电路。

(2)叠加时要注意各分电路中的电压和电流的参考方向，可选取与原电路参考方向相同。

(3)在叠加的各分电路中，不作用的电压源置零，即在该电压源处用短路代替；不作用的电流源置零，即在该电流源处用开路代替；所有电阻不予变动。

(4)若电路中有受控源，则受控源不能当作独立电源处理，它与电阻一样均保留在各分电路中。

(5)不能用叠加定理直接计算功率。

(6)叠加作用可以是多个电源分别单个作用，也可以是多个电源分成几组作用，但每个电源只能作用一次。

【**例 1.5.1**】 试用叠加定理求图 1.5.3(a)所示电路中的 I 和 U。

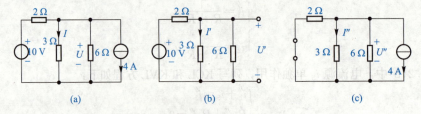

图 1.5.3 例 1.5.1 图
(a)原电路；(b)电压源作用；(c)电流源作用

解：画出电压源和电流源分别作用时的电路如图 1.5.3(b)和(c)所示。对于图 1.5.3(b)用电阻串、并联及分流公式、欧姆定律，有

$$I' = \frac{10}{2 + 3 \times 6/(3+6)} \times \frac{6}{3+6} = \frac{5}{2} \times \frac{2}{3} = \frac{5}{3} \text{(A)}$$

$$u'=3\ \Omega\times I'=3\times\frac{5}{3}=5(\text{V})$$

对于图 1.5.3(c)用分流公式、电阻并联及欧姆定律,有

$$I''=\frac{1/3}{1/2+1/3+1/6}\times 4=-\frac{4}{3}(\text{A})$$

$$U''=\frac{4}{1/2+1/3+1/6}=-4(\text{V})$$

由叠加定理有

$$I_1=I_1'+I_1''=\frac{5}{3}-\frac{4}{3}=\frac{1}{3}(\text{A})$$

$$U_1=U_1'+U_1''=5-4=1(\text{V})$$

【例 1.5.2】 电路如图 1.5.4(a)所示,试用叠加定理计算电压 U。

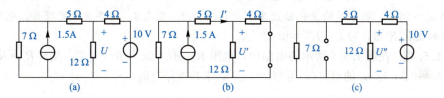

图 1.5.4 例 1.5.2 图
(a)原电路;(b)电流源作用;(c)电压源作用

解: 画出 1.5 A 电流源单独作用、10 V 电压源短路的电路图,如图 1.5.4(b)所示,求解电压 u'。

由电阻串、并联及分流公式得

$$I'=\frac{7\ \Omega}{(4//12)\Omega+5\ \Omega+7\ \Omega}\times 1.5\ \text{A}=0.7\ \text{A}$$

则

$$U'=(4//12)\Omega\times I'=3\ \Omega\times 0.7\ \text{A}=2.1\ \text{V}$$

画出 10 V 电压源单独作用、1.5 A 电流源断路的电路图,如图 1.5.4(c)所示,求解电压 u''。

由分压公式得

$$U''=\frac{(5+7)//12}{(5+7)//12+4}\times 10=6(\text{V})$$

根据叠加定理,有

$$U_1=U_1'+U_1''=8.1\ \text{V}$$

*3. 齐次性定理

齐次性定理可表述:在线性电路中,当所有激励(电压源和电流源)都增大或缩小 K 倍(K 为实数),响应(电压和电流)也将同样增大或缩小 K 倍。齐次性定理不难从叠加定理推得。

需要注意的是,激励增大 K 倍,必须是所有的激励,即所有的独立电源都增加 K 倍,否则将导致错误结果。齐次性定理容易由叠加定理推出。

【例 1.5.3】 求图 1.5.5 所示梯形电路中的电流 i_5。

解: 传统的方法是通过串、并联求出电流 i_1,然后通过逐步分流最后求出 i_5。如果利用齐次性定理,首先设 $i_5'=1$ A,然后逐步求出产生该电流所需要的电源电压,进而可以求出电源的变化倍数,最后求出实际的电流 i_5。由图知

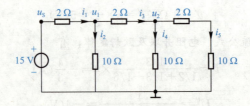

图 1.5.5　例 1.5.3 图

$$u_2'=(2+10)i_5'=12 \text{ V} \qquad i_4'=u_2'/10=1.2 \text{ A}$$
$$i_3'=i_4'+i_5'=2.2 \text{ A} \qquad u_1'=2i_3'+u_2'=16.4 \text{ V}$$
$$i_2'=u_1'/10=1.64 \text{ A} \qquad i_1'=i_2'+i_3'=3.84 \text{ A}$$
$$u_S'=2i_1'+u_1'=24.08 \text{ V}$$

因为 $u_S=15$ V，则电源的变化倍数为 $K=15/24.08=0.623$。由齐次性定理知，电路中的所有响应同时变化 K 倍，即 $i_5=Ki_5'=0.623$ A。

【例 1.5.4】 在图 1.5.6 所示的电路中，电阻 $R_0=R_2=R_4=R_6=8$ Ω，$R_1=R_3=R_5=8$ Ω。(1)若使 $I_0=1$ A，求 u_S 的值；(2)若 $U_S=66$ V，求各支路电流。

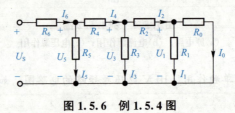

图 1.5.6　例 1.5.4 图

解：(1)根据 KCL 和 KVL，由 I_0 支路向前推算：

$$I_1=U_1/R_1=R_0I_0/R_1=0.5 \text{ A}$$
$$I_2=I_1+I_0=1.5 \text{ A}$$
$$I_3=U_3/R_3=(R_2I_2+R_1I_1)/R_3=1.25 \text{ A}$$
$$I_4=I_2+I_3=2.75 \text{ A}$$
$$I_5=U_5/R_5=(R_4I_4+R_3I_3)/R_5=2.75 \text{ A}$$
$$I_6=I_4+I_5=5.5 \text{ A}$$
$$U_S=R_6I_6+R_5I_5=44 \text{ V}$$

(2) $U_S=66$ V 是 44 V 的 1.5 倍，所以电路中所有的电压、电流均应该增大 1.5 倍，据此可以求出电路中其他各处电压电流，即

$$I_1=1.5\times0.5=0.75(\text{A})$$
$$I_2=1.5\times1.5=2.25(\text{A})$$
$$I_3=1.25\times1.5=1.875(\text{A})$$
$$I_4=1.5\times2.75=4.125(\text{A})$$
$$I_5=1.5\times2.75=4.125(\text{A})$$
$$I_6=1.5\times5.5=8.25(\text{A})$$

上述应用齐次性定理分析梯形电路的方法叫作"倒退法"或"爬山法"，即从最远离电源一端开始计算，逐步推算至电压源处，然后根据实际电源值予以修正。通常为了方便计算，可以先设最远端支路电流为一个较为简单的值(如 1 A)开始计算。

1.5.2 戴维南定理与诺顿定理

1. 戴维南定理的内容

根据网络内部是否含有独立电源,一端口网络可分为有源一端口网络和无源一端口网络。无源一端口电阻网络,对外可以等效为一个电阻 R_{eq},其电阻值满足 $R_{eq}=u/i$,式中 u 和 i 分别是一端口网络的电压与电流。戴维南定理提供了分析有源一端口网络等效电路的一般方法,是分析电路的重要工具。

戴维南定理的表述:任一线性有源一端口网络,就其对外电路的作用而言,总可以用一个电压源与电阻串联组合的电路模型来等效。该电压源的电压等于有源一端口网络的开路电压 u_{oc},而串联的电阻 R_{eq} 等于有源一端口网络中所有独立源置零时端口的入端电阻。独立源置零是指网络的电压源短路,电流源开路。

如图1.5.7(a)所示,图中 u_{oc} 为它的开路电压,图1.5.7(b)是将图1.5.7(a)内部所有独立源置零后的无源一端口网络 N_0 及等效电阻 R_{eq}。根据戴维南定理,对于端口 $a-b$ 而言,图1.5.7(a)中的 N_S 可以等效成图1.5.7(c)的形式,即 N_S 等效成电压源 u_{oc} 和电阻 R_{eq} 的串联。

电压源 u_{oc} 和电阻 R_{eq} 的串联电路称为 N_S 的戴维南等效电路,其中 R_{eq} 也称为戴维南等效电阻。根据等效的概念,等效前后一端口 a、b 之间的电压 u 和流过端点 a、b 上的电流 i 不变,即对外电路或负载电路来说等效前后的电压、电流保持不变。可见,这种等效称为对外等效。

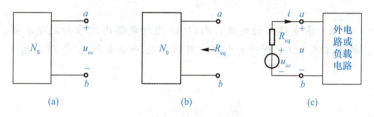

图 1.5.7 戴维南定理

(a)原电路;(b)N_S 等效为 N_0 和 R_{eq};(c)N_S 等效为 u_{oc} 和 R_{eq} 的串联

图中 u_{oc} 为开路电压,R_{eq} 为戴维南等效电阻,N_S 网络为含独立电源一端口网络,N_0 网络为 N_S 网络去掉独立电源之后所得到的一端口网络。电压源和电阻串联构成的电路称为戴维南等效电路。

2. 戴维南定理的应用

在应用戴维南定理求解复杂电路时,首先将待求支路从电路中移去,其他部分看成一个有源一端口网络,然后求出有源一端口网络的开路电压和等效电阻,最后把有源一端口网络的等效电路与所求的支路连接起来,计算待求支路电流或电压等。

利用戴维南定理进行电路分析,关键在于计算开路电压和等效电阻。计算开路电压时要将负载电路从所求端口断开,按照相应的电路连接关系求有源一端口网络的端口电压。计算入端电阻时应当根据具体电路采用不同的方法。

【例1.5.5】 用戴维南定理将图1.5.8(a)所示的电路化简。

解:开路电压为 $U_{oc}=-6+3+2\times4=5(V)$

一端口网络所有独立源置零时的等效电阻为 $R_{eq}=2+4=6(\Omega)$

戴维南等效电路如图1.5.8(b)所示。

【例1.5.6】 电路如图1.5.9所示,已知 $u_S=36\,V$,$i_S=2\,A$,$R_1=R_2=10\,\Omega$,$R_3=3\,\Omega$,$R_4=12\,\Omega$,求电路中的电流 i_4。

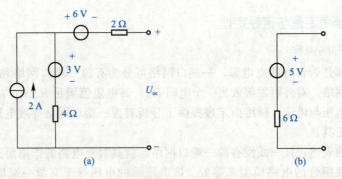

图1.5.8 例1.5.5图
(a)原电路；(b)等效电路

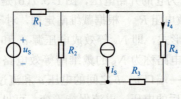

图1.5.9 例1.5.6图

解：该例中，只求一条支路上的电流，则以 R_4 为外电路用戴维南定理求解。在图1.5.9中将 R_4 支路断开，得图1.5.10(a)所示的电路，可以求出开路电压 u_{oc}，即由图1.5.10(a)应用支路电流法有

$$i_2+i_S=i_1$$
$$R_1i_1+R_2i_S-u_S=0$$

代入数据解得

$$i_2=0.8 \text{ A}$$

再由欧姆定律，有

$$u_{oc}=R_2i_2=10\times0.8=8(\text{V})$$

将图1.5.10(a)中所有的独立源置零得图1.5.10(b)电路，可求出无源电路的端口等效电阻：

$$R_{eq}=R_3+(R_1\times R_2)/(R_1+R_2)=8\text{ }\Omega$$

可得戴维南等效电路如图1.5.10(c)所示，则图1.5.10可以简化为图1.5.10(d)所示的电路，故得

$$i_4=\frac{u_{oc}}{R_{eq}+R_4}=\frac{8}{8+12}=0.4(\text{A})$$

【例1.5.7】 电路如图1.5.11(a)所示，试用戴维南定理求通过 $4\text{ }\Omega$ 电阻的电流 I。

解：断开 $4\text{ }\Omega$ 的电阻，求出 ab 端口的等效戴维南电路，如图1.5.11(b)所示，ab 端口等效电路的开路电压和入端电阻（两个独立电压源置零）为

$$U_{oc}=U_{ab}=8+\frac{12-8}{2+2}\times2=10(\text{V})$$

也可利用电流源等效变换得到

$$R_{eq}=(2\text{ }\Omega//2\text{ }\Omega)+(10\text{ }\Omega//10\text{ }\Omega)=6\text{ }\Omega$$

因此，图1.5.11(a)所示电路的等效电路如图1.5.11(c)所示，通过 $4\text{ }\Omega$ 电阻的电流 I 为

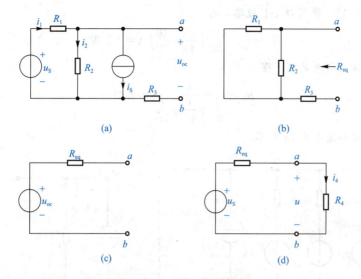

图 1.5.10 例 1.5.6 求解
(a)R_4 支路断开；(b)独立源置零；(c)戴维南等效电路；(d)简化电路

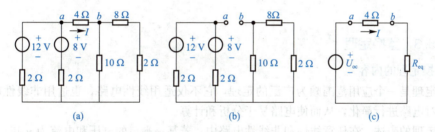

图 1.5.11 例 1.5.7 图
(a)原电路；(b)断开 ab 端口的等效电路；(c)最终等效电路

$$I = \frac{u_{oc}}{R_{eq}+4\ \Omega} = 1\ \text{A}$$

*3. 诺顿定理

任何一个有源线性一端口网络，对其外部电路而言，都可以用电流源与电阻并联组合等效代替，该电流源的电流等于二端网络的短路电流，该电阻等于一端口网络内部所有独立源置零时的等效电阻，这就是诺顿定理的内容。

图 1.5.12(a)含源的一端口 N_S 的戴维南等效电路如图 1.5.12(b)所示，再根据 1.4.2 节可知，图 1.5.12(b)可以等效变换成图 1.5.12(c)的形式。图 1.5.12(c)电路称为 N_S 的诺顿等效电路，其中 i_{SC} 是 N_S 的端口短路电流，G_{eq} 是 N_S 的无源等效电导。诺顿等效电路和戴维南等效电路的关系为

$$G_{eq}=1/R_{eq},\ i_{SC}=u_{oc}/R_{eq} \tag{1.5.1}$$

可见，在诺顿和戴维南等效电路中，只有 u_{oc}、i_{SC} 和 R_{eq}（或 G_{eq}）3 个参数是独立的。由式(1.5.1)可得出

$$R_{eq}=u_{oc}/i_{SC} \tag{1.5.2}$$

因此，只要分别求出 N_S 的 u_{oc} 和 i_{SC}，就可以利用该式求出 N_S 的无源等效电阻。

【例 1.5.8】 电路如图 1.5.12 所示，求诺顿等效电路。

解:由图 1.5.12,将端口 1-1′短路,有

$$i_{oc}=\left(3-\frac{60}{20}+\frac{40}{40}-\frac{40}{20}\right)\text{A}=-1\text{ A}$$

将端口内部独立电源置零,得

$$R_{eq}=\frac{1}{\frac{1}{20}+\frac{1}{40}+\frac{1}{20}}\Omega=8\text{ }\Omega$$

诺顿等效电路如图 1.5.13 所示。

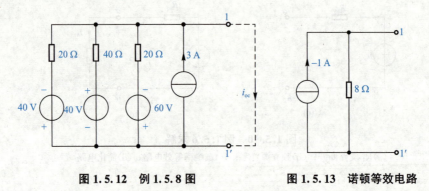

图 1.5.12 例 1.5.8 图　　　图 1.5.13 诺顿等效电路

*1.5.3 置换定理

1. 置换定理的内容

置换定理是一个应用范围颇为广泛的定理,它不仅适用线性电路,也适用非线性电路,它时常用来对电路进行简化,从而使电路易于分析和计算。

置换定理的表述:在任意线性和非线性电路中,若某一端口的电压和电流为 u 和 i,则可用电压为 u 的电压源或用一个电流为 i 的电流源来置换此一端口,而不影响电路中其他部分的电流和电压。

如果网络 N 由一个电阻性一端口网络 N_1 和一个任意一端口网络 N_2 连接而成,如图 1.5.14(a)所示,则

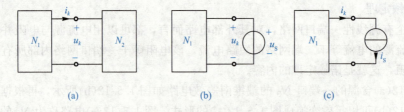

图 1.5.14 置换定理
(a)原电路;(b)N_2 被电压源置换;(c)N_2 被电流源置换

(1)如果端口电压 u 有唯一解,则可用电压为 $u_S=u_k$ 的电压源来替代单口网络 N_2,只要替代后的网络[图 1.5.14(b)]仍有唯一解,则不会影响单口网络 N_1 内的电压和电流。

(2)如果端口电流 i 有唯一解,则可用电流为 $i_S=i_k$ 的电流源来替代单口网络 N_2,只要替代后的网络[图 1.5.14(c)]仍有唯一解,则不会影响单口网络 N_1 内的电压和电流。

置换定理的价值在于,若网络中某端口电压或电流为已知量,则可用一个独立源来替代该端口网络 N_2,从而简化电路的分析与计算。

置换定理可用以下几点说明：

(1)置换定理要求置换前后的电路有唯一解，即在置换改变前后，端口电压 u 和电流 i 应是唯一的。

(2)除被置换部分发生变化外，其余部分在置换前后必须保持完全相同。

(3)若电路中某两点间电压为零，则可将量值为零的电压源接于该两点间，相当于将该两点短路；若电路中某支路电流为零，则可将量值为零的电流源串接于该支路，相当于将该支路断开。

2. 置换定理的证明

在两个一端口的端子 a、c 之间反方向串联两个电压源 u_S，如图 1.5.15 所示。如果令 $u_S=u_k$，由 KVL 有 $u_{bd}=0$，说明 b、d 之间等电位，即可以将 b、d 两点短接，结果就得到图 1.5.14(b)。如果在两个一端口之间反方向并联两个电流源，并令 $i_S=i_k$，再根据 KCL 就可以证明图 1.5.14(c)。

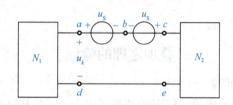

图 1.5.15 置换定理的证明

注意：如果 N_1 和 N_2 中有受控源，且控制量和被控量分别处在 N_1 和 N_2 之中，当置换以后控制量将丢失，则不能用置换定理。

【**例 1.5.9**】 如图 1.5.16(a)所示的电路，已知 $I_2=2$ A，求电阻 R 和电流 I_1。

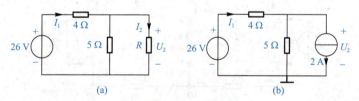

图 1.5.16 例 1.5.9 图
(a)原电路；(b)R 被替代电路

解：由于 $i_2=2$ A 为已知，根据置换定理用 2 A 电流源置换图 1.5.16(a)中电阻 R，得到图 1.5.16(b)所示的电路。对此电路列结点电压方程为

$$\left(\frac{1}{4\ \Omega}+\frac{1}{5\ \Omega}\right)U_2=\frac{26\ \text{V}}{4\ \Omega}-2\ \text{A} \Rightarrow U_2=10\ \text{V}$$

求得 $\qquad\qquad\qquad\qquad R=U_2/I_2=5\ \Omega$
进而求得 $\qquad\qquad I_1=(26\ \text{V}-U_2)/4\ \Omega=4\ \text{A}$

【**例 1.5.10**】 如图 1.5.17(a)所示的电路，求等效电阻 R_{eq}。

解：图 1.5.17(a)所示的电路满足电桥平衡条件，所以 4 Ω 电阻电流和电压均为零，根据置换定理，可用量值为零的电压源(短路线)代替，如图 1.5.17(b)所示，得

$$R_{eq}=\frac{1\times 3}{1+3}+\frac{2\times 6}{2+6}=2.25(\Omega)$$

或者用量值为零的电流源(断路)置换该电阻，如图 1.5.17(c)所示。

$$R_{eq}=\frac{(1+2)\times(3+6)}{(1+2)+(3+6)}=2.25(\Omega)$$

做上述置换后,便可容易求出等效电阻,如图 1.5.17(d)所示。

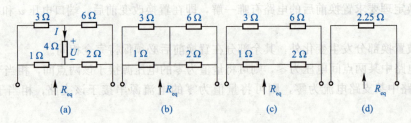

图 1.5.17 例 1.5.10 图
(a)原电路;(b)4 Ω 电阻被短路线替换;(c)4 Ω 电阻被断路替换;(d)等效电阻

任务实训1

叠加定理的验证

训练地点:电工基础实训室
训练器材:15 V 直流稳压电源、12 V 直流稳压电源、多量程电流表、数字电压表;线性电阻:330 Ω(二个)、51 Ω、200 Ω、100 Ω;万用表。
训练内容与步骤:
电路如图 1.5.18 所示。

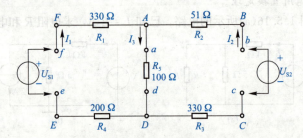

图 1.5.18 叠加定理测试电路

(1)单独接上电源 $U_{S1}=15$ V(将 BC 短接),测量各支路电流 I_1、I_2 和 I_3,填入表 1.5.1。
(2)单独接上电源 $U_{S2}=12$ V(将 EF 短接),测量各支路电流 I_1、I_2 和 I_3,填入表 1.5.1。
(3)同时接上 U_{S1} 和 U_{S2},测量各支路电流 I_1、I_2 和 I_3,填入表 1.5.1。对照三种情况,分析是否符合叠加定理。

表 1.5.1 线性电路叠加定理实训数据 mA

施加电压 \ 支路电流	I_1	I_2	I_3
U_{S1} 单独			
U_{S2} 单独			
U_{S1}、U_{S2} 同时			

注意：

(1)接入电流表时，要注意量程选择，量程的选择取决于对通过的电流值的估算，同时要注意电源和电表的极性不要接错。

(2)在记录电表数值时，要注意参考方向与测量方向一致取正号，相反取负号。

任务实训2

戴维南定理验证

训练地点： 电工基础实训室

训练器材： 可调直流稳压电源(电压调至 15 V)、可调直流稳流电源(输出电流调至 20 mA)、数字电压表、多量程电流表；线性电阻：330 Ω 2 个、51 Ω、200 Ω、100 Ω；可变电阻箱、开关、万用表。

训练内容与步骤：

(1)按图 1.5.19 电路接线，直流稳压电源 $U_{S1}=15$ V，直流稳流电源 $I_{S2}=20$ mA，以多量程电流表串入 R_5 支路(以电流表取代 Aa 间的连线)，合上开关 K，测定该支路电流 I，填入表1-5-2。

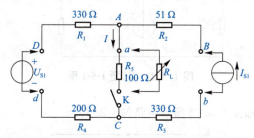

图 1.5.19 测试戴维南定理电路

(2)测量有源二端网络的开路电压 U_{oc} 断开开关 K，用电压表测量 A、C 间电压即为开路电压 U_{oc}，填入表 1.5.2。

(3)测量等效电源电阻 R_0。

方法一：将电源 U_{S1}、I_{S2} 断掉后，D 与 d 两点用导线连接，B 与 b 两点保持断路，用万用表电阻挡测量 A、C 间的等效电阻，即为等效电源电阻，用 R_0' 表示，填入表 1.5.2。

方法二：用半偏法。测出开路电压 U_{oc} 后，用可变电阻 R_L(可变电阻箱)取代 R_5，调节 R_L 值，使 $U_{AC}=\dfrac{1}{2}U_{oc}$，根据 $R_0=\left(\dfrac{U_{oc}}{U_{AC}}-1\right)R_L$，则此时 $R_0=R_L$，读出 R_L 值，即为 R_0，填入表 1.5.2。

(4)重新调整电压源电压，使之输出电压为 U_{oc}，用可变电阻箱调整出 R_0(或 R_0')值，然后连接成图 1.5.20 所示电路，以多量程电流表串入 R_5 支路，测定该支路电流 I'，与 I 相比较，来验证戴维南定理的正确性。

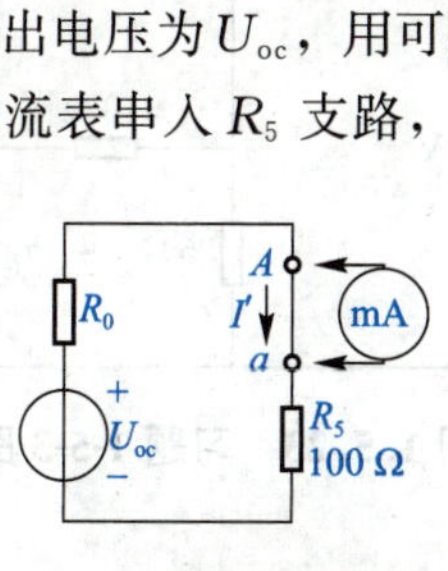

图 1.5.20 戴维南等效电路

表 1.5.2 戴维南定理实训数据

I/mA	U_{oc}/V	R_0'/Ω	R_L/Ω	R_0/Ω	I'/mA

注意：

(1)对可调电源，要先调整到预定值，关断总电源后，再进行接线。

(2)测量等效电源电阻 R_0' 时，注意将电源 U_{S1}、I_{S2} 去掉，决不能将电源直接短接。

(3)接入电流表时，要注意量程选择及电表的极性。在记录电表数值时，要注意参考方向与测量方向是否一致。

🧰 知识巩固

1-5-1 如图 1.5.21 所示，试用叠加定理求电流源电压 U。

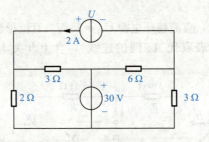

图 1.5.21 习题 1-5-1 图

1-5-2 用叠加定理求如图 1.5.22 所示电路的电流 I。

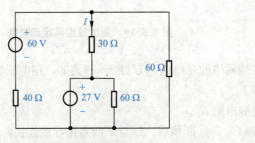

图 1.5.22 习题 1-5-2 图

1-5-3 用叠加定理求图 1.5.23 所示电路中的电流 I。

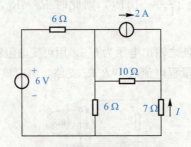

图 1.5.23 习题 1-5-3 图

1-5-4 试用齐次定理求图 1.5.24 所示电路中电流 I。

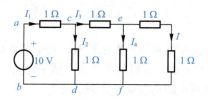

图 1.5.24 习题 1-5-4 图

1-5-5 求图 1.5.25 所示电路的电流 i，已知：$R_L=2\ \Omega$，$R_1=1\ \Omega$，$u_S=51$ V。

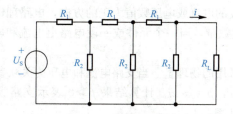

图 1.5.25 习题 1-5-5 图

1-5-6 试用戴维南定理求图 1.5.26 所示电路中的电流 I。

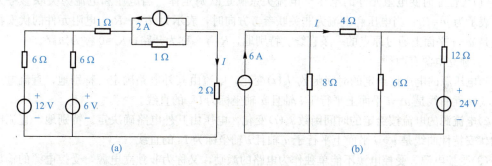

图 1.5.26 习题 1-5-6 图

1-5-7 电路如图 1.5.27 所示，试用戴维南定理求通过 4 Ω 电阻的电流 I。
1-5-8 应用诺顿定理求图 1.5.28 所示电路中的电流 I。

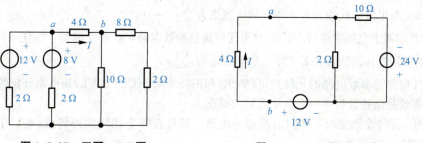

图 1.5.27 习题 1-5-7 图   图 1.5.28 习题 1-5-8 图

项目总结

1. 电路理论的研究对象是实际电路的理想化模型,它是由理想电路元件组成的。理想电路元件是从实际电路器件中抽象出来的,可以用数学公式精确定义。

2. 电流和电压是电路中最基本的物理量,分别定义为

电流 $i = \dfrac{\mathrm{d}q}{\mathrm{d}t}$,方向为正电荷运动的方向。

电压 $u = \dfrac{\mathrm{d}W}{\mathrm{d}q}$,方向为电位降低的方向。

3. 参考方向是人为假设的电流或电压数值为正的方向,电路理论中涉及的电流或电压都是对应于假设的参考方向的代数量。当一个元件或一段电路上电流和电压参考方向一致时,称为关联参考方向。

4. 功率是电路分析中常用的物理量。当支路电流和电压为关联参考方向时,$p=ui$;当电流和电压为非关联参考方向时,$p=-ui$。计算结果 $p>0$ 表示支路吸收(消耗)功率;计算结果 $p<0$ 表示支路提供(产生)功率。

5. 电路元件可分为有源元件和无源元件、线性和非线性元件、时变和非时变元件。电路元件的电压—电流关系表明该元件电压和电流必须遵守的规律,又称为元件的约束关系。

(1)线性非时变电阻元件的电压—电流关系满足欧姆定律。当电压和电流为关联参考方向时,表示为 $u=Ri$;当电压和电流为非关联参考方向时,表示为 $u=-Ri$。电阻元件的伏安特性曲线是 $u-i$ 平面上通过原点的一条直线。特别地,$R \to \infty$ 称为开路;$R=0$ 称为短路。

(2)独立电源有两种:

1)电压源的电压按给定的时间函数 $u_S(t)$ 变化,电流由其外电路确定。特别地,直流电压源的伏安特性曲线是 $u-i$ 平面上平行于 i 轴且 u 轴坐标为 U_S 的直线。

2)电流源的电流按给定的时间函数 $i_S(t)$ 变化,电压由其外电路确决定。特别地,直流电流源的伏安特性曲线是 $u-i$ 平面上平行于 u 轴且 i 轴坐标为 I_S 的直线。

(3)受控电源。受控电源不能单独作为电路的激励,又称为非独立电源,受控电源的输出电压或电流受到电路中某部分的电压或电流的控制,有 VCVS、VCCS、CCVS 和 CCCS 四种类型。

6. 基尔霍夫定律表明电路中支路电流、支路电压的拓扑约束关系,它与组成支路的元件性质无关。

(1)基尔霍夫电流定律(KCL):对于任何集总参数电路,在任一时刻,流出任一节点或封闭面的全部支路电流的代数和等于零。数学表达为 $\sum i = 0$。

(2)基尔霍夫电压定律(KVL):对于任何集总参数电路,在任一时刻,沿任一回路或闭合节点序列的各段电压的代数和等于零。数学表达为 $\sum u = 0$。

7. 任何集总参数电路的元件约束(VCR)和拓扑约束(KCL、KVL)是电路分析的基本依据。

8. 等效是电路分析中一个非常重要的概念。

结构、元件参数完全不相同的两部分电路,若具有完全相同的外特性(端口电压—电流关系),则相互称为等效电路。

等效变换就是把电路的一部分电路用其等效电路来代换。电路等效变换的目的是简化电路,方便计算。

值得注意的是,等效变换对外电路来讲是等效的,对变换的内部电路则不一定等效。

9. 电阻的串、并联公式计算等效电阻、对称电路的等效化简和电阻 Y 形连接与电阻 △ 形连

接的等效互换是等效变换最简单的例子。

10. 电容元件。电容是反映电容器容纳电荷本领的物理量,在数值上等于电荷量与电压的比值。线性电容 C 是一常数。在某一时刻,电容的电流取决于该时刻电容电压的变化率:

$$i = C\frac{du_C}{dt}$$

电容元件的储能: $W_C = \frac{1}{2}Cu_C^2$

n 个电容串联的等效电容为 $\frac{1}{C_{eq}} = \frac{1}{C_1} + \frac{1}{C_2} + \cdots + \frac{1}{C_n} = \sum_{k=1}^{n}\frac{1}{C_k}$

n 个电容并联的等效电容为 $C_{eq} = C_1 + C_2 + \cdots + C_n = \sum_{k=1}^{n}C_k$

11. 电感元件。电感是反映电感线圈产生磁场能力大小的物理量,它在数值上等于通过单位电流的自感磁链:

$$L = \frac{\Psi}{i}$$

感应电压等于磁链的变化率:

$$u_L = L\frac{di}{dt}$$

电感元件的储能: $W_L = \frac{1}{2}Li^2$

n 个电容串联的等效电感为 $L_{eq} = L_1 + L_2 + \cdots + L_n = \sum_{k=1}^{n}L_k$

n 个电感并联的等效电感为 $\frac{1}{L_{eq}} = \frac{1}{L_1} + \frac{1}{L_2} + \cdots + \frac{1}{L_n} = \sum_{k=1}^{n}\frac{1}{L_k}$

12. 含独立电源电路的等效互换

(1)电源串并联的等效化简。

电压源串联: $u_S = u_{S1} + u_{S2} + \cdots + u_{Sn} = \sum_{k=1}^{N}u_{Sk}$

电流源并联: $i_S = i_{S1} + i_{S2} + \cdots + i_{Sn} = \sum_{k=1}^{N}i_{Sk}$

电压源和电流源串联等效为电流源;电压源和电流源并联等效为电压源。

(2)实际电源的两种模型及其等效转换。

实际电源可以用一个电压源 u_S 和一个表征电源损耗的电阻 R_S 的串联电路来模拟。

实际电源也可以用一个电流源 i_S 和一个表征电源损耗的电导 G_S 的并联电路来模拟。

两类实际电源等效转换的条件为 $i_S = G_S u_S$, $G_S = 1/R_S$。

13. 对于具有 b 条支路和 n 个结点的连通网络,有 $n-1$ 个线性无关的独立 KCL 方程,$b-n+1$ 个线性无关的独立 KVL 方程。

14. 根据元件约束(元件的 VCR)和网络的拓扑约束(KCL、KVL),支路分析法可分为支路电流法和支路电压法。所需列写的方程数为 b 个。用 b 个支路电流(电压)作为电路变量,列出 $n-1$ 个结点的 KCL 方程和 $b-n+1$ 个回路的 KVL 方程,然后代入元件的 VCR。求解这 b 个方程。最后,求解其他响应。支路分析法的优点是直观,物理意义明确;缺点是方程数目多,计算量大。

15. 网孔电流法适用平面电路,以网孔电流为电路变量。需列写 $b-n+1$ 个网孔的 KVL 方程(网孔方程)。

16. 结点电压法适用任意电路，以结点电压为电路变量。需列写 $n-1$ 个结点的 KCL 方程（结点方程）。

17. 叠加定理：当线性电路中有两个或两个以上的独立电源作用时，任意支路的电流（或电压）响应，等于电路中每个独立源单独作用下在该支路中产生的电流（或电压）响应的代数和。

18. 齐次定理：激励（电压源和电流源）都增大或缩小 k 倍（k 为实数），响应（电压和电流）也将同样增大或缩小 k 倍。

19. 置换定理：在任意线性和非线性电路中，若某一端口的电压和电流为 u 和 i，则可用电压为 u 的电压源或用一个电流为 i 的电流源来置换此一端口，而不影响电路中其他部分的电流和电压。

20. 等效电源定理

(1) 戴维南定理：任一线性有源一端口网络 N，就其两个输出端而言，总可以用一个独立电压源和一个电阻的串联电路来等效，其中，独立电压源的电压等于该一端口网络 N 输出端的开路电压 u_{oc}，串联电阻 R_{eq} 等于将该一端口网络 N 内所有独立源置零时从输出端看入的等效电阻。

(2) 诺顿定理：任一线性有源一端口网络 N，就其两个输出端而言，总可以用一个独立电流源和一个电阻的并联电路来等效，其中，独立电流源的电流等于该一端口网络 N 输出端的短路电流 i_{sc}，并联电阻 R_{eq} 等于将该一端口网络 N 内所有独立源置零时从输出端看入的等效电阻。

项目 2 船舶交流电路基础

项目描述

　　船舶的工作环境与陆地不同,船舶的照明系统有其特殊性,通常包括确保航行安全和人员安全照明、船舶工作场所照明和生活区照明灯。船舶照明系统正常情况下的供电方式是正常照明,即由船舶主电源供电,由主配电板上照明汇流排直接向各个照明分电箱供电,然后由照明分电箱向临近舱室或区域的照明灯供电。正常照明是由船舶发电机产生的 220 V 交流电供电。如图 2.0.1 所示,船舶荧光灯照明与两控一灯一插座电路,其中②为单相电能表的接线,⑨和⑩是一灯双控的接线,⑤⑥⑦⑧为荧光灯的接线。这个电路非常实用,是船舶照明控制电路的经典案例。由于船舶照明系统是安全航行的保障,及时排查船舶照明系统的故障在船舶运行过程中有着重要的意义。通过本项目的学习,同学们将具有排查照明电路故障的能力。除船舶照明设备外,船舶电力拖动设备(如舵机、锚机、油泵、水泵)都是由船舶发电机产生的交流电进行供电。本项目将会学习到船舶交流电相关知识,要求掌握交流电的特点、交流电路的分析方法。

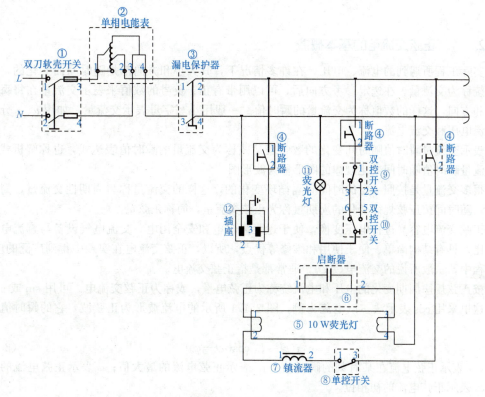

图 2.0.1 船舶荧光灯照明与两控一灯一插座电路

知识目标：
1. 掌握正弦交流电的表示方法；
2. 掌握相量形式表示电路的基本定律、基本元件的伏安特性、阻抗和导纳；
3. 掌握正弦稳态电路的分析方法；会计算正弦稳态电路的功率；
4. 了解功率因数提高的方法和电路谐振的条件；
5. 掌握三相电路电源和负载的基本连接方式；
6. 掌握对称三相电路分析与计算的方法；了解不对称三相电路分析与计算的过程；
7. 正确计算三相电路的功率；能对三相负载进行Y形连接并测试；会判别三相电路的相序。

技能目标：
1. 能够熟练使用交流电压表、交流电流表、功率表和功率因数表；
2. 能够使用示波器观察正弦交流信号；
3. 能够对三相负载△形连接并测试；
4. 能够熟练使用功率表测量三相电路的功率。

任务 2.1　学习单相交流电路

2.1.1　正弦交流电的基本概念

实际工程所遇到的电流、电压，在许多情况下，其大小和方向都是随时间而变化的，这类电量统称为交流量。在选定参考方向后，可以用带有正、负号的数值来表示交流量在每瞬间的大小和方向，这样的数值称为交流量的瞬时值。一般用小写字母表示交流量，如用 u、i 分别表示交流电压和交流电流。

表示交流量瞬时值随时间变化的数学表达式称为交流量的瞬时值表达式，也称解析式，表示交流量瞬时值随时间变化规律的图形称为波形图。

很多交流量是按照一定的时间间隔循环变化的，这样的交流量称为周期性交流量，简称周期量。随时间按正弦规律变化的周期量称为正弦交流量，简称正弦量。

正弦交流电容易进行电压变换，便于远距离输电和安全用电。交流电气设备与直流电气设备相比，具有结构简单、便于使用和维修等优点，所以，正弦交流电在实践中得到广泛的应用。在工程中，一般所说的交流电(AC)，通常都是指正弦交流电。

按正弦规律周期变化的电压和电流统称为正弦电量，或称为正弦交流电。可用 sin 或 cos 表示，这里采用 cos 表示法。以电流为例，图 2.1.1 所示的电流波形为正弦波，它的瞬时值表达式为

$$i(t) = I_m \cos(\omega t + \varphi_i) \tag{2.1.1}$$

式中，i 表示正弦电流在某时刻的瞬时值；I_m 表示正弦电流的最大值；ω 表示正弦电流的角频率；φ_i 表示正弦电流的初相位。

当最大值 I_m、角频率 ω 和初相位 φ_i 这三个量确定以后，正弦电流 i 就被唯一确定下来了。

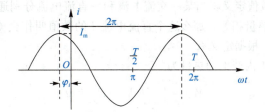

图 2.1.1 正弦量 $i(t)$ 的波形

因此,最大值、角频率、初相位称为正弦量的三要素。

1. 正弦量的三要素

(1) I_m 是正弦量的振幅,也称为最大值。正弦量是一个等幅振荡、正负交替变化的周期函数。振幅是正弦量在整个振荡过程中达到的最大值,正弦量的最大值用带下标 m 的大写字母表示。

(2) ω 称为正弦量的角频率,国际单位制(SI)中单位是弧度每秒(rad/s),它反映正弦量变化的快慢。

正弦量交变一次所需要的时间称为周期,用字母 T 表示。国际单位制(SI)中单位是秒(s)。

单位时间内正弦量变化的次数称为频率,用 f 表示,国际单位制(SI)中单位是赫兹(Hz),简称赫,常用的单位千赫(kHz)、兆赫(MHz)、吉赫(GHz)。

ω 在数值上等于单位时间内正弦函数辐角的增长值。在一个周期 T 内辐角增长 2π 弧度,因此有

$$\omega = \frac{2\pi}{T}$$

周期与频率互为倒数,即

$$f = \frac{1}{T}$$

因此有

$$\omega = 2\pi f$$

T、f、ω 从不同的侧面反映正弦量变化的快慢,只要知道其中的一个,就可求出其他两个。

我国工业用电频率为 50 Hz,称为工频。在其他技术领域中则使用各种不同的频率信号。有些国家(如美国、日本)工频采用 60 Hz。

(3) 式(2.1.1)中的 $\omega t + \varphi_i$ 称为正弦电流的相位角,简称相位。交流电量在不同的时刻具有不同的 $\omega t + \varphi_i$ 的值,从而得到不同的瞬时值;相位还反映了正弦量在交变过程中瞬时值的变化进程。因此,相位表示了正弦量在某时刻的状态。式(2.1.1)中 φ_i 称为正弦电流的初相位,是正弦量在 $t=0$ 时刻的相位,反映了正弦交流电起始时刻的状态,它的单位是 rad 或度。

初相位 φ_i 的大小和正负,与所选择的计时起点有关。计时起点不同,初相位就不同,正弦量的初始状态也就不同。计时起点是可以根据需要任意选择的,当电路中有多个相同频率的正弦量同时存在时,可根据需要选择其中某一正弦量在由负向正变化通过零值的瞬间作为计时起点,那么这个正弦量的初相就是零,称这个正弦量为参考正弦量。在一个电路中,只能选择一个计时起点,也就是说,只能选择一个参考正弦量。当电路的参考正弦量选定后,其他各正弦量的初相也就确定了。

以上所讲述的振幅、角频率(或频率)、初相位称为正弦量的三要素,因为这三者能唯一地确定正弦量的瞬时值表达式或波形。

2. 有效值

为了确切地反映交流电在能量转换方面的实际效果,工程上常用有效值来表述正弦量,以

交流电流为例，它的有效值定义：当某一交流电流和一直流电流分别通过同一电阻 R 时，如果在一个周期 T 内产生的热量相等，那么这个直流电流 I 的数值叫作交流电流的有效值。有效值用相应的大写字母表示。根据定义有

交流电在一个周期 T 内产生的热量为

$$W_i = \int_0^T i^2 R \mathrm{d}t = R \int_0^T i^2 \mathrm{d}t$$

直流电在一个周期 T 内产生的热量为

$$W_I = I^2 R T$$

由 $W_i = W_I$ 得到

$$I = \sqrt{\frac{1}{T} \int_0^T i^2 \mathrm{d}t} \tag{2.1.2}$$

它表明正弦电流的有效值是其瞬时电流值 i 的平方在一个周期内积分的平均值再取平方根，所以有效值又称为均方根值。有效值适用任何周期性交流量。

假设电流瞬时值表达式为 $i = I_m \cos(\omega t + \varphi_i)$，则其有效值为

$$I = \sqrt{\frac{1}{T} \int_0^T I_m^2 \cos^2(\omega t + \varphi_i) \mathrm{d}t} = \sqrt{\frac{1}{T} \frac{I_m^2}{2} \int_0^T [1 + \cos 2(\omega t + \varphi_i)] \mathrm{d}t} = \frac{1}{\sqrt{2}} I_m = 0.707 I_m$$

即

$$I_m = \sqrt{2} I \tag{2.1.3}$$

同理

$$U_m = \sqrt{2} U \tag{2.1.4}$$

上述两式表明有效值和最大值之间的关系。工程上，一般所说的交流电流、电压的大小，如无特别说明，均指有效值。交流电气设备铭牌上所标的额定值，以及交流电表标尺上的刻度指示都是有效值。

【例 2.1.1】 已知某交流瞬时电压 $u = 220\sqrt{2} \cos(314t) \mathrm{V}$，试求：(1)此交流电压最大值和有效值；(2)该电压的频率、角频率、周期。

解：(1)最大值为

$$U_m = 220\sqrt{2} \text{ V}$$

有效值为

$$U = \frac{U_m}{\sqrt{2}} = 220 \text{ V}$$

(2)

$$\omega = 314 \text{ rad/s}$$

$$f = \frac{\omega}{2\pi} = \frac{314}{2 \times 3.14} = 50 (\text{Hz})$$

$$T = \frac{1}{f} = \frac{1}{50} = 0.2 (\text{s})$$

3. 相位差

将频率相同的同种函数形式的正弦量的相位之差称为相位差，用 φ 表示，一般情况下，规定 $|\varphi| \leqslant \pi$。在正弦交流电路中，电压与电流都是同频率的正弦量，但是它们的初相并不一定相同，分析电路时常常要比较它们的相位。例如，电压和电流的瞬时值表达式分别为

$$u = U_m \cos(\omega t + \varphi_u)$$
$$i = I_m \cos(\omega t + \varphi_i)$$

则电压 u 和电流 i 的相位差为

$$\varphi = (\omega t + \varphi_u) - (\omega t + \varphi_i) = \varphi_u - \varphi_i \tag{2.1.5}$$

一些常见的相位关系：

$\varphi > 0 (\varphi_u > \varphi_i)$——$u$(相位)超前于$i$,或$i$滞后于$u$;

$\varphi < 0 (\varphi_u < \varphi_i)$——$u$滞后于$i$,或$i$超前于$u$;

$\varphi = 0 (\varphi_u = \varphi_i)$——$u$、$i$同相;

$\varphi = \pm \dfrac{\pi}{2} = \pm 90°$——$u$、$i$正交;

$\varphi = \pm \pi = \pm 180°$——$u$、$i$反相。

图 2.1.2 所示为不同相位的u和i波形。当两个同频率正弦量的计时起点改变时,它们的初相位也随之改变,但两者之间的相位差保持不变。对于两个频率不相同的正弦量,其相位差随时间而变化,不再是常量,因此,今后涉及的相位差都是对相同频率的正弦量而言。

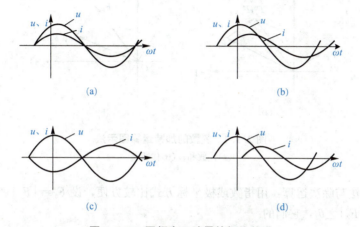

图 2.1.2 同频率正弦量的相位关系

(a)u与i同相;(b)u超前于i;(c)u与i反相;(d)u与i正交

【例 2.1.2】 有两个正弦电压分别为$u_1 = 220\sqrt{2}\cos(\omega t + 45°)$ V,$u_2 = 110\sqrt{2}\cos(\omega t + 135°)$ V,问两个电压的相位关系如何?

解:$\varphi = \varphi_1 - \varphi_2 = 45° - 135° = -90°$

因此u_1相位滞后于u_2相位$90°$或是u_2相位超前于u_1相位$90°$。

2.1.2 相量法

1. 复数及四则运算

(1)复数形式。一个复数F可有几种表示形式,在复平面上的表示如图 2.1.3 所示。

1)直角坐标式:$F = a + jb$,式中$j = \sqrt{-1}$为虚数单位(因为电路中i表示电流,虚数单位则用j)。其中,$a = \text{Re}[F] = |F|\cos\theta$,$b = \text{I}_m[F] = |F|\sin\theta$,$\theta = \arctan\dfrac{b}{a}$。

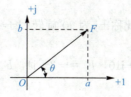

图 2.1.3 复数的表示

2)三角函数表达式、指数式或极坐标式:

利用欧拉公式 $e^{j\theta}=\cos\theta+j\sin\theta$，可得复数 F 的三角函数表达式、指数表达式以及极坐标表达式，即

$$F=a+jb=|F|\cos\theta+j|F|\sin\theta=|F|e^{j\theta}=|F|\angle\theta$$

上述复数的四种形式可以互相转换，若知道其中一种形式，其他几种形式很容易确定。

(2) 复数的运算。

1) 复数的加减运算：设 $F_1=a_1+jb_1$ 和 $F_2=a_2+jb_2$，则

$$F_1\pm F_2=(a_1+jb_1)\pm(a_2+jb_2)=(a_1\pm a_2)+j(b_1\pm b_2)$$

复数的加减运算可以在复平面上按平行四边形法求得，如图 2.1.4 所示。

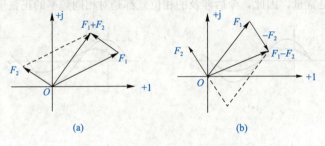

图 2.1.4 复数的加减运算图示法
(a) 代数和；(b) 代数差

2) 复数的乘法与除法运算：用指数或极坐标方式比较方便，设 $F_1=|F_1|e^{j\theta_1}=|F_1|\angle\theta_1$ 和 $F_2=|F_2|e^{j\theta_2}=|F_2|\angle\theta_2$，它们的

乘法运算：$F_1F_2=|F_1|e^{j\theta_1}\cdot|F_2|e^{j\theta_2}=|F_1||F_2|e^{j(\theta_1+\theta_2)}=|F_1||F_2|\angle(\theta_1+\theta_2)$

除法运算：$\dfrac{F_1}{F_2}=\dfrac{|F_1|e^{j\theta_1}}{|F_2|e^{j\theta_2}}=\dfrac{|F_1|}{|F_2|}e^{j(\theta_1-\theta_2)}=\dfrac{|F_1|}{|F_2|}\angle(\theta_1-\theta_2)$

图 2.1.5 所示为两个复数相乘的图解表示。两个复数相乘结果是模相乘，辐角相加；两个复数相除结果是模相除，辐角相减。

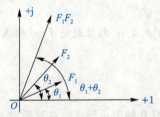

图 2.1.5 复数乘法运算的图示法

(3) 旋转因子。任意复数 F 乘以单位复数 $e^{j\theta}$ 等于把复数 F 逆时针旋转一个角度 θ，而模值不变，称单位复数 $e^{j\theta}$ 为旋转因子。

若 $\theta=\pm\pi/2$，则 $e^{\pm j90°}=\pm j$，因此称 $\pm j$ 为 $90°$ 旋转因子。一个复数乘以 $\pm j$ 等于将该复数逆（或顺）时针旋转 $90°$。

【例 2.1.3】 将下列复数 $F_1=5+j10$，$F_2=-3+j4$，$F_3=-4-j3$ 和 $F_4=10-j40$ 写成极坐标形式。

解： 求解时注意复数所处的象限。

$$F_1=5+j10=\sqrt{5^2+10^2}\angle\arctan\left(\frac{10}{5}\right)=11.18\angle63.4°$$

$$F_2 = -3+j4 = \sqrt{(-3)^2+4^2} \angle \arctan\left(\frac{4}{-3}\right) = 5\angle 126.9°$$

$$F_3 = -4-j3 = \sqrt{(-4)^2+(-3)^2} \angle \arctan\left(\frac{-3}{-4}\right) = 5\angle -143.1°$$

$$F_4 = 10-j40 = \sqrt{10^2+40^2} \angle \arctan\left(\frac{-40}{10}\right) = 41.23\angle -76.0°$$

【例 2.1.4】 设 $F_1=6+j8$，$F_2=5\angle 135°$，求 F_1+F_2、F_1F_2 和 F_1/F_2。

解: $F_1=6+j8=10\angle 53.1°$，$F_2=5\angle 135°=5(\cos135°+j\sin135°)=-3.5+j3.5$，则

$$F_1+F_2=6+j8-3.5+j3.5=2.5+j11.5=\sqrt{2.5^2+11.5^2}\angle\arctan(11.5/2.5)=11.77\angle 77.7°$$

$$F_1F_2=(10\angle 53.1°)(5\angle 135°)=50\angle 188.1°=50\angle -171.9°$$

$$\frac{F_1}{F_2}=\frac{10\angle 53.1°}{5\angle 135°}=2\angle(53.1°-135°)=2\angle -81.9°$$

2. 相量的定义

设复数 $F=|F|e^{j\theta}$，如果 $\theta=\omega t+\varphi$，则

$$F=|F|e^{j(\omega t+\varphi)}=|F|\cos(\omega t+\varphi)+j|F|\sin(\omega t+\varphi)$$

取 F 的实部，即

$$\text{Re}[F]=|F|\cos(\omega t+\varphi)+j|F|\sin(\omega t+\varphi)$$

设 $i(t)=\sqrt{2}I\cos(\omega t+\varphi_i)$，则

$$i(t)=\text{Re}[\sqrt{2}Ie^{j(\omega t+\varphi_i)}]=\text{Re}[\sqrt{2}Ie^{j\varphi_i}e^{j\omega t}]=\text{Re}[\sqrt{2}\dot{I}e^{j\omega t}]$$

$$\dot{I}=Ie^{j\varphi_i}=I\angle\varphi_i$$

定义 $\dot{I}$ 为正弦电流 $i(t)$ 的有效值相量，称为电流相量，是一个复数。$\sqrt{2}\dot{I}e^{j\omega t}$ 说明给复数 $\dot{I}$ 乘以 $\sqrt{2}$ 后，它以角速度 ω 逆时针方向旋转，在实轴上的投影就是正弦电流 $i(t)$，这一对应关系如图 2.1.6 所示。

在正弦稳态交流电路中，因为所有的激励和响应都是同频率的正弦量，所以作为正弦电三要素之一的角频率就可不必加以区分，而有效值及初相就成为表征各个正弦量的主要内容，由此可以得出结论，一个复数的模和辐角正好能反映正弦量的两个要素，复数的辐角对应正弦量的初相角。将这个能表示正弦量特征的复数称为"相量"，用上面带一个小圆点的大写字母来表示出来，如 $\dot{I}$ 表示电流相量，$\dot{U}$ 表示电压相量。以电压为例，则表示正弦电压 $u=U_m\cos(\omega t+\varphi_u)$ 的相量为

$$\dot{U}_m=U_m(\cos\varphi_u+j\sin\varphi_u)=u_me^{j\varphi_u}=U_m\angle\varphi_u$$

或

$$\dot{U}=U(\cos\varphi_u+j\sin\varphi_u)=Ue^{j\varphi_u}=U\angle\varphi_u$$

$\dot{U}_m$ 是电压幅值相量，$\dot{U}$ 是电压的有效值相量。

按照各个正弦量的大小和相位关系用初始位置的有向线段画出的若干个相量的图形，称为相量图。在相量图上能形象地看出各个正弦量的大小和相互间的相位关系。只有正弦周期量才能用相量表示，而且只有同频率正弦量才能画在同一相量图上，不同频率的正弦量不能画在一相量图上，否则无法比较和计算。如图 2.1.2(b)中的电压 u 和电流 i 两个正弦量，如用相量图表示，如图 2.1.7 所示。电压相量 $\dot{U}$ 比电流相量 $\dot{I}$ 超前角 $\varphi_u-\varphi_i$，也就是正弦电压 u 比正弦电流 i 超前角 $\varphi_u-\varphi_i$。

【例 2.1.5】 试写出 $u_A=311\cos 314t$ V，$u_B=311\cos(314t-120°)$ V 和 $u_C=311\cos(314t+120°)$ V 的相量形式，并画出相量图。

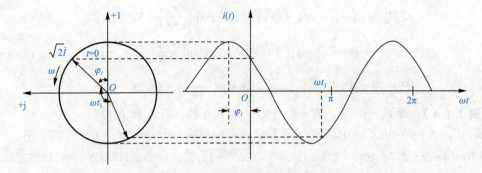

图 2.1.6 复数与正弦量的对应关系

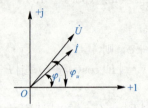

图 2.1.7 正弦量的相量图

解：分别用有效值相量 $\dot{U}_A$、$\dot{U}_B$、$\dot{U}_C$ 表示正弦电压 u_A、u_B、u_C，则

$$\dot{U}_A = \frac{311}{\sqrt{2}} \angle 0° = 220(\text{V})$$

$$\dot{U}_B = \frac{311}{\sqrt{2}} \angle -120° = 220 \angle -120°(\text{V})$$

$$\dot{U}_C = \frac{311}{\sqrt{2}} \angle 120° = 220 \angle 120°(\text{V})$$

相量图如图 2.1.8 所示。

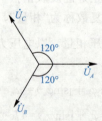

图 2.1.8 相量图

【例 2.1.6】 已知工频条件下，两正弦量的相量分别为 $\dot{U}_1 = 10\sqrt{2} \angle 60°$ V，$\dot{U}_2 = 20\sqrt{2} \angle -30°$ V。试求两正弦电压的解析式。

解：由于
$$\omega = 2\pi f = 2\pi \times 50 = 100\pi(\text{rad/s})$$
$$U_1 = 10\sqrt{2} \text{ V}, \quad \varphi_1 = 60°$$
$$U_2 = 20\sqrt{2} \text{ V}, \quad \varphi_2 = -30°$$

所以，解析式为

$$U_1 = \sqrt{2} U_1 \cos(\omega t + \varphi_1) = 20\cos(100\pi t + 60°)$$

$$U_2 = \sqrt{2}U_2\cos(\omega t + \varphi_2) = 40\cos(100\pi t - 30°)$$

2.1.3 阻抗与导纳

对一个含线性电阻、电感和电容等元件,但不含独立源的二端电路 N_0,如图 2.1.9(a)所示,当它在角频率为 ω 的正弦电压(或正弦电流)激励下处于稳定状态时,端口的电流(或电压)将是同频率的正弦量。

1. 阻抗

无源二端电路的端电压相量与电流相量的比值定义为二端电路的阻抗[图 2.1.9(b)],即

$$Z = \frac{\dot{U}}{\dot{I}} = \frac{U\angle\varphi_u}{I\angle\varphi_i} = \frac{U}{I}\angle\varphi_u - \varphi_i = |Z|\angle\varphi_Z$$

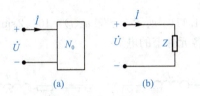

图 2.1.9 无源二端电路
(a)电路;(b)相量模型阻抗 Z

式中,$|Z| = \frac{U}{I}$ 为阻抗的模;$\varphi_Z = \varphi_u - \varphi_i$ 为阻抗角。阻抗 Z 是复数,它还可表示为

$$Z = R + jX$$

式中,$R = \text{Re}[Z] = |Z|\cos\varphi_Z$,称为 Z 的电阻分量;$X = I_m[Z] = |Z|\sin\varphi_Z$,称为 Z 的电抗分量。阻抗 Z 与电阻具有相同的量纲。

(1)单个元件的复阻抗:如果无源二端电路分别为单个元件 R、L、C,它们的阻抗分别为

$$R: Z_R = R$$
$$L: Z_L = j\omega L = jX_L, \quad X_L = \omega L$$
$$C: Z_C = \frac{1}{j\omega C} = -jX_C, \quad X_C = \frac{1}{\omega C}$$

(2)RLC 串联电路阻抗:如图 2.1.10(a)所示,图 2.1.10(b)为其相量模型,则电路阻抗为

$$Z = \frac{\dot{U}}{\dot{I}} = R + j\omega L + \frac{1}{j\omega C} = R - j\left(\omega L - \frac{1}{\omega C}\right)$$
$$= R + jX = |Z|\angle\varphi_Z$$

式中

$$X = X_L - X_C = \omega L - \frac{1}{\omega C}, \quad |Z| = \sqrt{R^2 + X^2}, \quad \varphi_Z = \arctan\left(\frac{X}{R}\right)$$

显然 $|Z|$、R、X 构成一个直角三角形,如图 2.1.10(c)所示,称为阻抗三角形。

$|Z|$ 是它的端电压与电流有效值之比,称为电路的阻抗。复阻抗的幅角 φ_Z 是电压相位角减去电流的相位角,称为电路的阻抗角。所以,复阻抗 Z 综合反映了电压与电流间的大小及相位关系。

当 $X > 0$,$\omega L > \frac{1}{\omega C}$ 时,φ_Z 为正,电路中电压超前电流,称 Z 是感性的;

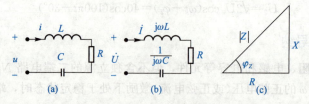

图 2.1.10　RLC 串联电路
(a)电路；(b)相量模型；(c)阻抗三角形

当 $X<0$，$\omega L<\dfrac{1}{\omega C}$ 时，φ_z 为负，则电流超前电压，称 Z 是容性的；

当 $X=0$，$\omega L=\dfrac{1}{\omega C}$ 时，φ_z 为零，则电流与电压同相，称 Z 是电阻性的。

【例 2.1.7】　电路如图 2.1.11(a)所示，已知 $u_S(t)=100\sqrt{2}\sin(2t+90°)$ V，$R=2\ \Omega$，$L=2$ H，$C=0.25$ F，求电路中电流和各元件上的电压。

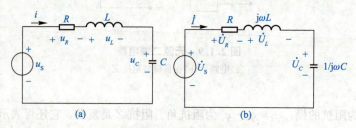

图 2.1.11　例 2.1.7 图
(a)电路；(b)相量模型

解：画出原电路的相量模型如图 2.1.11(b)所示，根据已知条件，得

$$\dot{U}_S=100\angle 90°\ \text{V}$$

由图可知，$Z=Z_R+Z_L+Z_C=2+\text{j}2\times 2-\text{j}\dfrac{1}{2\times 0.25}=2+\text{j}2=2\sqrt{2}\angle 45°\ (\Omega)$

故

$$\dot{I}=\dfrac{\dot{U}_S}{Z}=\dfrac{100\angle 90°}{2\sqrt{2}\angle 45°}=25\sqrt{2}\angle 45°\ (\text{A})$$

$$\dot{U}_R=Z_R\dot{I}=2\times 25\sqrt{2}\angle 45°=50\sqrt{2}\angle 45°\ (\text{V})$$

$$\dot{U}_L=Z_L\dot{I}=\text{j}2\times 2\times 25\sqrt{2}\angle 45°=100\sqrt{2}\angle 135°\ (\text{V})$$

$$\dot{U}_C=Z_C\dot{I}=-\text{j}\dfrac{1}{2\times 0.25}\times 25\sqrt{2}\angle 45°=50\sqrt{2}\angle -45°\ (\text{V})$$

瞬时表达式为

$$i(t)=50\sin(2t+45°)\ \text{A}$$
$$u_R(t)=100\sin(2t+45°)\ \text{V}$$
$$u_L(t)=200\sin(2t+135°)\ \text{V}$$
$$u_C(t)=100\sin(2t-45°)\ \text{V}$$

2. 导纳

无源二端电路的端口电流相量 $Y=\dfrac{\dot{I}}{\dot{U}}=\dfrac{I}{U}\angle \varphi_i-\varphi_u=|Y|\angle \varphi_Y$ 与电压相量的比值定义为二

端电路的导纳。

上式还可以表示为
$$Y=G+jB$$

式中，$G=\text{Re}[Y]=|Y|\cos\varphi_Y$，称为 Y 的电导分量，简称电导；$B=I_m[Y]=|Y|\sin\varphi_Y$，称为 Y 的电纳分量，简称电纳。

(1)单个元件的复导纳：如果无源二端口电路分别为单个元件 R、L、C，它们的导纳分别为

$$R: Y_R=G=\frac{1}{R}$$

$$L: Y_L=\frac{1}{j\omega L}=-j\frac{1}{\omega L}=-jB_L, \quad B_L=\frac{1}{\omega L}（称为感纳）$$

$$C: Y_C=j\omega C=jB_C, \quad B_C=\omega C（称为容纳）$$

(2)RLC 并联电路的导纳：

如图 2.1.12(a)所示，图 2.1.12(b)为其相量模型，则电路导纳为

$$Y=\frac{1}{R}+\frac{1}{j\omega L}+j\omega C=\frac{1}{R}+j\left(\omega C-\frac{1}{\omega L}\right)$$
$$=G+jB=|Y|\angle\varphi_Y$$

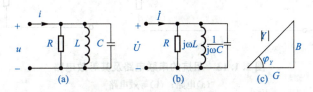

图 2.1.12 RLC 并联电路

(a)电路；(b)相量模型；(c)导纳三角形

式中，$B=\omega C-\frac{1}{\omega L}=B_C-B_L$。

$$|Y|=\sqrt{G^2+B^2}, \quad \varphi_Y=\arctan\left(\frac{B}{G}\right)=\arctan\left(\frac{\omega C-\frac{1}{\omega L}}{G}\right)$$

$$G=|Y|\cos\varphi_Y, \quad B=|Y|\sin\varphi_Y$$

导纳角：
$$\varphi_Y=\arctan\left(\frac{B_C-B_L}{G}\right)$$

显然 $|Y|$、G、B 构成一个直角三角形，如图 2.1.12(c)所示。同理可知

当 $B>0$，$\omega L>\frac{1}{\omega C}$，$\varphi_Y>0$，电流超前电压，$Y$ 呈容性；

当 $B<0$，$\omega L<\frac{1}{\omega C}$，$\varphi_Y<0$，电流滞后电压，$Y$ 呈感性；

当 $B=0$，$\omega L=\frac{1}{\omega C}$，$\varphi_Y=0$，电流与电压同相，$Y$ 呈电阻性。

3. 阻抗与导纳的关系

对于同一个二端电路，由阻抗与导纳的定义可知两者的关系为

$$Y=\frac{1}{Z} \qquad |Y|=\frac{1}{|Z|} \qquad \varphi_Y=-\varphi_Z$$

若该电路的阻抗 $Z=R+jX$，导纳 $Y=G+jB$，则

$$Y = \frac{1}{Z} = \frac{1}{R+jX} = \frac{R-jX}{R^2+X^2} = G+jB$$

式中，$G = \dfrac{R}{R^2+X^2}$；$B = -\dfrac{X}{R^2+X^2}$。

导纳 Y 具有与电导相同的量纲。

4. 阻抗、导纳的串联和并联

(1) n 个阻抗串联而成的电路，如图 2.1.13(a) 所示，其等效阻抗为

$$Z_{eq} = Z_1 + Z_2 + \cdots + Z_n$$

各阻抗的电压分配为

$$\dot{U}_k = \frac{Z_k}{Z_{eq}} \dot{U}, \ k=1, 2, \cdots, n$$

式中，U 为二端电路的端电压；U_k 为阻抗 Z_k 上的电压。

n 个阻抗串联可以用一个等效阻抗等效替代，如图 2.1.13(b) 所示。

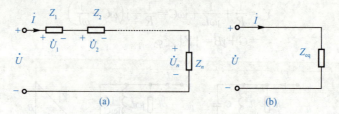

图 2.1.13 阻抗的串联电路及其等效电路
(a)电路；(b)等效电路

(2) n 个导纳并联而成的电路，如图 2.1.14(a) 所示，其等效导纳为

$$Y_{eq} = Y_1 + Y_2 + \cdots + Y_n$$

各导纳的电流分配为

$$\dot{I}_k = \frac{Y_k}{Y_{eq}} \dot{I}, \ k=1, 2, \cdots, n$$

式中，I 为二端电路的总电流；I_k 为第 k 个阻抗上的电流。

n 个导纳并联可以用一个等效导纳等效替代，如图 2.1.14(b) 所示。

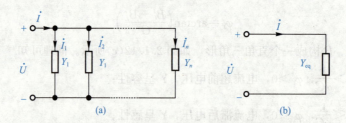

图 2.1.14 阻抗的并联电路及其等效电路
(a)电路；(b)等效电路

若两个阻抗 Z_1 和 Z_2 并联，其等效阻抗为

$$Z = \frac{Z_1 Z_2}{Z_1 + Z_2}$$

两阻抗的分流公式为

$$\dot{I}_1 = \frac{Z_2}{Z_1+Z_2}\dot{I}, \quad \dot{I}_2 = \frac{Z_1}{Z_1+Z_2}\dot{I}$$

【例 2.1.8】 如图 2.1.15 所示，$R_1=20\ \Omega$、$R_2=15\ \Omega$、$X_L=15\ \Omega$、$X_C=15\ \Omega$，电源电压 $\dot{U}=220\angle 0°$ V。试求：(1)电路的等效阻抗 Z；(2)电流 $\dot{I}_1$、$\dot{I}_2$ 和 $\dot{I}$。

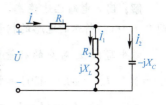

图 2.1.15　例 2.1.8 图

解：(1)电路的等效阻抗为

$$\begin{aligned}
Z &= R_1 + \frac{(R_2+jX_L)(-jX_C)}{(R_2+jX_L)+(-jX_C)} \\
&= 20 + \frac{(15+j15)(-j15)}{(15+j15)+(-j15)} \\
&= 20 + \frac{(15\sqrt{2}\angle 45°)(15\angle -90°)}{15} \\
&= 20 + 15\sqrt{2}\angle -45° \\
&= 35 - j15 \\
&= 38.1\angle -23.2°(\Omega)
\end{aligned}$$

(2)干路电流为

$$\dot{I} = \frac{\dot{U}}{Z} = \frac{220\angle 0°}{38.1\angle -23.2°} = 5.77\angle 23.2°(\text{A})$$

由分流公式可知

$$\begin{aligned}
\dot{I}_1 &= \frac{-jX_C}{(R_2+jX_L)+(-jX_C)}\dot{I} \\
&= \frac{-j15}{(15+j15)+(-j15)} \times 5.77\angle 23.2° \\
&= 5.77\angle -66.8°(\text{A})
\end{aligned}$$

$$\begin{aligned}
\dot{I}_2 &= \frac{R_2+jX_L}{(R_2+jX_L)+(-j15)} \times 5.77\angle 23.2° \\
&= 8.16\angle 68.2°(\text{A})
\end{aligned}$$

2.1.4　正弦稳态电路的分析

1. KCL、KVL 的相量形式

设正弦稳态电路中各支路电压、电流都是同频率的正弦量，在电路的结点上和回路中仍然满足 KCL 和 KVL。下面讨论 KCL 和 KVL 的相量形式。

对电路中的任一结点或闭合面，根据 KCL，有

$$\sum i = 0$$

根据正弦量的代数和时频域运算规律，得 KCL 的相量形式为

$$\sum \dot{I} = 0 \tag{2.1.6}$$

可见，相量域中 KCL 仍然成立。

同理，相量域中 KVL 也成立，即对电路中任一回路，KVL 的相量形式为

$$\sum \dot{U} = 0 \tag{2.1.7}$$

【例 2.1.9】 RLC 串联电路如图 2.1.16(a)所示，设电路已达到稳态，已知 $R=30\ \Omega$，$L=1$ H，$C=200\ \mu\text{F}$，$u_S=12\sqrt{2}\cos(50t-60°)$ V，试求正弦稳态电流 $i(t)$。

解： 因为电路已达稳态，故可用相量关系求解。根据各元件 VCR 的相量形式可以画出图 2.1.16(a)所示的电路的相量模型如图 2.1.16(b)所示。

首先写出 u_S 对应的相量 $\dot{U}_S = 12\angle -60°$ V，然后利用各元件 VCR 的相量形式，即 $\dot{U}_R = R\dot{I} = 30\dot{I}$，$\dot{U}_L = j\omega L\dot{I} = j50\dot{I}$ 和 $\dot{U}_C = (1/j\omega C)\dot{I} = -j100\dot{I}$，根据 KVL 的相量形式，有

$$\dot{U}_S = \dot{U}_R + \dot{U}_L + \dot{U}_C = R\dot{I} + j\omega L\dot{I} - (j1/\omega C)\dot{I} = [R + j(\omega L - 1/\omega C)]\dot{I}$$

则

$$\dot{I} = \frac{\dot{U}_S}{R + j(\omega L - 1/\omega C)} = \frac{12\angle 60°}{30 - j50} = 0.21\angle 119.0° \text{ (A)}$$

将 $\dot{I}$ 变换到时域，即

$$i(t) = 0.21\sqrt{2}\cos(50 + 119.0°) \text{ A}$$

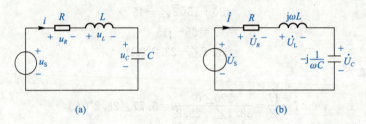

图 2.1.16　例 2.1.9 图
(a)电路；(b)相量模型

【例 2.1.10】 电路如图 2.1.17(a)所示，设电路处于正弦稳态，电流表 A_1、A_2 的读数均为 10 A，求电流表 A 的读数。

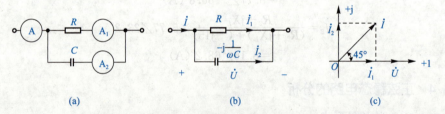

图 2.1.17　例 2.1.10 图
(a)电路；(b)相量模型；(c)相量图

解法一： 用相量法。

首先将图 2.1.17(a)所示的电路转化成相量模型，如图 2.1.17(b)所示。设并联支路的电压为 $u = U\angle 0°$，由元件的 VCR 相量形式可确定各支路电流，然后根据 KCL，得

$$\dot{I} = \dot{I}_1 + \dot{I}_2 = u/R + j\omega Cu = I_1\angle 0° + I_2\angle 90° = 10 + j10 = 10\sqrt{2}\angle 45° \text{(A)}$$

可知 $I = 10\sqrt{2}$ A，即电流表 A 的读数为 14.1 A。

解法二： 用相量图求解。

设电压的初相为零，即 $\dot{U} = U\angle 0°$，称为参考相量（或称以 $\dot{U}$ 为参考）。因电阻上的电流 $\dot{I}_1$ 与电压 $\dot{U}$ 同相；而电容上的电流 $\dot{I}_2$ 超前电压 $\dot{U}$ 90°，如图 2.1.17(c)所示。由相量图的几何关系，得

$$I = \sqrt{I_1^2 + I_2^2} = 10\sqrt{2} \text{ A}$$

可见,用相量图关系同样可以求出电流表的读数。

2. 正弦稳态电路的相量分析

(1)相量图的概念。正弦量的相量可以用复平面上的有向线段来表示,将相量在复平面上用有向线段表示的图形称为正弦量的相量图。

在正弦交流电路分析中,画出一种能反映 KCL 和 KVL 及电压与电流之间相量关系的图,即电路的相量图。相量图用几何图形表示各相量间的关系,可以辅助电路的分析和计算。

图 2.1.17(c)所示的相量图能够直观地显示各相量的关系,在相量图上除按比例反映各相量的模(有效值)外,最重要的是可以根据各相量的相位相对地确定各相量在图上的方位。

(2)相量图的一般画法。

1)用相量法求解正弦交流电路时,首先应选定参考相量,适当地选好参考相量,用相量图求解电路会顺利进行,否则将造成很大困难。

2)并联电路一般以电压为参考相量,然后根据欧姆定律确定各并联支路的电流相量与电压相量之间的关系,再根据结点上的 KCL 方程,用相量平移求和法则,画出结点上各支路电流相量组成的多边形。

3)串联电路一般以电流为参考相量,然后根据欧姆定律确定串联电路上有关元件电压相量与电流相量之间的相位关系,再根据回路的 KVL 方程,用相量平移求和法则,画出回路上各电压相量所组成的多边形。

4)对于混联电路,参考相量的选择,一般根据已知条件综合考虑。例如,可根据已知条件选定电路内部某并联部分电压或某串联部分电流为参考相量。

(3)正弦稳态电的相量分析。分析线性电阻电路的各种定律、定理和分析方法,如 KCL、KVL 定律,电阻串、并联的规则和等效变换方法、支路电流法、结点电压法、网孔电流法、叠加定理及戴维南定理等均可推广应用于正弦交流电路。它们的区别在于电阻电路得到的方程为代数方程,运算为代数运算;而正弦交流电路得到的方程为相量形式的代数方程(复数方程),运算为复数运算。即用电压相量和电流相量取代了以前的直流电压与电流;用复阻抗和复导纳取代直流电阻与电导,这就是分析正弦电流电路的相量法。

分析正弦交流电路的步骤如下:

1)画出与时域电路相对应电路的相量模型图。

2)建立电路相量形式的方程,并求相量形式的响应。

3)将相量形式的响应变成正弦函数的形式(没有要求时,也可只用相量形式表示)。

【例 2.1.11】 如图 2.1.18(a)所示的电路,已知:$u_S(t) = 40\sqrt{2}\cos(3\,000t)$ V,求 $i(t)$、$i_L(t)$、$i_C(t)$。

解:将电路转化为相量模型如图 2.1.18(b)所示,则有

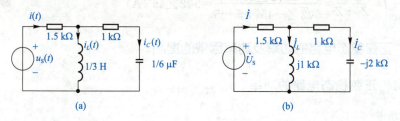

图 2.1.18 例 2.1.11 图
(a)电路;(b)相量模型

$$Z_L = j\omega L = j3\,000 \times \frac{1}{3} = j1(k\Omega)$$

$$Z_C = -j\frac{1}{3\,000 \times \frac{1}{6} \times 10^{-6}} = -j2(k\Omega)$$

$$Z_{eq} = \frac{(1-2j) \cdot j1}{(1-j2)+j1} + 1.5 = 2+j1.5 = 2.5\angle 36.9°(k\Omega)$$

$$\dot{I} = \frac{\dot{U}_S}{Z_{eq}} = \frac{40\angle 0°}{2.5\angle 36.9°} = 16\angle -36.9°(mA)$$

$$\dot{I}_C = \frac{j1}{(1-j2)+j1}\dot{I} = \frac{j1}{1-j1}\dot{I} = \frac{1\angle 90°}{\sqrt{2}\angle -45°} \times 16\angle -35.9° = 8\sqrt{2}\angle 98.1°(mA)$$

$$\dot{I}_L = \frac{j1}{(1-j2)+j1}\dot{I} = \dot{I} - \dot{I}_C = 25.3\angle -55.3°(mA)$$

所以有

$$i(t) = 16\sqrt{2}\cos(3\,000t - 36.9°)\text{ mA}$$
$$i_C(t) = 16\cos(3\,000t + 98.1°)\text{ mA}$$
$$i_L(t) = 25.3\sqrt{2}\cos(3\,000t - 55.3°)\text{ mA}$$

【例 2.1.12】 电路如图 2.1.19(a)所示，$Z=5+j5\ \Omega$，用戴维南定理求解 $\dot{I}$。

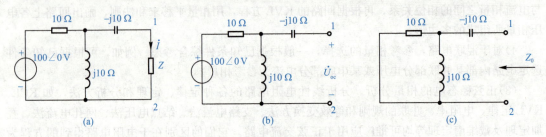

图 2.1.19　例 2.1.12 图
(a)原电路；(b)待求支路断开；(c)电压源短路

解：将待求支路断开，如图 2.1.19(b)所示的电路，求开路电压 $\dot{U}_{oc}$，得

$$\dot{U}_{oc} = \frac{100\angle 0°}{10+j10} \times j10 = 50\sqrt{2}\angle 45°(V)$$

求等效内阻抗 Z_0，将电压源短路，如图 2.1.19(c)所示的电路，得

$$Z_0 = \frac{10 \times j10}{10+j10} + (-j10) = 5\sqrt{2}\angle -45°(\Omega)$$

戴维南等效电路如图 2.1.20 所示，电流为

$$\dot{I} = \frac{\dot{U}_{oc}}{Z_0+Z} = \frac{50\sqrt{2}\angle 45°}{5\sqrt{2}\angle -45°+5+j5} = 5\sqrt{2}\angle 45°(A)$$

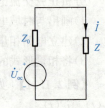

图 2.1.20　戴维南等效电路

2.1.5　正弦稳态电路的功率及功率因数的提高

2.1.5.1　正弦稳态电路的功率

1. 瞬时功率

图 2.1.21(a)所示的任意一端口电路 N，在端口的电压 u 与电流 i 的参考方向对电路内部关

联下，其吸收瞬时功率为
$$p(t) = u(t) \cdot i(t)$$

若设正弦稳态一端口电路的正弦电压和电流分别为
$$u(t) = \sqrt{2}U\cos\omega t, \quad i(t) = \sqrt{2}I\cos(\omega t - \varphi)$$

式中，$\varphi_u = 0$ 为正弦电压的初相位；$\varphi_i = -\varphi$ 为正弦电流的初相位；$\varphi_Z = \varphi_u - \varphi_i = \varphi$ 为端口上电压与电流的相位差。

则在某瞬时输入该正弦稳态一端口电路的瞬时功率为

$$\begin{aligned} p(t) = ui &= \sqrt{2}U\cos\omega t \sqrt{2}I\cos(\omega t - \varphi) \\ &= UI[\cos\varphi + \cos(2\omega t - \varphi)] \\ &= UI\cos\varphi + UI\cos(2\omega t - \varphi) \end{aligned} \quad (2.1.8)$$

式(2.1.8)表明，瞬时功率由两部分组成：一部分是常量；另一部分是以两倍于电压频率而变化的正弦量。图 2.1.21(b)所示是一端口网络的 p、u、i 波形图。图中可见，在 u 或 i 为零时，p 也为零；u、i 同相时，p 为正，网络吸收功率；u、i 反相时，p 为负，网络发出功率，主要是由于负载中有储能元件的存在，说明网络与外界有能量互换。p 的波形曲线与横轴包围的阴影面积说明一个周期内网络吸收的能量比释放的能量多，说明网络有能量的消耗。

瞬时功率的计算和测量都不方便，通常也不需要对它进行计算和测量。

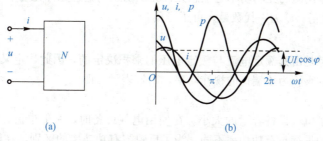

图 2.1.21 一端口网络的功率
(a)原电路；(b) p、u、i 波形图

2. 有功功率和功率因数

工程上计量的功率、家用电器标记的功率都是周期量的平均功率，如电热水器的功率为 1 500 W，荧光灯的功率为 40 W 等，都是指平均功率。

平均功率(又称有功功率)的定义为瞬时功率在一个周期上的平均值，用 P 表示，其表达式如下：

$$P = \frac{1}{T}\int_0^T p\,\mathrm{d}t = \frac{1}{T}\int_0^T [UI\cos\varphi + UI\cos(2\omega t - \varphi)]\,\mathrm{d}t = UI\cos\varphi \quad (2.1.9)$$

式(2.1.9)代表正弦稳态电路平均功率的一般形式，它表明二端电路实际消耗的功率不仅与电压、电流的大小有关，而且与电流、电压的相位差 φ 有关。可见，P 是一个常量，由有效值 U、I 及 $\cos\varphi(\varphi = \varphi_u - \varphi_i)$ 三者的乘积确定，量纲是瓦(W)。当 $P > 0$ 时，表示该一端口电路吸收平均功率 P；当 $P < 0$ 时，表示该一端口电路发出平均功率 $|P|$。式(2.1.9)中电压与电流的相位差 $\varphi = \varphi_u - \varphi_i$ 称为该端口的功率因数角，$\cos\varphi$ 称为该端口的功率因数，通常用 λ 表示，即 $\lambda = \cos\varphi$。

对于单一元件而言：

对于电阻元件 R：　　　　　$\varphi = 0°$，$\cos\varphi = 1$，$P_R = U_R I_R$

对于电感元件 L：　　　　　　　$\varphi=90°$，$\cos\varphi=0$，$P_L=0$
对于电容元件 C：　　　　　　　$\varphi=-90°$，$\cos\varphi=0$，$P_C=0$

3. 无功功率

在工程上，常需要知道无功功率，前面已讲过，无功功率用 Q 表示，其表达式为

$$Q=UI\sin\varphi \tag{2.1.10}$$

它与瞬时功率中的可逆部分有关，相对于有功功率而言，它不是实际做功的功率，而是反映了一端口网络与外部能量交换的最大速率。

无功功率是一些电气设备正常工作所必需的指标。无功功率的量纲与有功功率不同，为了反映出与有功功率的区别，在国际单位制(SI)中，单位为乏(var)或千乏(kvar)。

对于电阻元件 R：　　　　　　$\varphi=0°$，$\sin\varphi=0$，$Q_R=0$
对于电感元件 L：　　　　　　$\varphi=90°$，$\sin\varphi=1$，$Q_L=U_L I_L$
对于电容元件 C：　　　　　　$\varphi=-90°$，$\sin\varphi=-1$，$Q_C=-U_C I_C$

一般地，对于感性负载，$0°<\varphi\leqslant 90°$，有 $Q>0$；对于容性负载，$-90°\leqslant\varphi<0°$，有 $Q<0$。在网络中既有电感元件又有电容元件时，无功功率相互补偿，它们在网络内部先自行交换一部分能量后，不足部分再与外界进行交换，这样二端网络的无功功率应为

$$Q=Q_L+Q_C$$

上式表明，二端网络的无功功率是电感元件无功功率与电容元件无功功率的代数和。式中，Q_L 为正值；Q_C 为负值；Q 为一代数量，可正可负。

4. 视在功率

电气设备的容量是由其额定电流与额定电压的乘积决定的，因此，定义二端电路的电流有效值与电压有效值的乘积为该端口的视在功率，用 S 表示。即

$$S=UI \tag{2.1.11}$$

视在功率表征了电气设备容量的大小。在使用电气设备时，一般电流、电压都不能超过其额定值。视在功率的量纲与有功功率不同，为了反映与有功功率的区别，在国际单位制(SI)中，视在功率的单位用伏安(V·A)或千伏安(kV·A)表示。

有功功率 P、无功功率 Q、视在功率 S 之间存在着下列关系：

$$P=UI\cos\varphi=S\cos\varphi,\ Q=UI\sin\varphi=S\sin\varphi$$

则

$$S=\sqrt{P^2+Q^2},\ \cos\varphi=\frac{P}{S}$$

可见 P、Q、S 可以构成一个直角三角形，称之为功率三角形，如图 2.1.22 所示。

在正弦稳态电路中所说的功率，如不加特殊说明，均指平均功率也即有功功率。

图 2.1.22　功率三角形

5. 复功率

一端口网络的 P、Q、S 之间的关系，可用一个复数来表达，该复数称为"复功率"，即

$$\bar{S}=P+jQ=|\bar{S}|\angle\varphi \tag{2.1.12}$$

设一端口的电压相量为 $\dot{U}=U\angle\varphi_u$，电流相量为 $\dot{I}=I\angle\varphi_i$，则复功率的定义为

$$\bar{S}=\dot{U}\dot{I}^*=U\angle\varphi_u\cdot I\angle-\varphi_i=UI\angle\varphi=UI\cos\varphi+jUI\sin\varphi=P+jQ \tag{2.1.13}$$

复功率 $\bar{S}$ 是一个辅助功率计算的复数，它将正弦稳态电路的三个功率 (P、Q、S) 和功率因数 $\cos\varphi$ 统一为一个公式表示。只要能计算出电路中的电流、电压相量，就能很方便地计算出各

个功率。复功率 $\bar{S}$ 的单位也是伏安(V·A)或千伏安(kV·A)。

应注意，复功率 $\bar{S}$ 不代表正弦量，乘积 $\dot{U}\dot{I}^*$ 没有意义。复功率的概念既适用一端口网络电路，也适用任何一段电路或单个电路元件。可以证明，正弦交流电路遵循复功率守恒定律，即有功功率守恒和无功功率守恒，但视在功率不守恒。

由式(2.1.13)可知，有功功率 P、无功功率 Q、视在功率 S 可表示为

$$P = \text{Re}[\bar{S}] = UI\cos\varphi$$

$$Q = I_m[\bar{S}] = UI\sin\varphi$$

$$S = |\bar{S}|$$

【例 2.1.13】 已知阻抗 $Z = 30 - j70\ \Omega$，设它两端的电压为 $\dot{U} = 120\angle 30°$ V，求阻抗消耗的有功功率 P 和功率因数。

解： 先求出流过阻抗的电流。设阻抗上的电压、电流为关联参考方向，由相量域欧姆定律，有

$$\dot{I} = \frac{\dot{U}}{Z} = \frac{120\angle 30°}{30 - j70} = \frac{120\angle 30°}{76.16\angle -66.8°} = 1.58\angle 96.8°\ (\text{A})$$

阻抗消耗的有功功率为

$$P = UI\cos\varphi_Z = 120 \times 1.58 \cos(-66.8°) = 74.69\ (\text{W})$$

功率因数为

$$\lambda = \cos\varphi = \cos(-66.8°) = 0.39$$

2.1.5.2 功率因数的提高

1. 功率因数提高的意义

电源设备的额定容量是指设备可能发出的最大功率，实际运行中电源设备发出的功率还取决于负载的功率因数，功率因数越高，发出的功率越接近额定容量，电源设备的能力就越得到充分发挥。另外，由 $I = \dfrac{P}{U\cos\varphi}$ 可知，当负载的功率和电压一定时，功率因数越高，线路中的电流就越小，线路功率损耗 $\Delta P = I^2 r$ 就越低，从而就提高了输电效率，改善了供电质量。所以提高功率因数有重要的意义。例如，容量为 15 000 kV·A 的发电机，若功率因数由 0.6 提高到 0.8，就可以使发电机实际发电能力提高 3 000 kW。

2. 功率因数提高的方法

人们接触的负载通常为感性负载，如工业中大量使用的感应电动机、照明荧光灯等。对于这类电路，往往采用在负载端并联适当的电容器或同步补偿器来提高功率因数。图 2.1.23(a)所示为一感性负载 Z，连接在电压为 $\dot{U}$ 的电源上，其有功功率为 P，功率因数为 $\cos\varphi_1$，如要将电路的功率因数提高到 $\cos\varphi$，可采用在负载 Z 的两端并联电容 C 的方法实现。下面介绍并联电容 C 的计算方法。

未并联电容时，线路中的电流 $\dot{I}$ 等于感性负载的电流 $\dot{I}_L$，此时的功率因数为 $\cos\varphi_1$，φ_1 即感性负载的阻抗角。

并联电容 C 后，负载本身的工作情况没有任何改变，即其端电压 $\dot{U}$、电流 $\dot{I}_L$ 及阻抗角 φ_1 都没有变化，但电源线路中的电流 $\dot{I}$ 变化了。根据相量形式的 KCL，有

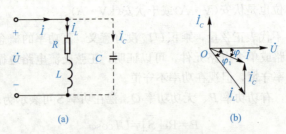

图 2.1.23 功率因数的提高
(a)原电路；(b)电路相量图

$$\dot{I} = \dot{I}_L + \dot{I}_C$$

画出感性负载并联电容后的电路相量图如图 2.1.23(b)所示。由相量图可以看出，总电流的有效值由原来的 I_L 减小到 I，而且 $\dot{I}$ 滞后于电压 $\dot{u}$ 的相位也由原来的 φ_1 而减小到 φ，所以，整个电路的功率因数由原来的 $\cos\varphi_1$ 提高到 $\cos\varphi$。

由图 2.1.23(b)的相量图还可以看出，并联电容后，电容电流 $\dot{I}_C$ 补偿了一部分感性负载电流 $\dot{I}_L$ 的无功分量 $I_L\sin\varphi_1$，而减小了线路中电流的无功分量，显然，电容电流有效值为

$$I_C = I_L \sin\varphi_1 - I\sin\varphi$$

因为 $I_C = U/X_C = U\omega C$，所以要使电路的功率因数由原来的 $\cos\varphi_1$ 提高到 $\cos\varphi$，需并联的电容器的电容量为

$$C = \frac{I_L\sin\varphi_1 - I\sin\varphi}{\omega U}$$

由于电路中消耗有功功率的只有负载中的电阻，所以并联电容前后电路的有功功率 P 不变。

并联电容前： $\qquad P = UI_L\cos\varphi_1$，则 $I_L = \dfrac{P}{U\cos\varphi_1}$

并联电容后： $\qquad P = UI\cos\varphi$，则 $I = \dfrac{P}{U\cos\varphi}$

故 $\qquad\qquad\qquad\qquad C = \dfrac{P}{\omega U^2}(\tan\varphi_1 - \tan\varphi) \qquad\qquad (2.1.14)$

【例 2.1.14】 有一电动机(感性)负载如图 2.1.24(a)所示，已知功率 $P=1\text{ kW}$，功率因数 $\lambda_1=0.6$，接在电压 $U=220\text{ V}$、50 Hz 正弦交流电源上，若使电路的功率因数提高到 $\lambda=0.9$。试求：(1)与负载并联的电容值(图中虚线所示)；(2)电容并联前后电源提供的电流和无功功率。

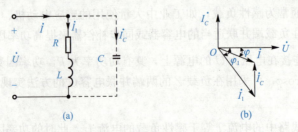

图 2.1.24 例 2.1.14 图
(a)原电路；(b)电路相量图

解： 用相量图求解。以电压为参考，画出图 2.1.24(a)电路的相量图，如图 2.1.24(b)

所示。

(1) 为了求并联的电容，首先求电容电流，然后利用电容上的 VCR 求出电容值。因为只有电阻消耗有功功率，所以并联电容前后有功功率 P 不变；又因为电压 u 不变，并联电容前后，感性负载中的电流也不变，则由相量图知

$$I_C = I_1 \sin\varphi_1 - I\sin\varphi = \frac{P}{U\cos\varphi_1}\sin\varphi_1 - \frac{P}{U\cos\varphi}\sin\varphi = \frac{P}{U}(\tan\varphi_1 - \tan\varphi)$$

再利用 $I_C = \omega CU$，结合上式，有

$$C = \frac{P}{\omega U^2}(\tan\varphi_1 - \tan\varphi)$$

代入数据得 $C = 55.93\ \mu F$。

(2) 因为功率不变，则并联电容前，电源提供的电流和无功功率分别为

$$I_1 = \frac{P}{U\cos\varphi_1} = \frac{1\times 10^3}{220\times 0.6} = 7.58(A)$$

$$Q_1 = UI_1\sin\varphi_1 = 220\times 7.58\times 0.8 = 1\ 334.08(\text{var})$$

并联电容后，电源提供的电流和无功功率分别为

$$I = \frac{P}{U\cos\varphi} = \frac{1\times 10^3}{220\times 0.9} = 5.05(A)$$

$$Q = UI\sin\varphi = 220\times 5.05\times 0.436 = 484.40(\text{var})$$

可见，感性负载并联电容后，无功功率变小了，从而减少了电源与负载之间的能量交换，感性负载所需无功功率的大部分由电容提供，从而使电源容量得到充分利用，并且电源提供的电流也变小了。

2.1.6　谐振现象

谐振现象是交流电路中产生的一种特殊现象，对谐振现象的研究有着重要的意义。在实际电路中，它既被广泛地应用，有时又需避免谐振情况发生。

对于无源一端口网络，它的入端阻抗或导纳的值通常与电路频率有关。一个包含有电感和电容的无源一端口网络，其入端阻抗或导纳一般为一复数。但在某些特定的电源频率下，其入端阻抗或导纳的虚部可能变为零，此时阻抗或导纳呈纯电阻特性，使端口电压与电流成为同相。无源一端口网络出现这种现象时称为处于谐振状态。下面分别讨论串联谐振与并联谐振现象。

1. 串联谐振

图 2.1.25 所示为电阻、电感和电容的串联电路，当外施的正弦电压角频率为 ω 时，它的入端阻抗为

$$Z = R + j\omega L - j\frac{1}{\omega C} = R + j(X_L - X_C) = R + jX$$

由式可见，RLC 串联电路中感抗 ωL 与容抗 $\frac{1}{\omega C}$ 是直接相减的。一般情况下，$X_L \neq X_C$，即 $\omega L \neq \frac{1}{\omega C}$，则阻抗的虚部 X 不为零，阻抗角也不为零，此时端电压与电流不同相。当激励电压的角频率变化时，感抗 ωL 与容抗 $\frac{1}{\omega C}$ 都发生变化。当 $\omega L = \frac{1}{\omega C}$ 时，电抗 $X = \omega L - \frac{1}{\omega C} = 0$，电路的入端阻抗 $Z = R$ 为纯电阻。此时电压和电流同相位，电路产生谐振现象。此种电路因为 L 与 C 是相串联的，所以称为串联谐振。电路发生串联谐振的条件为电抗值等于零，即

$$\omega L - \frac{1}{\omega C} = 0 \text{ 或 } \omega L = \frac{1}{\omega C}$$

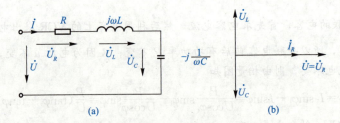

图 2.1.25 RLC 串联电路及相量图
(a)串联电路；(b)相量图

电路发生谐振时的角频率称为谐振角频率，用 ω_0 来表示，即

$$\omega_0 = \frac{1}{\sqrt{LC}} \tag{2.1.15}$$

电路谐振频率为

$$f_0 = \frac{1}{2\pi}\frac{1}{\sqrt{LC}} \tag{2.1.16}$$

对于某一 RLC 串联电路而言，它的谐振角频率完全由电路本身的参数来决定，它是电路本身固有的属性。只有当外施电压的频率与电路的谐振频率相同时，电路才会发生串联谐振。在实际应用中，对于固定频率的激励源，可采用调节电路参数 L 或 C 的方法来使电路达到谐振。例如，无线电收音机的接收回路就是采用调节电容 C 的方法使电路对某一信号频率产生谐振，以达到选择电波信号的目的。当电路参数不变时，可通过改变外施激励源的频率，使电路达到谐振。

电路发生谐振时，电路的总电抗 $X=0$，但感抗 X_L 与容抗 X_C 本身并不为零，它们的值为

$$X_L = X_C = \omega_0 L = \frac{1}{\omega_0 C} = \sqrt{\frac{L}{C}} = \rho \tag{2.1.17}$$

式中，ρ 称为谐振电路的特性阻抗，其单位为 Ω。

电路谐振时，电感电压等于电容电压，且两者相位差为 180°，故互相抵消。

$$\dot{U}_L = j\omega_0 L \dot{I} = j\rho \dot{I}$$

$$\dot{U}_C = -j\frac{1}{\omega_0 C}\dot{I} = -j\rho \dot{I}$$

$$\dot{U}_R = R\dot{I}$$

$$\dot{I} = \frac{\dot{U}}{Z} = \frac{\dot{U}}{R}$$

电阻上的压降等于外加电压。电压与电流的相量图如图 2.1.25(b)所示。

电路发生串联谐振时，其阻抗值 Z 最小，因此，当施加的电压 U 不变时，谐振电路中的电流 $I_0 = U/Z = U/R$ 达到最大。这是串联谐振电路的一个重要特征，当电路中电阻值 R 很小时，谐振电流 I_0 就会很大，因此，电感电压 $U_L = I_0 X_L$ 与电容电压 $U_C = I_0 X_C$ 就会比外加电压大很多。定义串联谐振电路的特征阻抗 ρ 与电阻 R 的比值为串联电路的品质因数，通常用符号 Q 来表示

$$Q = \frac{\rho}{R} = \frac{\omega_0 L}{R} = \frac{1}{R\omega_0 C} = \frac{1}{R}\sqrt{\frac{L}{C}} \tag{2.1.18}$$

Q 为一无量纲的量，它也可以写成谐振时电感电压 u_L（或电容电压 u_C）与电阻上电压 u_R 的比值，即

$$Q = \frac{\rho}{R} = \frac{I_0 \rho}{I_0 R} = \frac{U_C}{U_R} = \frac{U_L}{U_R} \tag{2.1.19}$$

电路谐振时，外加电压等于电阻上电压 U_R，因此，当谐振电路具有较大品质因数时，在谐振状态下 U_L 与 U_C 的值可能比外加电压 U 大很多。谐振电路的这一特点在无线电通信中获得广泛应用。例如收音机的接收回路就是利用串联谐振电路的这一特性，把施加在端口的微弱的无线电电压信号耦合到串联谐振回路中，调节电容使电路产生谐振，从而在电感或电容两端得到一个比输入信号大许多倍的电压输出。

电路谐振时 U_L 与 U_C 可能很大，但输入串联电路的无功分量等于零。因为电路中电感上的感性无功电压与电容上的容性无功电压正好相互抵消。根据这个特点，串联谐振又称作电压谐振。电路的无功功率等于零，电路呈现电阻网络的特性。电路的瞬时功率大于等于零。

串联谐振时，电路储存于电感中的磁场能与储存于电容元件中的电场能之间进行能量交换。设外施电压 $u = U_m \sin\omega_0 t$ V，则在串联谐振时，电路中电感电流和电容电压分别为

$$i_L = \frac{u_m}{R}\sin\omega_0 t = I_m \sin\omega_0 t$$

$$u_C = \frac{I_m}{\omega_0 C}\sin(\omega_0 t - 90°) = -U_{Cm}\cos\omega_0 t$$

此时电感储存的磁场能为

$$W_L = \frac{1}{2}Li^2 = \frac{1}{2}LI_m^2 \sin^2\omega_0 t$$

电容储存的电场能量为

$$W_C = \frac{1}{2}Cu_C^2 = \frac{1}{2}Cu_{Cm}^2 \cos^2\omega_0 t$$

由 $\omega_0 = \frac{1}{\sqrt{LC}}$ 可得

$$LI_m^2 = L(\omega_0 C U_{Cm})^2 = C u_{Cm}^2$$

可见磁场能与电场能的最大值是相等的。电磁场能量的总和

$$W = W_L + W_C = \frac{1}{2}LI_m^2 \sin^2\omega_0 t + \frac{1}{2}CU_{Cm}^2 \cos^2\omega_0 t = \frac{1}{2}CU_{Cm}^2 = \frac{1}{2}LI_m^2$$

串联谐振时，电场能量与磁场能量是随时间变化的，它们的变化波形如图 2.1.26 所示，可见在任一时刻串联电路中电磁场能量等于常量。当电场能量增加时，磁场能量就减少相应的数值；反之亦然。这说明电感与电容之间时刻发生着电能转换过程。

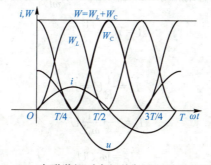

图 2.1.26 串联谐振时电场能与磁场能的变化曲线

【例 2.1.15】 在 RLC 串联电路中，已知 $R = 100$ Ω，$C = 4 \times 10^{-10}$ F，$L = 4 \times 10^{-2}$ H，求该串联电路的谐振频率 f_0、特性阻抗 ρ 和电路的品质因数 Q。

解： 电路的谐振角频率为

$$\omega_0 = \frac{1}{\sqrt{LC}} = \frac{1}{\sqrt{4\times 10^{-2} \times 4\times 10^{-10}}} \text{ rad/s} = 2.5\times 10^5 \text{ rad/s}$$

谐振频率为
$$f_0 = \frac{\omega_0}{2\pi} = 39.8 \text{ kHz}$$

特性阻抗为
$$\rho = \sqrt{\frac{L}{C}} = 10 \text{ k}\Omega$$

品质因数为
$$Q = \frac{\rho}{R} = 100$$

2. 并联谐振

除 RLC 串联谐振电路外，RLC 并联谐振电路也被广泛采用。RLC 并联谐振电路如图 2.1.27(a)所示。它的入端导纳为

$$Y = \frac{1}{R} - j\left(\frac{1}{\omega L} - \omega C\right)$$

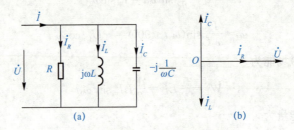

图 2.1.27　RLC 并联电路及相量图
(a)并联电路；(b)相量图

由此式可见，当选择 ω、L 或 C 的参数使之满足并联电路的感纳与容纳相等，即 $\frac{1}{\omega L} = \omega C$，则此时导纳的虚部为零，导纳成为纯电导 $Y = 1/R$，电路入端电压 $\dot{U}$ 与电流 $\dot{I}$ 相位相同。这种情况就称为 RLC 并联电路谐振。由上述可知，并联谐振的角频率为

$$\omega_0 = \frac{1}{\sqrt{LC}} \tag{2.1.20}$$

并联谐振的条件是感纳与容纳相等，即 $B_L = B_C$，或 $\frac{1}{\omega L} = \omega C$。此时电路入端电流为

$$\dot{I} = Y\dot{U} = \frac{1}{R}\dot{U}$$

各元件上电流分别为

$$\dot{I}_R = \frac{1}{R}\dot{U} = \dot{I}$$

$$\dot{I}_L = -j\frac{1}{\omega_0 L}\dot{U}$$

$$\dot{I}_C = j\omega_0 C\dot{U}$$

各电流相量如图 2.1.27(b)所示。并联谐振时，若外加电压不变，则谐振时流入的电流最小，此电流等于电阻上流过的电流。电感上无功电流 $\dot{I}_L$ 的幅值与电容上无功电流 $\dot{I}_C$ 的幅值相等，相位差为 180°，两者互相抵消，故并联谐振又被称为电流谐振。若并联电路中没有电导 G 的支路，则谐振时入端导纳 $Y = 0$，其等效阻抗 $Z \rightarrow \infty$，因此，由 LC 并联而成的电路在发生谐

振时，其入端电流 $\dot{I}=0$。

并联谐振电路的品质因数定义为电路感纳 $\frac{1}{\omega_0 L}$（或容纳 $\omega_0 C$）与电导 $G=\frac{1}{R}$ 之比，即

$$Q=\frac{\omega_0 C}{G}=\frac{1}{\omega_0 LG}=\frac{1}{G}\sqrt{\frac{C}{L}} \tag{2.1.21}$$

品质因数也等于电感电流的幅值（或电容电流的幅值）与流过电阻的电流幅值之比，即

$$Q=\frac{I_C}{I_R}=\frac{I_L}{I_R} \tag{2.1.22}$$

在实际工程应用中，线圈通常总包含有电阻，因此，电感线圈与电容的并联电路可等效为图 2.1.28 所示的电路。对于这种电路的谐振现象进行分析比较具有实际意义。该电路的入端导纳为

$$Y=\frac{1}{R+j\omega L}+j\omega C$$
$$=\frac{RL}{R^2+(\omega L)^2}-j\frac{\omega L}{R^2+(\omega L)^2}+j\omega C$$

电路发生谐振的条件是导纳的虚部为零，即

$$\omega C=\frac{\omega L}{R^2+(\omega L)^2}$$

由此式可解得谐振角频率为

$$\omega_0=\sqrt{\frac{L-CR^2}{L^2 C}}=\frac{1}{\sqrt{LC}}\sqrt{1-\frac{R^2 C}{L}} \tag{2.1.23}$$

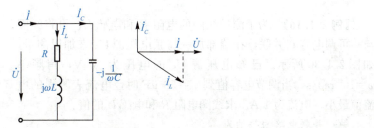

图 2.1.28 电感线圈与电容的并联电路及相量图

由式(2.1.23)分析出，当电感支路串入电阻 R 后，其谐振频率比理想 LC 并联电路的谐振频率要小。随着电阻 R 的增大，谐振频率减小至零。当电阻值 $R>\sqrt{\frac{L}{C}}$ 时，ω_0 的根号部分值为负数，ω_0 没有实数值，即是说当电阻增大到一定值后，该电路在任何频率都不会发生谐振。由此可见，若想使 LC 并联电路避免产生谐振现象，只要在电感支路串入一适当大的电阻即可。

由电感和电容经串并联方式组合而成的电路在实际工程应用中经常要遇到，此类电路在无源滤波网络中被广泛应用。图 2.1.29 画出了由电感电容组成的两种串并联电路。对图 2.1.29(a)所示电路进行分析，可写出此时电路的入端阻抗为

$$Z=j\omega L_1+\frac{(j\omega L_2)\left(-j\frac{1}{\omega C}\right)}{j\omega L_2-j\frac{1}{\omega C}}=j\omega L_1-j\frac{L_2/C}{\omega L_2-\frac{1}{\omega C}}$$

电感 L_2 与电容 C 的并联电路在 $\omega_1=\frac{1}{\sqrt{L_2 C}}$ 时会发生并联谐振，此时并联电路的阻抗趋于无

穷大，因此整个电路的阻抗也为无穷大，电路相当于开路状态。

由入端阻抗的表达式可看出，当外施电源的频率 $\omega>\omega_1$ 时，L_2 与 C 并联电路的等效阻抗为容性。这样电路将在另一频率 ω_2 时发生 L_1 与 L_2C 并联电路的串联谐振现象，发生串联谐振的角频率可计算得

$$\omega_2 L_1 = \frac{L_2/C}{\omega_2 L_2 - \dfrac{1}{\omega_2 C}}$$

可得

$$\omega_2 = \sqrt{\frac{1}{L_2 C} + \frac{1}{L_1 C}}$$

此时电路的入端阻抗 $Z=0$。对于图 2.1.29(b) 所示的电路，同样可以分析得出串联谐振角频率 ω_2 与并联谐振角频率 ω_1，且 $\omega_2 < \omega_1$。

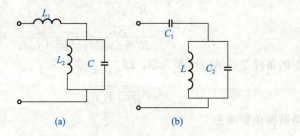

图 2.1.29　电感和电容串并联的电路图

(a)L_1 与 L_2C 并联电路串联；(b)C_1 与 LC_2 并联电路串联

【例 2.1.16】 为了测量线圈的电阻 R 和电感 L，可将线圈与一可调电容 C 并联，在端部加一高频电压源 U_S 来加以测量，如图 2.1.30 所示。已知电压源 U_S 的电压为 50 V，角频率 $\omega=10^3$ rad/s，当调节电容值到 $C=50$ μF 时，电流表测得的电流值最小，电流为 1 A。求线圈电阻 R 和电感 L 的值。

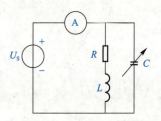

图 2.1.30　例 2.1.16 图

解：并联电路的导纳为

$$Y = \frac{R}{R^2+(\omega L)^2} - j\left[\frac{\omega L}{R^2+(\omega L)^2} - \omega C\right] = G - j(B_L - B_C)$$

入端电流为

$$\dot{I} = Y\dot{U} = [G - j(B_L - B_C)]\dot{U}$$

在调节电容 C 时导纳的实部 $G = \dfrac{R}{R^2+(\omega L)^2}$ 不变，由式可见，当调节电容使 $\dfrac{\omega L}{R^2+(\omega L)^2} = \omega C$ 时入端电流有最小值，于是有 $I=GU$，即

$$G = \frac{R}{R^2+(\omega L)^2} = \frac{I}{U} = 0.02 \text{ (S)}$$

此时

$$B_L = \frac{\omega L}{R^2+(\omega L)^2} = \omega C = 10^3 \times 50 \times 10^{-6} = 0.05 \text{(S)}$$

可知线圈导纳为

$$Y_L = G - jB_L = (0.02 - j0.05) \text{ S}$$

线圈阻抗为

$$Z_L = \frac{1}{Y_L} = \frac{1}{0.02 - j0.05} \text{ Ω} = (6.9 + j17.24) \text{ Ω}$$

得到线圈电阻为

$$R = 6.9 \text{ Ω}$$

线圈电感为
$$L=\frac{X_L}{\omega}=17.24 \text{ mH}$$

2.1.7 最大功率传输

下面讨论如何在正弦稳态电路中使负载获得最大功率的问题。

如图 2.1.31 所示的电路,含源二端电路 N 向负载 Z 传输功率,在不考虑传输效率时,研究负载 Z 获得最大功率(有功功率)的条件。利用戴维南定理将电路简化为图 2.1.32 所示的电路。

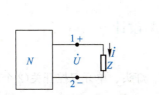
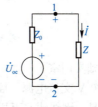

图 2.1.31 最大传输功率　　图 2.1.32 最大传输功率的等效电路

设 $Z_0=R_0+jX_0$,$Z=R+jX$,因为
$$I=\frac{U_{oc}}{\sqrt{(R_0+R)^2+(X_0+X)^2}}$$

所以负载 Z 获得的有功功率为
$$P=I^2R=\frac{U_{oc}^2 R}{(R_0+R)^2+(X_0+X)^2}$$

可见,对任意的 R,只有当 $X=-X_0$ 时,负载才能获得最大的功率,则
$$P=\frac{U_{oc}^2 R}{(R_0+R)^2}$$

此时 P 仍是 R 的函数,为求 P 的最大值,则 $\frac{dP}{dR}=0$,可解得 $R=R_0$。此时负载获得最大功率为
$$P_{max}=\frac{U_{oc}^2}{4R_0} \tag{2.1.24}$$

因此负载获得最大功率的条件:$X=-X_0$,$R=R_0$,亦即 $Z=Z_0^*$。并称此时为最佳匹配,最佳匹配时电路的传输效率为 50%。

【例 2.1.17】 电路如图 2.1.33 所示,若 Z_L 的实部、虚部均能变动,且使 Z_L 获得最大功率,则 Z_L 应为何值,最大功率是多少?

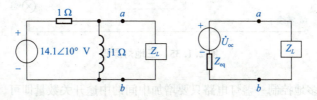

图 2.1.33 例 2.1.17 图

解: 先用戴维南定理求出从 a、b 端向左看的等效电路。
$$\dot{U}_{oc}=14.1\angle 0°\times \frac{j}{1+j}=10\sqrt{2}\angle 0°\times \frac{1\angle 90°}{\sqrt{2}\angle 45°}=10\angle 45° \text{(V)}$$

$$Z_{eq}=\frac{1\times j}{1+j}=\frac{1}{\sqrt{2}}\angle 45°=0.5+j0.5(\Omega)$$

最佳匹配时，$Z_L=0.5-j0.5\ \Omega$，Z_L 获得最大功率为

$$P_{max}=\frac{U_{oc}^2}{4R_0}=\frac{10^2}{4\times 0.5}=50(W)$$

任务实训

多地控制电路设计

训练地点：电工基础实训室

训练器材：单相 220 V 交流电源、插头、电灯、灯头、单开双控开关（2 个）、单开多控开关（多个）、电线、螺钉旋具、剥线钳、万用表。

训练内容与步骤：

(1)用万用表欧姆挡测量开关接线端子，明确开关结构功能。单开双控开关有三个端子，为单刀双掷。单开多控开关有六个端子，为双刀双掷，也称中途开关。

(2)两地控制一盏灯电路原理如图 2.1.34 所示。

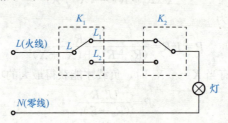

图 2.1.34 两地灯原理

(3)三地控制一盏灯电路原理如图 2.1.35 所示。三地控制一盏灯实物接线如图 2.1.36 所示。

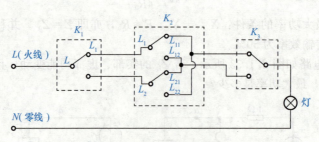

图 2.1.35 三地灯原理

(4)三地以上的多地控制一盏灯电路只要增加中间的中途开关数量即可。

(5)分别连接两地、三地、四地控制一盏灯电路，端子处接线要牢固，注意不能压线皮子，但也不能露铜过多。

(6)在教师指导下通电测试，防止触电。

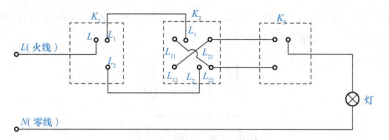

图 2.1.36 三地灯实物接线

知识巩固

2-1-1 将下列复数化为极坐标形式。

(1)$F_1=1-j2$　　(2)$F_2=30+j40$　　(3)$F_3=-5+j12$

2-1-2 将下列复数化为代数形式。

(1)$F_1=5\angle120°$　　(2)$F_2=10\angle-75°$　　(3)$F_3=12\angle-90°$

2-1-3 已知 $u_1=20\sin(314t+60°)$ V，$u_2=-60\cos(314t-10°)$ V。

(1)画出它们的波形图，求它们的有效值、周期、频率和相位差，写出它们的相量并画出相量图；

(2)若将 u_2 表达式前面的负号去掉，重新回答(1)。

2-1-4 若已知两个同频率正弦电流的相量分别为 $\dot{I}_1=-10\angle135°$ A，$\dot{I}_2=6\angle75°$ A，频率 $f=60$ Hz，求 i_1、i_2 的时域表达式和它们的相位差。

2-1-5 已知一电容 $C=50$ μF，接到 220 V、50 Hz 的正弦交流电源上，求：(1)X_C；(2)电路中的电流 I_C 和无功功率 Q_C；(3)电源频率变为 1 000 Hz 时的容抗。

2-1-6 求图 2.1.37 所示电路的端口等效阻抗和导纳，已知图 2.1.37(a)中 $\omega=10$ rad/s，图 2.1.3.7(b)中 $\omega=10^3$ rad/s。

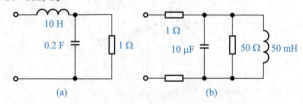

图 2.1.37　习题 2-1-6 图

(a)$\omega=10$ rad/s；(b)$\omega=10^3$ rad/s

2-1-7 已知图 2.1.38 所示电路中 $I_1=I_2=5$ A，求 $\dot{I}_1$、$\dot{I}_2$ 和 $\dot{I}$ 并画出相量图。

2-1-8 已知图 2.1.39 所示电路中 $\dot{I}_S=4\angle0°$A，求电压 $\dot{U}$。

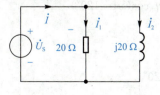

图 2.1.38　习题 2-1-7 图

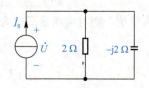

图 2.1.39　习题 2-1-8 图

2-1-9 如图 2.1.40 所示的电路，若 $i_S=5\sqrt{2}\cos(10^5 t)$ A，$Z_1=(4+j8)$ Ω，问 Z_L 在什么条件下，获得最大的功率，其值为多少？

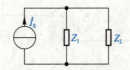

图 2.1.40 习题 2-1-9 图

任务 2.2 认识三相交流电路

2.2.1 三相交流电源

1. 三相交流电压的产生

三相交流电路是由三相交流电源和三相负载用导线连接而构成的电路。其中，三相电源是由频率相同、振幅相同、相位上依次相差 120°的三个电压以一定的连接方式组成的，也称为对称三相电源。

三相正弦电压是由三相发电机产生的，图 2.2.1 所示为三相交流发电机的原理，它主要由定子和转子两大部分组成。在定子铁芯圆表面的槽内，固定有三组结构、匝数完全相同的绕组，它们的空间位置相差 120°。每组绕组称为一相，它们的始端分别用 A、B、C 标记，末端用 X、Y、Z 标记。转动部分称为转子，转子通常是一对由直流电源供电的磁极，当转子顺时针以角速度 ω 匀速转动时，就相当于每相绕组逆时针转动，定子绕组依次切割转子磁场，因而产生感应电动势，在绕组两端也就产生了电压。由于转子产生的磁场是按正弦分布的，定子的三个绕组结构又相同，在空间上相差 120°，因此三个电压振幅相等、频率相同、相位互差 120°，并且是按正弦规律变化的，这样的电压称为对称三相电压。它们的瞬时值分别表示为

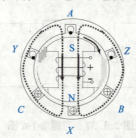

图 2.2.1 三相交流发电机原理

$$\left.\begin{array}{l} u_A = U_m \cos\omega t \\ u_B = U_m \cos(\omega t - 120°) \\ u_C = U_m \cos(\omega t - 240°) = U_m \cos(\omega t + 120°) \end{array}\right\} \quad (2.2.1)$$

设 U 为其有效值，则对应相量形式为

$$\left.\begin{array}{l} \dot{U}_A = U\angle 0° \\ \dot{U}_B = U\angle -120° \\ \dot{U}_C = U\angle +120° \end{array}\right\} \quad (2.2.2)$$

式(2.2.2)的波形图和相量图如图 2.2.2 所示,可以看出三相对称电压的瞬时值和相量和均为零,即

$$u_A+u_B+u_C=0$$
$$\dot{U}_A+\dot{U}_B+\dot{U}_C=0 \tag{2.2.3}$$

三相电动势组成的三相电源可以向负载提供三相正弦交流电,由于其工艺结构使得产生的三相电源电压具有频率相同,大小相等相位互差 120°的特点。以波形图 2.2.2(a)中可以看出,u_A 超前 u_B 达到最大值,u_B 超前 u_C 达到最大值,三相电压出现峰值的先后顺序,定义为三相电压的相序。当三相绕组首位确定后,相序由发电机的旋转方向确定,工程上规定:$A \to B \to C$ 为顺序(正序),而 $A \to C \to B$ 为逆序(反序)。

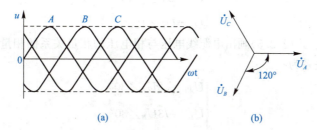

图 2.2.2　三相对称电压波形图和相量

(a)波形图；(b)相量图

2. 三相电源的连接

三相电源通常有星形连接和三角形连接两种方式。

(1)三相电源的星形(Y形)连接。如图 2.2.3 所示,将三相电源的三个末端连接在一起构成一个公共点 N,而从三相电源的始端 A、B、C 分别向外引出的三条输出线,就构成了三相电源的星形连接。

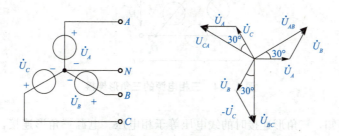

图 2.2.3　三相电源的星形连接及线电压和相电压相量图

1)相关名词。

①中点和中性线:三个末端连成的公共点 N 称为中性点或零点。从 N 点引出的线叫作中性线(俗称零线),如果中性线接地,则该线又称为地线。

②相线:从始端引出的输出线叫作相线或端线(俗称火线),分别称为 A 线、B 线、C 线。

③相电压:每相电源的电压或端线与中性线的电压,称为相电压,用 $\dot{U}_A$、$\dot{U}_B$、$\dot{U}_C$ 表示。

④线电压:任意两条相线之间的电压,称为线电压,用 $\dot{U}_{AB}$、$\dot{U}_{BC}$、$\dot{U}_{CA}$ 表示。相电压的参考方向,选定为自端线指向中性线;线电压的参考方向,如 $\dot{U}_{AB}$,是由 A 线指向 B 线。

由于电源是对称三相电源,所以一般用 U_P 表示相电压的有效值,U_l 表示线电压的有效值。

2)线电压和相电压的关系。由图 2.2.3(a)可见,由 KVL 的推广可以得到三相电源的线电压和相电压有如下关系:

$$\begin{cases} \dot{U}_{AB}=\dot{U}_A-\dot{U}_B \\ \dot{U}_{BC}=\dot{U}_B-\dot{U}_C \\ \dot{U}_{CA}=\dot{U}_C-\dot{U}_A \end{cases} \quad (2.2.4)$$

对称三相电源的相电压为

$$\begin{cases} \dot{U}_A=U_P\angle 0° \\ \dot{U}_B=U_P\angle -120° \\ \dot{U}_C=U_P\angle 120° \end{cases} \quad (2.2.5)$$

根据式(2.2.4)、式(2.2.5)画出电源线电压与相电压的相量关系的相量图,如图 2.2.3(b)所示,可知它们的关系为

$$\begin{cases} \dot{U}_{AB}=\sqrt{3}\dot{U}_A\angle 30° \\ \dot{U}_{BC}=\sqrt{3}\dot{U}_B\angle 30° \\ \dot{U}_{CA}=\sqrt{3}\dot{U}_C\angle 30° \end{cases} \quad (2.2.6)$$

式(2.2.6)说明,对于对称星形电源连接,相电压对称时,线电压也一定依序对称,相位依次超前对应相电压相位 30°,线电压的有效值(U_l)是相电压有效值(U_p)的$\sqrt{3}$倍,即

$$U_l=\sqrt{3}U_p \quad (2.2.7)$$

(2)电源的三角形(△形)连接。将对称三相电源的首尾相连,即 X 与 B、Y 与 C、Z 与 A 组成一回路,再从三个结点引出三条导线向外送电,如图 2.2.4 所示,就构成了三相电源的三角形连接。

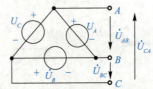

图 2.2.4 三相电源的三角形连接

由图 2.2.4 可知,三角形连接时的线电压等于相电压。电源三角形连接,相电压和线电压的关系表示为

$$\begin{cases} \dot{U}_{AB}=\dot{U}_A \\ \dot{U}_{BC}=\dot{U}_B \\ \dot{U}_{CA}=\dot{U}_C \end{cases} \quad (2.2.8)$$

式(2.2.8)说明对三角形连接的对称三相电源,相电压等于线电压。

三角形连接的三相电源形成一个回路。由于三相电压的和为零,所以不会产生回路电流。但是若某一相反接,造成三相电压之和不为零,由于绕组本身阻抗很小,将会在回路中产生巨大的短路电流,电机有烧毁的危险,所以将对称三相电源接成三角形时需特别注意,千万不要接错极性。在实际工程中,在闭合回路之前,可以先用一个电压表串入回路,测量回路电压是否为零,若为零,则说明连接正确。实际电源的三相电动势不是理想的对称三相电动势,它们

之和并不绝对等于零,故三相电源通常都连成星形,而不连成三角形。

2.2.2 三相负载的连接

日常低压供电的线电压是 380 V,由式(2.2.7)可知,其相电压是 $380/\sqrt{3}=220(\text{V})$。各种照明灯具、家用电器一般都采用 220 V,而单相变压器、电磁铁等的电压有 220 V 的也有 380 V 的,这类电气设备只需单相电源就能正常工作,统称为单相负载。单相负载若额定电压是 380 V,就接在两根端线之间;若额定电压是 220 V,就接在端线和中性线之间。另有一类电气设备必须接在三相电源上才能正常工作,如三相交流电动机、大功率的三相电炉等,这些三相负载的各相阻抗总是相等的,是一种对称的三相负载。总体来说,三相电路中的负载分为对称负载和不对称负载。各相负载的大小和性质完全相同的称为对称三相负载;各相负载的大小和性质不同的称为不对称三相负载,如三相照明电路中的负载。

三相负载的连接方式有两种,即星形连接和三角形连接,采用何种连接方式根据负载的额定电压和电源电压来决定。

1. 负载的星形(Y 形)连接

将三相负载的一端连接到一个公共端点,负载的另一端分别连接到电源的三条端线上,这样的连接方式称为三相负载的星形连接。负载的公共端点称为负载的中性点,简称中点,用 N' 表示。负载中点与电源中点的连线称为中线,两中点间的电压 $\dot{U}_{NN'}$ 称为中点电压。电路如图 2.2.5 所示。从 A'、B'、C' 引出三根端线与三相电源相连,负载中性点 N' 与电源中性点 N 相连的线称为中性线,这样电源和负载间共需要四条导线,所以称为三相四线制星形连接。

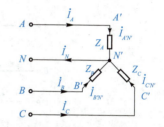

图 2.2.5 三相负载的星形连接

(1)负载电压。若忽略电源和导线内阻,由于中线的存在,各相负载电压等于电源的相电压,即 $U_{A'N'}=U_{B'N'}=U_{C'N'}=U_P$。

(2)相电流和线电流。三相负载星形连接时,流经各相负载的电流称为相电流,分别用 $\dot{I}_{A'N'}$、$\dot{I}_{B'N'}$、$\dot{I}_{C'N'}$ 表示;流经端线的电流称为线电流,分别用 $\dot{I}_A$、$\dot{I}_B$、$\dot{I}_C$ 表示,方向如图 2.2.5 所示,显然三相负载星形连接时,线电流与相应的相电流相等,即

$$\begin{cases} \dot{I}_{A'N'}=\dot{I}_A=\dfrac{\dot{U}_{A'N'}}{Z_A} \\ \dot{I}_{B'N'}=\dot{I}_B=\dfrac{\dot{U}_{B'N'}}{Z_B} \\ \dot{I}_{C'N'}=\dot{I}_C=\dfrac{\dot{U}_{C'N'}}{Z_C} \end{cases} \tag{2.2.9}$$

(3)中性线电流。流过中性线的电流称为中性线电流,用 $\dot{I}_N$ 表示,在图 2.2.5 所示的电流方向下,中性线电流 $\dot{I}_N$ 为

$$\dot{I}_N=\dot{I}_A+\dot{I}_B+\dot{I}_C \tag{2.2.10}$$

若线电流 $\dot{I}_A$、$\dot{I}_B$、$\dot{I}_C$ 为一组对称三相正弦量,则 $\dot{I}_N=0$,此时,若将中性线去掉,对电路没有任何影响。

【例 2.2.1】 星形连接的对称三相负载,每相的电阻 $R=32\ \Omega$,$X_L=24\ \Omega$,接到相电压 $U_P=$

220 V 的对称三相电源上，求负载的相电流和线电流。

解：因为对称三相负载星形连接，每相负载两端的电压等于对应相电源的相电压，设 $\dot{U}_A=220\angle 0°$。

每相负载的阻抗为

$$Z=R+jX_L=(32+j24)\ \Omega$$

负载星形连接时线电流等于相电流，即

$$\dot{I}_A=\dot{I}_{A'N'}=\frac{\dot{U}_A}{Z}=\frac{220\angle 0°}{32+j24}=\frac{220\angle 0°}{44\angle 36.9°}=5.5\angle -36.9°\ \text{A}$$

$$\dot{I}_B=\dot{I}_{B'N'}=5.5\angle -156.9°\ \text{A}$$

$$\dot{I}_C=\dot{I}_{C'N'}=5.5\angle -83.1°\ \text{A}$$

2. 负载的三角形（△形）连接

将三相负载的首尾依次连接，构成一个三角形，三个连接结点分别接电源的三条相线，如图 2.2.6(a) 所示，就是负载的三角形连接。

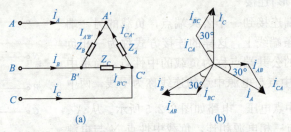

图 2.2.6 三相负载的三角形连接及线电流和相电流关系相量图
(a) 负载的三角形连接；(b) 线电流和相电流关系相量图

此时，每相负载两端的电压等于电源的线电压。每相负载流过的电流为相电流，分别用 $\dot{I}_{A'B'}$、$\dot{I}_{B'C'}$、$\dot{I}_{C'A'}$ 表示，线电流为 $\dot{I}_A$、$\dot{I}_B$、$\dot{I}_C$。在图 2.2.6 所示的参考方向下，对 A'、B'、C' 三点根据基尔霍夫电流定律有

$$\begin{aligned}\dot{I}_A&=\dot{I}_{A'B'}-\dot{I}_{C'A'}\\ \dot{I}_B&=\dot{I}_{B'C'}-\dot{I}_{A'B'}\\ \dot{I}_C&=\dot{I}_{C'A'}-\dot{I}_{B'C'}\end{aligned} \qquad (2.2.11)$$

式(2.2.11)对应的相量图如图 2.2.6(b) 所示，当三相负载对称时，由向量图的计算可知

$$\begin{aligned}\dot{I}_A&=\dot{I}_{A'B'}-\dot{I}_{C'A'}=\sqrt{3}\,\dot{I}_{A'B'}\angle -30°\\ \dot{I}_B&=\dot{I}_{B'C'}-\dot{I}_{A'B'}=\sqrt{3}\,\dot{I}_{B'C'}\angle -30°\\ \dot{I}_C&=\dot{I}_{C'A'}-\dot{I}_{B'C'}=\sqrt{3}\,\dot{I}_{C'A'}\angle -30°\end{aligned} \qquad (2.2.12)$$

可见，三角形连接的负载线电流也是一组对称三相正弦量，其有效值为相电流的 $\sqrt{3}$ 倍，即 $I_l=\sqrt{3}\,I_P$，线电流的相位滞后于相应的相电流 30°。

将三角形连接的三相负载看成一个广义结点，由 KCL 知，$\dot{I}_A+\dot{I}_B+\dot{I}_C=0$ 恒成立，与电流的对称无关。

三相负载采用何种连接方法取决于负载的额定电压和电源电压。当负载的额定电压等于电源的相电压时，采用星形连接方式；当负载的额定电压等于电源的线电压时，采用三角形连接方式。

3. 三相电路的接线方式

三相电路就是由三相电源和三相负载组成的系统。根据电源与负载接法不同，理论上分为以下五种连接方式：

(1) Y－Y 连接方式，即电源 Y 形连接，负载 Y 形连接，无中线。

(2) Y_0－Y_0 连接方式，即电源 Y 形连接，负载 Y 连接形，有中线。

(3) Y－△ 连接方式，即电源 Y 形连接，负载△形连接。

(4) △－Y 连接方式，即电源△形连接，负载 Y 形连接。

(5) △－△ 连接方式，即电源△形连接，负载△形连接。

以上多种基本组合方式，从三相电源和三相负载之间的连接形式上看三相电路可分为两类，即三相三线制和三相四线制。

(1) 三相三线制。如果电源与负载之间只通过三条端线连接起来，则这种连接方式称为三相三线制。根据相电源和三相负载的基本连接方式可知，它们之间可有 Y－Y、Y－△、△－Y、△－△等多种连接方式。如三相电动机、三相变压器等三相负载的三个接线端总与三根相线相连，对于三相电动机而言，负载的连接形式由内部结构决定。

(2) 三相四线制。如果三相电源和三相负载均连接成星形，电源和负载的各相端点之间及中点之间均有导线连接，也就是说，电源与负载之间共用了四条导线，这种接法就是三相四线制，如 Y_0－Y_0 连接方式。在实际工程应用中，我国低压配电系统广泛采用三相四线制，这种供电系统可以向负载提供两种电压：线电压和相电压，分别为 380 V 和 220 V。如图 2.2.7 所示，电路中一般照明灯具和电炉及其他额定电压为 220 V 的单相负载连接在相线与中线之间，使用相电压；三相电力设备及额定电压为 380 V 的用电设备接在两条相线之间，使用线电压。

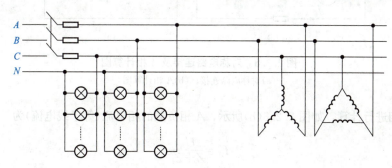

图 2.2.7 三相四线制电路图

2.2.3 三相电路的分析与计算

三相电路中的电源一般是对称的，但电路中的三相负载可以是对称的也可以是不对称的，因此，构成的三相电路有对称三相电路和不对称三相电路两种类型。下面分别讨论分析。

1. 对称三相电路的分析与计算

(1) 电源和负载都为星形连接的对称三相电路。三相负载的星形连接，是负载的另一端分别连接到电源的三条相线上，将三相负载的一端连接到一个公共端点，这个公共端点称为负载的中性点，简称中点。如果电源为星形连接，则负载中点与电源中点的连线称为中线。若电路中有中线连接，可以构成三相四线制电路（Y_0－Y_0 连接方式）；若没有中线连接，或电源端为三角形连接，则只能构成三相三线制电路。

各相负载的复阻抗相等的三相负载，称为对称三相负载。一般三相电动机、三相变压器都可以看成对称三相负载。图2.2.8(a)所示的三相四线制电路，设每相负载阻抗为Z，相线阻抗为Z_L。由前两节学习可知，星形连接的负载，其负载相电流等于线电流；若不考虑相线阻抗，则负载两端电压为电源相电压，电源线电压和相电压的关系为$U_l=\sqrt{3}U_p$，相位超前对应相电压相位30°。

应用节点电压法，以N为参考点，列写节点电压$\dot{U}_{N'N}$方程为

$$\dot{U}_{N'N}\left(\frac{1}{Z+Z_L}+\frac{1}{Z+Z_L}+\frac{1}{Z+Z_L}\right)=\frac{\dot{U}_A}{Z+Z_L}+\frac{\dot{U}_B}{Z+Z_L}+\frac{\dot{U}_C}{Z+Z_L}=\frac{\dot{U}_A+\dot{U}_B+\dot{U}_C}{Z+Z_L}=0$$

所以

$$\dot{U}_{N'N}=0$$

可见对称三相四线制两个对称中性点N'和N之间的电压为零，也就是说，结点N'和N等电位，中线相当于一根短路线，这样，各相电流、电压就可以分别计算。由于对称三相电路的电源和负载都是对称的，因而各相负载的相电流是对称的、幅值相等，相位依次相差120°。只需要分析计算其中任意一相，其余两相的电压和电流可以根据对称关系直接写出，这种方法称为"归结为一相的计算方法"。

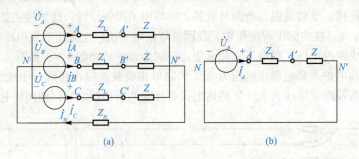

图2.2.8 对称电路连接及A相计算图
(a)对称电路连接；(b)A相计算图

取出A相进行计算，如图2.2.8(b)所示，A相负载的相电流(等于线电流)为

$$\dot{I}_A=\frac{\dot{U}_A}{Z+Z_L} \tag{2.2.13}$$

其他两相相电流为

$$\dot{I}_B=\dot{I}_A\angle-120° \qquad \dot{I}_C=\dot{I}_A\angle120° \tag{2.2.14}$$

中线电流为

$$\dot{I}_N=\dot{I}_A+\dot{I}_B+\dot{I}_C=0 \tag{2.2.15}$$

在三相四线制的对称三相电路中，中线上的电流也为零，可将中线断开，此时就成为三相三线制(Y—Y连接方式)。对称三相三线制的分析方法与对称三相四线制相同。对于其电源或负载为三角形连接的对称三相电路，可先采用△—Y变换的方法，将三角形连接的电源或负载转化为星形连接，然后进行分析。

【例2.2.2】 三相发电机是星形接法，负载也是星形接法，发电机的相电压$U_p=1\ 000$ V，每相负载电阻均为$R=50$ kΩ，$X_L=25$ kΩ。试求：(1)相电流；(2)线电流；(3)线电压。

解：负载阻抗的模值为$|Z|=\sqrt{R^2+X_L^2}=\sqrt{50^2+25^2}=55.9$(kΩ)

(1)相电流 $I_p=\dfrac{U_p}{|Z|}=\dfrac{1\text{ kV}}{55.9\text{ kΩ}}=17.9$ mA

(2) 线电流 $I_l = I_p = 17.9$ mA

(3) 线电压 $U_l = U_p = 1\,732$ V

(2) 三角形负载接到星形电源的三相电路。如图 2.2.9 所示，各相负载的两端电压等于电源的线电压，由 2.2.1 小节的学习可知，星形连接的电源其线电压与相电压的有效值关系为

$$U_{AB} = U_{BC} = U_{CA} = \sqrt{3} U_p$$

在相位上线电压超前对应相电压 30°。在忽略相线阻抗时，根据欧姆定律可知，负载相电流的有效值为

$$I_{AB} = I_{BC} = I_{CA} = \frac{\sqrt{3} U_p}{|Z|}$$

由负载三角形连接时的线电流和相电流之间的关系可得，线电流的有效值为

$$I_A = I_B = I_C = \sqrt{3} I_p = \frac{3 U_p}{Z}$$

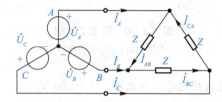

图 2.2.9　负载三角形连接的对称三相电路

若电源相电压的初相位已知，根据对称三相电路，可以写出线电流和相电流的相量式。

【例 2.2.3】 对称三相三线制的线电压 $U = 100\sqrt{3}$ V，每相负载阻抗为 $Z = 10 \angle 60°$ Ω，求负载为星形及三角形连接的两种情况下的电流。

解： 负载星形连接时，相电压的有效值为

$$U_p = \frac{U_l}{\sqrt{3}} = 100 \text{ V}$$

设 $\dot{U}_A = 100 \angle 0°$ V。线电流等于相电流，为

$$\dot{I}_A = \frac{\dot{U}_A}{Z} = \frac{100 \angle 0°}{10 \angle 60°} = 10 \angle -60° \text{(A)}$$

$$\dot{I}_B = \frac{\dot{U}_B}{Z} = \frac{100 \angle -120°}{10 \angle 60°} = 10 \angle -180° \text{(A)}$$

$$\dot{I}_C = \frac{\dot{U}_C}{Z} = \frac{100 \angle 120°}{10 \angle 60°} = 10 \angle 60° \text{(A)}$$

当负载为三角形连接时，相电压等于线电压，设 $\dot{U}_{AB} = 100\sqrt{3} \angle 0°$。相电流为

$$\dot{I}_{AB} = \frac{\dot{U}_{AB}}{Z} = \frac{100\sqrt{3} \angle 0°}{10 \angle 60°} = 10\sqrt{3} \angle -60° \text{(A)}$$

$$\dot{I}_{BC} = \frac{\dot{U}_{BC}}{Z} = \frac{100\sqrt{3} \angle -120°}{10 \angle 60°} = 10\sqrt{3} \angle -180° \text{(A)}$$

$$\dot{I}_{CA} = \frac{\dot{U}_{CA}}{Z} = \frac{100\sqrt{3} \angle 120°}{10 \angle 60°} = 10\sqrt{3} \angle 60° \text{(A)}$$

线电流为

$$\dot{I}_A = \sqrt{3} \dot{I}_{AB} \angle -30° = 30 \angle -90° \text{(A)}$$

$$\dot{I}_B = \sqrt{3}\dot{I}_{BC}\angle -30° = 30\angle -120° = 30\angle 150°(\text{A})$$
$$\dot{I}_C = \sqrt{3}\dot{I}_{CA}\angle -30° = 30\angle 30°(\text{A})$$

【例 2.2.4】 如图 2.2.10 所示,电源线电压有效值为 380 V,两组负载 $Z_1=(12+\text{j}16)\Omega$, $Z_2=(48+\text{j}36)\Omega$,端线阻抗 $Z_L=(1+\text{j}2)\Omega$。分别求两组负载的相电流、线电流、相电压、线电压。

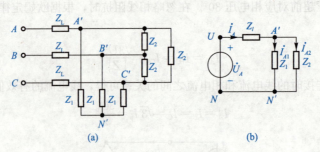

图 2.2.10 例 2.2.4 图
(a)原电路;(b)A 相电路

解:设电源为一组星形连接的对称三相电源,$U_1 = 380$ V,

可得
$$U_p = \frac{U_1}{\sqrt{3}} = \frac{380}{\sqrt{3}} = 220(\text{V})$$

将 Z_2 组三角形连接的负载等效为星形连接负载,

则
$$Z_2' = \frac{Z_2}{3} = \frac{48+\text{j}36}{3} = 16+\text{j}12 = 20\angle 36.9°(\Omega)$$

由于此电路是对称三相电路,所以中性线电流 $\dot{I}_N = \dot{I}_A + \dot{I}_B + \dot{I}_C = 0$,这就是说,在这样的对称三相电路中,无论中性线阻抗是多少,中性线电流总是等于零,中性线的有无不影响电路工作状态。为分析方便添加一条阻抗为零的中线进行计算,取出 A 相,画出其单相电路,如图 2.2.10(b)所示,设 $\dot{U}_A = 220\angle 0°$ V,则

$$\dot{I}_A = \frac{\dot{U}_A}{Z_L + \frac{Z_1 Z_2'}{Z_1 + Z_2'}} = \frac{220\angle 0°}{1+\text{j}2 + \frac{(12+\text{j}16)(16+\text{j}12)}{(12+\text{j}16)+(16+\text{j}12)}} = 17.96\angle -48.4°(\text{A})$$

在图 2.2.10(b)中,可以求得各支路电流为

$$\dot{I}_{A1} = \dot{I}_A \frac{Z_2'}{Z_1+Z_2'} = 17.96\angle -48.4° \frac{20\angle 36.9°}{(12+\text{j}16)+(16+\text{j}12)} = 9.06\angle -56.5°(\text{A})$$

$$\dot{I}_{A2} = \dot{I}_A - \dot{I}_{A1} = 17.96\angle -48.4° - 9.06\angle -56.5° = 9.06\angle -40.3°(\text{A})$$

根据线电流、相电流的关系及对称性,得

Z_1 组的相电流(线电流)为

$$\dot{I}_{A1} = 9.06\angle -56.5° \text{ A}$$
$$\dot{I}_{B1} = \dot{I}_{A1}\angle -120° = 9.06\angle -175.5° \text{ A}$$
$$\dot{I}_{C1} = \dot{I}_{A1}\angle -120° = 9.06\angle 63.5° \text{ A}$$

Z_2 组的线电流为

$$\dot{I}_{A2} = 9.06\angle -40.3° \text{ A}$$

$$\dot{I}_{B2} = \dot{I}_{A2}\angle-120° = 9.06\angle-160.3° \text{ A}$$

$$\dot{I}_{C2} = \dot{I}_{A2}\angle 120° = 9.06\angle 79.7° \text{ A}$$

Z_2 组的相电流为

$$\dot{I}_{A'B'} = \frac{\dot{I}_{A2}\angle 30°}{\sqrt{3}} = 5.32\angle-10.3° \text{ A}$$

$$\dot{I}_{B'C'} = \dot{I}_{A'B'}\angle-120° = 5.32\angle-130.3° \text{ A}$$

$$\dot{I}_{C'A'} = \dot{I}_{A'B'}\angle 120° = 5.32\angle 109.7° \text{ A}$$

Z_1 组的相电压为

$$\dot{U}_{A'N'} = Z_1\dot{I}_{A1} = (12+j16)\times 9.06\angle-56.5° = 181.2\angle-3.2° \text{ V}$$

$$\dot{U}_{B'N'} = \dot{U}_{A'N'}\angle-120° = 181.2\angle-123.2° \text{ V}$$

$$\dot{U}_{C'N'} = \dot{U}_{A'N'}\angle 120° = 181.2\angle 116.8° \text{ V}$$

Z_1 组的线电压为

$$\dot{U}_{A'B'} = \sqrt{3}\dot{U}_{A'N'}\angle 30° = 313.8\angle 26.8° \text{ V}$$

$$\dot{U}_{B'C'} = \dot{U}_{A'B'}\angle-120° = 313.8\angle-93.2° \text{ V}$$

$$\dot{U}_{C'A'} = \dot{U}_{A'B'}\angle 120° = 313.8\angle 146.8° \text{ V}$$

Z_2 组是三角形连接，故其线电压、相电压相等并等于 Z_1 组的线电压。

2. 不对称三相电路的分析与计算

在三相电路中，只要有一部分不对称就称为不对称三相电路，通常三相电路的电源总是对称的，负载不对称。例如，对称三相电路的某一条端线断开，或某一相负载发生短路或开路，它就失去了对称性，成为不对称的三相电路。对于不对称三相电路的分析，一般情况下，不能引用上节介绍的一相计算方法，而要用其他方法求解。本节只简要地介绍由于负载不对称而引起的一些特点。

图 2.2.11 所示的 Y－Y 连接电路中三相电源是对称的，但负载不对称。先讨论开关 S 打开（不接中性线）时的情况。用结点电压法，可以求得中点电压为

$$\dot{U}_{N'N} = \frac{\dot{U}_{AN}/Z_A + \dot{U}_{BN}/Z_B + \dot{U}_{CN}/Z_C}{1/Z_A + 1/Z_B + 1/Z_C} = \frac{\dot{U}_{AN}Y_A + \dot{U}_{BN}Y_B + \dot{U}_{CN}Y_C}{Y_A + Y_B + Y_C}$$

其中 Y_A、Y_B、Y_C 分别为三相负载的导纳，由于负载不对称，则 $U_{NN'}\neq 0$，即负载中点与电源中点电位不同。

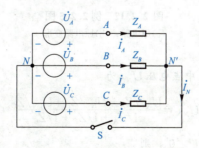

图 2.2.11 不对称三相电路

根据基尔霍夫第二定律可以得到负载各相电压分别为

$$\dot{U}_{A'} = \dot{U}_A - \dot{U}_{N'N}$$

$$\dot{U}_{B'} = \dot{U}_B - \dot{U}_{N'N}$$

$$\dot{U}_{C'} = \dot{U}_C - \dot{U}_{N'N}$$

各相负载电流为

$$\dot{I}_A = \dot{U}_{A'} Y_A$$

$$\dot{I}_B = \dot{U}_{B'} Y_B$$

$$\dot{I}_C = \dot{U}_{C'} Y_C$$

在电源对称的情况下，可以根据中性点位移的情况判断负载端不对称的程度。当中性点位移较大时，会造成负载端的电压严重的不对称，从而可能使负载的工作不正常。另一方面，如果负载变动时，中性电压也会变动，由于各相的工作相互关联，因此彼此都有影响。

若在图 2.2.11 中，合上开关 S(接上中性线)，如果中性线阻抗 $Z_N \approx 0$，则可强使 N' 点与 N 点等电位。尽管电路是不对称，但在这个条件下，可强使各相保持独立性，各相的工作互不影响，因而各相可以分别独立计算。能确保各相负载在相电压下安全工作，这就克服了无中性线时引起的缺点。因此，在负载不对称的情况下中性线的存在是非常重要的，它能起到保证安全供电的作用。

由此可知，当负载不对称做星形连接时，必须接有中线，中线的作用：一是接单相用电设备，提供单相电压；二是保证三相负载电压对称，使负载能够正常工作；三是传导三相系统中的不平衡电流和单相电流；四是减少中点位移电压，使星形连接的不对称负载的相电压接近对称。而且为了防止中线断开，在中线上决不允许装开关和熔断器，同时为了增大它的机械强度，使中线工作可靠，在干线上的中线有时还采用钢线或钢芯铝线、钢芯铜线等。

【例 2.2.5】 在图 2.2.12(a)所示的电路中，若 A 相负载为容值为 C 的电容器，$Z_A = -j\dfrac{1}{\omega C}$，$B$ 相和 C 相是阻值为 R 的两个白炽灯，则电路是一种相序测定指示器电路，用来测定相序 A、B、C。试说明电源相电压对称的情况下，如何根据两个白炽灯判断电源的相序。

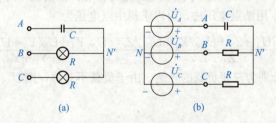

图 2.2.12　例 2.2.5 图
(a)原电路；(b)原电路变形

解： 如图 2.2.12(b)所示，中点电压 $\dot{U}_{N'N}$ 为

$$\dot{U}_{N'N} = \frac{\dot{U}_{AN}/Z_A + \dot{U}_{BN}/Z_B + \dot{U}_{CN}/Z_C}{1/Z_A + 1/Z_B + 1/Z_C}$$

若 $X_C = R_B = R_A = R$，$\dot{U}_A = U\angle 0°$，则

$$\dot{U}_{N'N} = \frac{\dfrac{U\angle 0°}{-jX_C} + \dfrac{U\angle -120°}{R_A} + \dfrac{U\angle 120°}{R_B}}{\dfrac{1}{-jX_C} + \dfrac{1}{R_A} + \dfrac{1}{R_B}} = \frac{\dfrac{U\angle 0°}{-jR} + \dfrac{U\angle -120°}{R} + \dfrac{U\angle 120}{R}}{\dfrac{1}{-jR} + \dfrac{1}{R} + \dfrac{1}{R}}$$

$$= \frac{U(\angle 90° + \angle -120° + \angle 120°)}{\angle 90° + 2\angle 0°} = \frac{\sqrt{2}U\angle 135°}{\sqrt{5}\angle 26.6°} = 0.63U\angle 108.4°$$

于是 B 相灯泡承受的电压 $\dot{U}_{BN'}$ 为

$$\dot{U}_{BN'} = \dot{U}_B - \dot{U}_{N'N} = U\angle -120° - 0.63U\angle 108.4° = 1.5U\angle -101.6°$$

同样 C 相灯泡承受的电压 $\dot{U}_{CN'}$ 为

$$\dot{U}_{CN'} = \dot{U}_C - \dot{U}_{N'N} = U\angle 120° - 0.63U\angle 108.4° = 0.4U\angle 138.3°$$

显然，B 相上灯泡两端电压大小为电源电压的 1.5 倍，C 相两端电压大小为电源电压的 40%。由此可知，如果电容器所接的是 A 相，较亮灯泡接入的那一相为 B 相，较暗灯泡接入的那一相为 C 相。

【例 2.2.6】 电路如图 2.2.13 所示，电源电压对称，线电压 $U_l = 380$ V，负载为灯泡组，在额定电压下阻值分别为 $R_A = 10$ Ω，$R_B = 20$ Ω，$R_C = 11$ Ω。

(1) 试求负载的相电压及负载电流和中线电流；
(2) A 相短路时求各相负载电压；
(3) A 相短路，而中线又断开时(图 2.2.14)，求各相负载电压；
(4) A 相断开时，求各相负载电压；
(5) A 相断开而中线也断开时(图 2.2.15)，求各相负载电压。

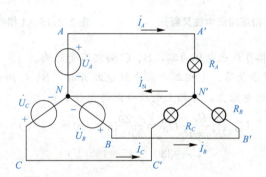

图 2.2.13 例 2.2.6 图

解：(1) 电源电压对称，线电压 $U_l = 380$ V，则相电压 $U_p = 220$ V，虽然负载不对称，但因有中线(不考虑中线上压降)，故负载相电压和电源相电压相等，是对称的，其有效值为 220 V。

设电源 A 相相电压 $\dot{U}_A = 220\angle 0°$ V，则

$$\dot{U}_B = 220\angle -120° \text{ V}$$

$$\dot{U}_C = 220\angle 120° \text{ V}$$

于是负载相电流为

$$\dot{I}_A = \frac{\dot{U}_A}{R_A} = \frac{220\angle 0°}{10} = 22\angle 0° \text{(A)}$$

$$\dot{I}_B = \frac{\dot{U}_B}{R_B} = \frac{220\angle -120°}{20} = 11\angle -120° \text{(A)}$$

$$\dot{I}_C = \frac{\dot{U}_C}{R_C} = \frac{220\angle 120°}{11} = 20\angle 120° \text{(A)}$$

则中线电流为

$$\dot{I}_N = \dot{I}_A + \dot{I}_B + \dot{I}_C = 22\angle 0° + 11\angle -120° + 20\angle 120°$$
$$= 22 + (-5.5 - j9.53) + (-10 + j7.32)$$
$$= 6.5 + j7.79$$
$$= 10.15\angle 50.16°(A)$$

(2) A 相短路时，A 相电流很大，会将 A 相熔断器烧坏，但 B、C 两相不会受影响，相电压仍为 220 V。

(3) 对于图 2.2.14 所示的电路，中线断开，A 相又短路时，此时 N′ 点即为 A′ 点，则各相负载电压为 $\dot{U}'_A = 0$，$\dot{U}'_B = \dot{U}_{BA}$，$\dot{U}'_C = \dot{U}_{CA}$，则 $U'_A = 0$ V，$U'_B = 380$ V，$U'_C = 380$ V。此时 B、C 相上灯泡所加电压都超过电灯的额定值，这种情况是不允许出现的。

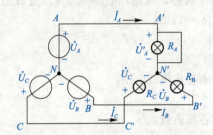 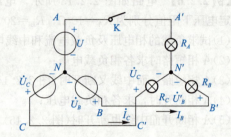

图 2.2.14　A 相短路而中线又断开　　　图 2.2.15　A 相断开而中线也断开

(4) A 相断开时，A 相负载上电压为零，B、C 两相不受影响。

(5) 对于图 2.2.15 所示电路，A 相断开而中线也断开时，B、C 两相负载串联成单相电路，接在线电压 $U_{BC} = 380$ V 的电源上，每相上电压分配与阻值成正比。

$$U'_B = \frac{R_B}{R_B + R_C} U_{BC} = \frac{20}{20+11} \times 380 = 245(\text{V})$$
$$U'_C = 380 - 245 = 135(\text{V})$$

2.2.4　三相电路的功率测量

1. 三相电路的功率

(1) 三相电路的瞬时功率。为了研究问题的方便，在此仅讨论对称三相电路的瞬时功率，它等于各相电路的瞬时功率之和。

首先，以 Y 形连接为例讨论三相电路负载的瞬时功率。设各相负载在时域中的相电压分别为

$$u_A = \sqrt{2} U_p \cos\omega t$$
$$u_B = \sqrt{2} U_p \cos(\omega t - 120°)$$
$$u_C = \sqrt{2} U_p \cos(\omega t + 120°)$$

式中，U_p 是相电压的有效值。如负载阻抗 $Z = |Z|\angle\varphi$，则相电流滞后相电压 φ 角，所以有

$$i_A = \sqrt{2} I_p \cos(\omega t - \varphi)$$
$$i_B = \sqrt{2} I_p \cos(\omega t - 120° - \varphi)$$
$$i_C = \sqrt{2} I_p \cos(\omega t + 120° - \varphi)$$

式中 I_p 是相电流的有效值。各相负载的瞬时功率为

$$p_A = u_A i_A = \sqrt{2} U_p \cos\omega t \times \sqrt{2} I_p \cos(\omega t - \varphi)$$

$$= U_p I_p [\cos\varphi + \cos(2\omega t - \varphi)]$$
$$p_B = u_B i_B = \sqrt{2} U_p \cos(\omega t - 120°) \times \sqrt{2} I_p \cos(\omega t - \varphi - 120°)$$
$$= U_p I_p [\cos\varphi + \cos(2\omega t - \varphi - 240°)]$$
$$p_C = u_C i_C = \sqrt{2} U_p \cos(\omega t + 120°) \times \sqrt{2} I_p \cos(\omega t - \varphi + 120°)$$
$$= U_p I_p [\cos\varphi + \cos(2\omega t - \varphi + 240°)]$$

各相负载的瞬时功率之和为

$$p = p_A + p_B + p_C = 3U_p I_p \cos\varphi \tag{2.2.16}$$

因此，对称三相电路的总瞬时功率是一个常数，等于三相电路的平均功率，这个结论对负载 Y 形连接和△形连接都适用，这也是三相制的优点之一。无论是三相发电机还是三相电动机，它的瞬时功率为一个常数，这就意味着它们的机械转矩是恒定的，从而避免运转时的振动，使得运行更加平稳。

(2) 三相电路的有功功率。在三相电路中，三相电源发出的有功功率等于三相负载吸收的有功功率，即等于各相有功功率之和。设 A、B、C 三相负载相电压的有效值分别为 U_A、U_B、U_C，三相负载电流有效值为 I_A、I_B、I_C，A、B、C 三相负载相电压与相电流的相位差分别 φ_A、φ_B、φ_C，则三相电路的平均功率表示为

$$P = P_A + P_B + P_C = U_A I_A \cos\varphi_A + U_B I_B \cos\varphi_B + U_C I_C \cos\varphi_C \tag{2.2.17}$$

在对称三相电路中，$U_A = U_B = U_C = U_p$，$I_A = I_B = I_C = I_p$，$\varphi_A = \varphi_B = \varphi_C = \varphi$，所以

$$P = 3U_p I_p \cos\varphi \tag{2.2.18}$$

当电源星形连接，负载为星形连接时，有

$$U_p = \frac{1}{\sqrt{3}} U_l, \quad I_p = I_l$$

于是

$$P = 3U_p I_p \cos\varphi = 3\frac{1}{\sqrt{3}} U_l I_l \cos\varphi = \sqrt{3} U_l I_l \cos\varphi$$

当电源星形连接，负载为三角形连接时，有

$$U_p = U_l, \quad I_p = \frac{1}{\sqrt{3}} I_l$$

于是

$$P = 3U_p I_p \cos\varphi = 3U_l \frac{1}{\sqrt{3}} I_l \cos\varphi = \sqrt{3} U_l I_l \cos\varphi$$

即无论星形或三角形连接的负载，只要三相电路对称，一定有

$$P = \sqrt{3} U_l I_l \cos\varphi \tag{2.2.19}$$

值得注意的是式(2.2.19)中 U_l、I_l 是线电压和线电流，φ 是相电压与相电流之间的相位差，也是每相负载的阻抗角。在实际工程中，设备标牌上所标的额定电压和额定电流都是线电压与线电流。由于线电压和线电流比较容易测量，因此一般采用式(2.2.19)计算三相有功功率。

(3) 三相电路的无功功率。在三相电路中，三相电源的无功功率也等于三相负载的无功功率，即等于各相无功功率之和，表示如下：

$$Q = Q_A + Q_B + Q_C = U_A I_A \sin\varphi_A + U_B I_B \sin\varphi_B + U_C I_C \sin\varphi_C \tag{2.2.20}$$

同平均功率分析过程，无论以何种方式连接，都有

$$Q = \sqrt{3} U_l I_l \sin\varphi \tag{2.2.21}$$

(4) 三相电路的视在功率。与单相电路相同，三相电路的视在功率可以表示为

$$S = \sqrt{P^2 + Q^2} \tag{2.2.22}$$

而在对称三相电路中,有

$$S = 3U_p I_p = \sqrt{3} U_l I_l \qquad (2.2.23)$$

需要注意的是,一般情况三相电路视在功率不等于各相视在功率之和。

故无论负载星形连接还是三角形连接都可以用式(2.2.19)、式(2.2.21)、式(2.2.23)计算总的有功功率、无功功率和视在功率。

【例 2.2.7】 对称三相三线制的线电压 $U_l = 100\sqrt{3}$ V,每相负载阻抗 $Z = 10\angle 60°$ Ω,求负载为星形及三角形两种情况下的电流和三相功率。

解:(1)负载星形连接时,相电压的有效值为

$$U_p = \frac{U_l}{\sqrt{3}} = 100 \text{ V}$$

设 $\dot{U}_A = 100\angle 0°$ V,线电流等于相电流,为

$$\dot{I}_A = \frac{\dot{U}_A}{Z} = \frac{100\angle 0°}{10\angle 60°} = 10\angle -60°(\text{A})$$

$$\dot{I}_B = \frac{\dot{U}_B}{Z} = \frac{100\angle -120°}{10\angle 60°} = 10\angle -180°(\text{A})$$

$$\dot{I}_C = \frac{\dot{U}_C}{Z} = \frac{100\angle 120°}{10\angle 60°} = 10\angle 60°(\text{A})$$

三相总功率为

$$P = \sqrt{3} U_l I_l \cos\varphi_Z = \sqrt{3} \times 100\sqrt{3} \times 10 \times \cos 60° = 1\,500(\text{W})$$

(2)当负载为三角形连接时,相电压等于线电压,设 $\dot{U}_{AB} = 100\sqrt{3}\angle 0°$ V,相电流为

$$\dot{I}_{AB} = \frac{\dot{U}_{AB}}{Z} = \frac{100\sqrt{3}\angle 0°}{10\angle 60°} = 10\sqrt{3}\angle -60°(\text{A})$$

$$\dot{I}_{BC} = \frac{\dot{U}_{BC}}{Z} = \frac{100\sqrt{3}\angle -120°}{10\angle 60°} = 10\sqrt{3}\angle -180°(\text{A})$$

$$\dot{I}_{CA} = \frac{\dot{U}_{CA}}{Z} = \frac{100\sqrt{3}\angle 120°}{10\angle 60°} = 10\sqrt{3}\angle 60°(\text{A})$$

线电流为

$$\dot{I}_A = \sqrt{3}\dot{I}_{AB}\angle -30° = 30\angle -90°(\text{A})$$

$$\dot{I}_B = \sqrt{3}\dot{I}_{BC}\angle -30° = 30\angle -210° = 30\angle 150°(\text{A})$$

$$\dot{I}_C = \sqrt{3}\dot{I}_{CA}\angle -30° = 30\angle 30°(\text{A})$$

三相总功率为

$$P = \sqrt{3} U_l I_l \cos\varphi_Z = \sqrt{3} \times 100\sqrt{3} \times 30 \times \cos 60° = 4\,500(\text{W})$$

由此例可知,同一个对称三相负载接于一电路,当负载做△形连接时的线电流是做 Y 形连接时线电流的三倍,做△形连接时的功率也是做 Y 形连接时功率的 3 倍。

3. 三相功率的测量

(1)一表法。在三相四线制电路中,当负载对称时,只需要用一个单相功率表测量三相负载的功率,图 2.2.16 中的任意一个功率表都可以测量,此时电路总功率可表示为

$$P = 3P_A = 3P_B = 3P_C$$

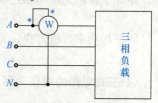

图 2.2.16 一表法测功率

（2）二表法。对于三相三线制电路，无论负载对称还是不对称，也无论负载是星形还是三角形连接，都可以用两个单相功率表测量三相负载的功率，如图 2.2.17 所示，这种测量方法称为二表法。

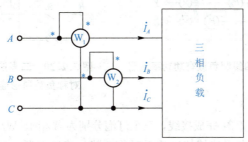

图 2.2.17　二表法测功率

在图 2.2.17 所示的电路中，线电流从 * 端分别流入两个功率表的电流线圈（图中 I_A、I_B），它们的电压线圈的非 * 端共同接到非电流线圈所在的第三条端线上，由此可见，这种测量方法半功率表的接线只触及端线，而与负载和电源的连接方式无关。

（3）三表法。在三相四线制电路中，当负载不对称时需用三个单相功率表测量三相负载的功率，如图 2.2.18 所示，这种测量方法称为三表法。

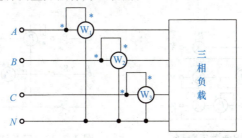

图 2.2.18　三表法测功率

任务实训

测量三相电路的有功功率

训练地点：电工基础实训室

训练器材：三相交流可调电源（具有三相电压显示）；功率表 3 只；万用表；15 W/220 V 灯泡 3 只、40 W/220 V 灯泡 1 只。

训练内容与步骤：

（1）先将三相可调电源调至线电压 220 V，然后断开开关，按图 2.2.19 完成接线，三个灯泡分别为 A 相 15 W/220 V，B 相 40 W/220 V，C 相 15 W/220 V，形成三相不对称电路，接通电源，采用三表法测量有功功率，将测量结果填入表 2.2.1。

（2）断开开关，将图 2.2.19 电路中的 B 相换成 15 W/220 V 的灯泡，形成三相对称电路，采用 A 相接功率表的一表法测量，其他两相功率表拆除代之以短路线，接通电源，将测量结果乘以 3 填入表 2.2.1。

（3）断开开关，将上述电路中的中线拆除，形成三相三线制星形对称电路，按图 2.2.20 接线,采用两表法测量有功功率。合上三相开关,将测量结果填入表2.2.1。

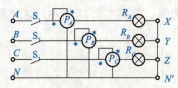 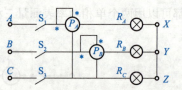

图2.2.19 三相四线制负载有功功率测量　　图2.2.20 二表法测量三相三线制对称负载星形连接的有功功率

(4)断开开关,按图2.2.21完成接线,三个灯泡分别为 A 相 15 W/220 V, B 相 40 W/220 V, C 相 15 W/220 V,形成三角形连接的三相不对称电路,接通电源,采用三表法测量有功功率,将测量结果填入表2.2.1。

(5)断开开关,按图2.2.21完成接线,三个灯泡分别为 A 相 15 W/220 V, B 相 15 W/220 V, C 相 15 W/220 V,形成三角形连接的三相对称电路,采用一表法测量功率,其他两相功率表拆除代之以短路线,接通电源,将测量结果乘以3填入表2.2.1。

(6)断开开关,按图2.2.22完成接线,三个灯泡分别为 A 相 15 W/220 V, B 相 15 W/220 V, C 相 15 W/220 V,形成三角形连接的三相对称电路,采用二表法测量有功功率,接通电源,将测量结果填入表2.2.1。

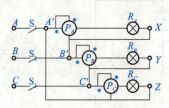 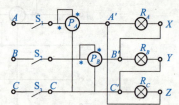

图2.2.21 三相负载三角形连接有功功率测量　　图2.2.22 二表法测量三相负载三角形连接的有功功率

表2.2.1 三相电路有功功率测量

供电方式	每相灯瓦数			一表法	二表法		三表法		
	A	B	C	$3P_A$	P_1	P_2	P_A	P_B	P_C
三相四线制 Y 接	15	40	15						
	15	15	15						
三相三线制 Y 接	15	15	15						
三相三线制 △ 接	15	40	15						
	15	15	15						
	15	15	15						

注意:

(1)要求实验人员严格遵守电工实训安全操作规程,防止发生触电事故。

(2)接线时要注意将交流功率表电压线圈和电流线圈的 * 号端连接在电源端线一侧。

(3)上面叙述是以 C 端线为二表法的公共端线,也可以 A 端线或 B 端线为公共端线。

(4)二表法也可测三相三线制不对称负载的三相有功功率,有兴趣的可以验证。

2-2-1 对称三相电源的三相绕组做星形连接时,设线电压 $u_{AB}=380\cos(\omega t+30°)$ V,试写出相电压 u_A 的三角函数式及相量式。

2-2-2 三相电路的连接方式有哪几种?各有什么特点?试画出几种连接方式的电路图。

2-2-3 在三相四线制电路中,电源线的中性线上规定不得加装保险丝,这是为什么?

2-2-4 已知对称三角形连接的三相电路中 A 相负载线电流 $\dot{I}_A=10\angle 0°$ A,试写出其余各相线电流与相电流。

2-2-5 对称三相电路中,已知每相负载的阻抗为 $10\angle 30°$ Ω。若电源线电压 $U_l=380$ V,求负载星形连接时的相电压、相电流和线电流,并做出相量图。

2-2-6 每相阻抗 $Z=(10+j10)$ Ω 的对称负载做三角形连接,接到线电压为 380 V 的三相电源上。(1)若不计端线阻抗,求负载的线电流、相电流、线电压、相电压;(2)当端线阻抗为 $Z_L=(2+j)$ Ω,再求负载的线电流、相电流、线电压、相电压。

2-2-7 图 2.2.23 所示的三相四线制电路中,电源线电压 $U_l=380$ V,三个负载连接成星形,其电阻分别为 $R_A=5$ Ω,$R_B=10$ Ω,$R_C=20$ Ω。(1)试求负载相电压、相电流及中性线电流,并做出相量图;(2)中性线断开时,试求负载的相电压及中性点电压;(3)中性线断开且 A 相短路时,试求负载相电压、相电流;(4)中性线断开且 A 相断路时,试求其他两相的电压和电流。

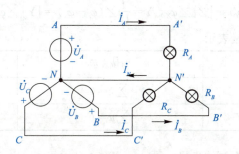

图 2.2.23 习题 2-2-7 图

2-2-8 已知三角形连接负载电路的线电压 $U_l=220$ V,负载阻抗为 $20\angle 37°$ Ω,求每相负载的视在功率和平均功率。

项目总结

1. 正弦量

(1)正弦电流的时域表示:

$$i=I_m\cos(\omega t+\varphi_i)$$

正弦电压的时域表示:

$$u=U_m\cos(\omega t+\varphi_u)$$

振幅、角频率(或频率)、初相角称为正弦量的三要素。

(2)电流和电压最大值和有效值的关系: $I_m=\sqrt{2}I$,$U_m=\sqrt{2}U$

(3)频率相同的同种函数形式的正弦量的相位之差称为相位差,用 φ 表示,一般情况下,规

定$|\varphi|\leqslant\pi$。

2. 正弦量的相量表示

复数的四种表示方式：$F=a+jb=|F|\cos\theta+j|F|\sin\theta=|F|e^{j\theta}=|F|\angle\theta$

相量法的基础是用相量（复常数）表示正弦量的振幅值（或有效值）和初相位。

电流振幅相量：$\dot{I}_m=I_m\angle\varphi_i$

电流有效值相量：$\dot{I}=I\angle\varphi_i$

电压振幅相量：$\dot{U}_m=U_m\angle\varphi_u$

电压有效值相量：$\dot{U}=U\angle\varphi_u$

3. 元件 VCR 的相量表示（电压、电流取关联参考方向）

元件种类	时域表示	相量表示
电阻元件	$u(t)=Ri(t)$	$\dot{U}=R\dot{I}$
电感元件	$u(t)=L\dfrac{di(t)}{dt}$	$\dot{U}=j\omega L\dot{I}$
电容元件	$i(t)=C\dfrac{du(t)}{dt}$	$\dot{I}=j\omega C\dot{U}$ 或 $\dot{U}=\dfrac{1}{j\omega C}\dot{I}$

4. 欧姆定律的相量形式：$Z=\dfrac{\dot{U}}{\dot{I}}$，$Z$ 为阻抗；$Y=\dfrac{\dot{I}}{\dot{U}}$，$Y$ 为导纳。

其中，$Z=\dfrac{U}{I}\angle(\varphi_u-\varphi_i)=|Z|\angle\varphi_Z$，$Y=\dfrac{I}{U}\angle(\varphi_i-\varphi_u)=|Y|\angle\varphi_Y$。

5. 基尔霍夫定理的相量表示

元件种类	时域表示	相量表示
KCL	$\sum i=0$	$\sum\dot{I}=0$
KVL	$\sum u=0$	$\sum\dot{U}=0$

6. 正弦电路的相量分析法的步骤

(1) 画出与时域电路相对应电路的相量模型。

(2) 建立电路相量形式的方程，并求相量形式的响应。

(3) 将相量形式的响应变成正弦函数的形式（没有要求时，也可只用相量形式表示）。

7. RLC 串联电路和 RLC 并联电路发生谐振时的条件以及谐振时电路特点。

8. 正弦稳态电路的功率

功率种类	表达式	单位
平均功率（有功功率）	$P=UI\cos\varphi$	（单位：W）
无功功率	$Q=UI\sin\varphi$	（单位：var）
视在功率	$S=UI$	（单位：V·A）
复功率	$\bar{S}=P+jQ$	（单位：V·A）

9. 采用在负载端并联适当的电容器来提高功率因数，要使电路的功率因数由原来的 $\cos\varphi_1$ 提高到 $\cos\varphi$，需并联的电容器的电容量为

$$C=\dfrac{P}{\omega U^2}(\tan\varphi_1-\tan\varphi)$$

10. 最大功率传输

有源一端口网络 N 与一个可变负载阻抗 Z 相接，当 $Z=Z_0^*$ 时负载获得最大功率，称负载与有源一端口网络 N 共轭匹配，负载获得最大功率为

$$P_{max} = \frac{U_{oc}^2}{4R_0}$$

11. 三相电路是指由三相电源、三相线路和三相负载组成的电路的总称。对称三相电路是三相电源的电压的振幅、频率相等，相位彼此相差 120°，三相线路和三相负载完全相同的情况。

12. 三相电路中的三相电源和三相负载有星形连接和三角形连接两种连接方式。

设对称三相电源是星形连接的，为

$$\dot{U}_A = U_p \angle 0°, \quad \dot{U}_B = U_p \angle -120°, \quad \dot{U}_C = U_p \angle 120°$$

为了方便，有时也可以把它看成三角形连接，它们之间的关系为

$$\dot{U}_{AB} = \dot{U}_A - \dot{U}_B = \sqrt{3} U_p \angle 30°$$

$$\dot{U}_{BC} = \dot{U}_B - \dot{U}_C = \sqrt{3} U_p \angle -90°$$

$$\dot{U}_{CA} = \dot{U}_C - \dot{U}_A = \sqrt{3} U_p \angle 150°$$

13. 当对称三相电路中三相负载是星形连接时：

$I_l = I_p$，负载端线电流与相电流相同。

$U_l = \sqrt{3} U_p$，负载端线电压与相电压相差 $\sqrt{3}$ 倍，且线电压超前相电压 30°。

14. 当对称三相电路中三相负载是三角形连接时：

$U_l = U_p$，负载端线电压与相电压相同。

$I_l = \sqrt{3} I_p$，负载端线电流与相电流相差 $\sqrt{3}$ 倍，且线电流滞后相电流 30°。

15. 不对称三相电路

通常，不对称三相电路主要是三相负载是不对称的，而三相电源和三相线路一般是对称的。不对称三相电路没有上述特点，不能采用单相电路来进行计算。一般情况下，不对称三相电路可以看成复杂正弦稳态电路，可用一般复杂正弦稳态电路的方法来分析计算。在 Y—Y 连接的不对称三相四线制电路中，由于负载不对称，各相相电流并不对称，其中线电流不再为零。这是规定中线上不准安装开关或保险丝的原因。

16. 三相电路功率

对称三相电路的有功功率为

$$P = 3U_p I_p \cos\varphi = 3 \frac{1}{\sqrt{3}} U_l I_l \cos\varphi = \sqrt{3} U_l I_l \cos\varphi$$

三相四线制电路常采用三个功率表分别测定三相功率。三相三线制电路可只用两个功率表测量三相功率。

项目 3　船舶电与磁

项目描述

　　船舶电力系统的变压器是利用电磁感应原理将低压转换成高压或是将高压转换成低压的电力装置，图 3.0.1 所示为船用三相变压器。随着船舶大型化和电力推进的应用，船用变压器状况发生了很大的变化。近几年来，采用交流高压电力装置的船舶日益增多，船舶相关规范通常建议船舶交流高压装置的标称系统电压为 3~15 kV，并说明如有特殊需要，经船级社同意，可以采用更高的电压，可为船舶电力网中的动力、照明、隔离设备提供动力，绝缘等级可分为 B、F、H 级。船用低压变压器容量为 2 000 kV·A 及以下，电压等级为 1 kV 以下。船用变压器由铁芯和绕组组成，在本项目中，学生会认识铁芯线圈、磁耦合现象，进而学习船用变压器的工作原理和特点。

　　船用三相异步电动机在船舶上有广泛使用，如图 3.0.2 所示，适用船舶上驱动各种机械，如泵类、通风机、起重机、分离器、液压机械及其他辅助设备等，它是根据电磁感应原理而工作的。本项目也会介绍三相异步电动机的构造、转动原理、电路分析和选择。

图 3.0.1　船用三相变压器

图 3.0.2　船用三相异步电动机

项目目标

知识目标：
1. 了解磁路的基本知识；
2. 理解互感现象；掌握互感系数的计算方法；
3. 掌握变压器的结构、工作原理及主要参数；
4. 了解三相异步电动机的结构和转动原理；理解定子电路和转子电路的分析。

技能目标：
1. 会判别线圈的同名端；
2. 能够熟练进行小型变压器拆装；
3. 能够进行小型三相异步电动机拆装。

任务3.1 认识变压器

3.1.1 认识铁芯线圈

3.1.1.1 学习磁路的基本知识

人们应用的电动机、直流继电器、交流继电器、交流接触器及电磁铁和变压器等电器内部都有铁芯和线圈,当线圈通有较小的励磁电流时,铁芯内产生较强的磁场,从而获得较大的感应电动势或电磁力。线圈通电属于电路内容,而产生的磁场局限在一定范围,即铁芯构成的磁路,又是磁路问题。下面首先回顾磁场及磁路有关问题。

1. 磁场的基本物理量

(1)磁通 Φ。磁通就是垂直穿过某一截面面积 S 的磁力线数,在国际单位制中,磁通的单位为韦伯(Wb),简称韦。

(2)磁感应强度 B。磁感应强度 B 是表示磁场内某点的磁场强弱及方向的物理量。它是一个矢量,方向与该点磁力线切线方向一致,与产生该磁场的电流之间的方向关系符合右手螺旋法则。其大小可用 $B=\dfrac{F}{lI}$ 来衡量。

若磁场内各点的磁感应强度大小相等、方向相同,则为均匀磁场。在均匀磁场中,有

$$B=\frac{\Phi}{S} \text{ 或 } \Phi=BS$$

此时磁感应强度在数值上可以看成与磁场方向相垂直的单位面积所通过的磁通,故又称为磁通密度。

在国际单位制中,磁感应强度的单位是韦伯/米²(Wb/m²),称作特斯拉(T),简称特。

(3)磁导率 μ。衡量物质导磁能力大小的物理量叫作磁导率,其单位为亨/米(H/m)。真空中的磁导率 μ_0,实验测得为一常数,$\mu_0=4\pi\times10^{-7}$ H/m。

为了比较各种物质的导磁能力,通常将某种导磁材料的磁导率 μ 和真空的磁导率 μ_0 之比叫作该物质的相对磁导率 μ_r,表示形式为

$$\mu_r=\frac{\mu}{\mu_0}$$

相对磁导率没有单位。非磁性材料的 $\mu_r\approx1$;磁性材料的 $\mu_r\gg1$,而且不是常数。如硅钢片的 $\mu_r\approx6\,000\sim8\,000$;坡莫合金的 μ_r 则可达到 10^5 左右。

(4)磁场强度 H。由于磁感应强度的大小与磁场媒质的磁导率有关,而磁导率往往又不是常数,这就不便于确定磁场与产生该磁场的电流之间的关系。为此,引入一个与磁导率无关的物理量——磁场强度 H。磁场中某点磁场强度的大小等于该点的磁感应强度 B 与该处媒质的磁导率 μ 的比值,即

$$H=\frac{B}{\mu} \text{ 或 } B=\mu H$$

在国际单位制中,磁场强度 H 的单位用安/米或安/厘米(A/m 或 A/cm)表示。

2. 磁路的基本定律

为了使较小的励磁电流产生足够大的磁通（或磁感应强度），在电机、变压器及各种铁磁元件中，常用铁磁性材料做成一定形状的铁芯。铁芯的磁导率比周围空气或其他物质的磁导率高得多，因此，磁通的绝大部分经过铁芯而形成一个闭合通路。这种人为造成的磁通路径称为磁路。磁路的问题是局限在一定路径内的磁场问题。因此，磁场的基本物质、基本物理量和基本定律是研究磁路的理论基础。例如，磁场的基本物理量是磁通、磁感应强度、磁场强度。除此之外，磁通的连续性原理、安培环路定律等都适用磁路。

磁路与电路类似，在对磁路进行分析和计算时，也需要有基本定律做依据。磁路的基本定律主要有磁路欧姆定律、磁路基尔霍夫第一定律和磁路基尔霍夫第二定律。

(1)磁路欧姆定律。磁路和电路有很多相似之处，因而磁路中的某些物理量和电路中的某些物理量也有着很好的对应关系。图 3.1.1 形象地表示了磁路和电路的对应关系。

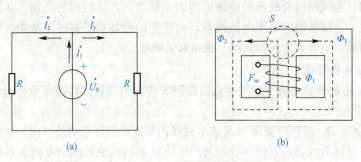

图 3.1.1　电路与磁路的对照
(a)电路；(b)磁路

1)磁通。电路是电流流经的路径，而磁路是主磁通闭合的路径。当漏磁通忽略不计时，通常认为磁路中的磁通就是主磁通，它对应于电路中的电流 I。

2)磁动势。电路中的电流由电动势产生，而磁路中的磁通由磁动势产生。定义通电线圈中流过的电流 I 和线圈的匝数 N 的乘积 IN 为磁动势，用符号 F_m 表示，$F_m=IN$，在国际单位制(SI)中，单位为安培(A)。

3)磁阻。电路中有电阻，磁路中也有磁阻，它表示磁通通过磁路时受到的阻碍大小，用符号 R_m 表示。其大小与磁路的长度 l 成正比，与磁路的横截面面积 S、构成磁路的材料的磁导率 μ 的乘积成反比：

$$R_m = \frac{l}{\mu S} \tag{3.1.1}$$

4)磁路欧姆定律。图 3.1.2 所示为一个环形铁芯线圈磁路，其平均(中心线)长度为 l，截面面积为 S，线圈匝数为 N，励磁电流为 I。设磁路的平均长度比截面面积的尺寸大得多，则可以认为截面内的磁场是均匀的，沿中心线上各点磁场强度矢量的大小相等其方向又与积分路径一致，由安培环路定律有

$$\oint_l H \mathrm{d}l = \sum I$$

得出

$$IN = Hl = \frac{B}{\mu}l = \frac{\Phi}{\mu S}l$$

或

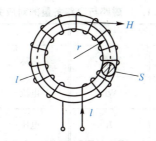

图 3.1.2　环形铁芯线圈

$$\Phi = \frac{IN}{\dfrac{l}{\mu S}} = \frac{F_\mathrm{m}}{R_\mathrm{m}} \tag{3.1.2}$$

由式(3.1.2)可以看出,磁路欧姆定律与电路欧姆定律形式相似。磁路欧姆定律:在磁路中,通过磁路的磁通与磁动势成正比而与磁路的磁阻成反比。

需要指出的是,由于铁磁材料的磁导率 μ 不是一个常数,故其磁阻也不是一个常数,所以式(3.1.2)常用于对磁路进行定性的分析,而不是用来进行定量的计算。

(2)磁路基尔霍夫第一定律。在图 3.1.1(b)所示的分支电路中,任取一个闭合面 S,则在任一瞬间,进入闭合面的磁通等于离开闭合面的磁通,或者说通过闭合面的磁通的代数和等于零,即

$$\Phi_1 = \Phi_2 + \Phi_3 \tag{3.1.3}$$

或

$$\sum \Phi = 0 \tag{3.1.4}$$

这就是磁路的基尔霍夫第一定律,又称磁路的基尔霍夫磁通定律。在式(3.1.4)中,若规定穿入闭合面的磁通为正,则穿出闭合面的磁通为负。式(3.1.4)可表示为

$$\Phi_1 - \Phi_2 - \Phi_3 = 0$$

(3)磁路基尔霍夫第二定律。沿任一闭合磁路绕行一周,各部分的磁压降的代数和必等于磁动势的代数和,这就是基尔霍夫第二定律,也称为基尔霍夫磁压定律。如果把磁路中沿磁力线方向上的磁场强度 H 和磁路的平均长度 l 的乘积定义为磁压降,则基尔霍夫磁压定律可表示为

$$\sum Hl = \sum IN \tag{3.1.5}$$

在如图 3.1.3 所示的具有铁芯和空气隙的直流磁路中,设铁芯的平均长度为 l_μ,空气隙的长度为 l_0,并且认为空气隙和铁芯具有相同的截面面积 S,则由基尔霍夫磁压定律有

$$H_l l_\mu + H_0 l_0 = IN$$

式中　H_l——铁芯中的磁场强度;
　　　H_0——空气隙中的磁场强度。

当磁通的方向与回路绕行方向一致时,Hl 取正号,反之取负号;电流的方向与回路绕行方向符合右手螺旋关系时,IN 取正号,反之取负号。

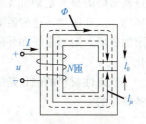

图 3.1.3　直流磁路

磁路与电路各量的对应关系见表 3.1.1。由表可见,两者虽有诸多相似之处,但磁路和电路之间有着本质的区别:一是电流表示带电质点的运动,它在导体中运动时,电场力对带电质点做功而消耗能量,其功率损失为 RI^2;磁通并不代表某种质点的运动,$R_\mathrm{m}\Phi^2$ 也不代表功率损失。二是自然界存在着良好的电绝缘材料,但尚未发现对磁通绝缘的材料。空气的磁导率可以看作最低,因此,磁路中没有断路情况,但有漏磁现象。

表 3.1.1 磁路与电路各量的对应关系

磁路			电路		
名称	符号	单位	名称	符号	单位
磁通	Φ	Wb	电流	I	A
磁压	$\Phi R_m(Hl)$	A	电压	IR	V
磁动势	F_m	A	电动势	E	V
磁阻	$R_m = \dfrac{1}{\mu S}$	1/H	电阻	$R = \dfrac{1}{rS}$	Ω
磁感应强度	$B = \dfrac{\Phi}{S}$	T	电流密度	$J = \dfrac{I}{S}$	A/mm^2
磁通定律	$\sum \Phi = 0$		KCL	$\sum I = 0$	
磁压降定律	$\sum Hl = \sum IN$		KVL	$\sum IR = \sum U$	
欧姆定律	$\Phi = \dfrac{F_m}{R_m}$		欧姆定律	$I = \dfrac{U}{R}$	

3. 铁磁性材料的磁性能

铁磁性材料通常是指铁、钢、钴与其合金及某些含铁的氧化物(称铁氧体,是铁的氧化物和其他金属氧化物的粉末,按陶瓷工艺方法加工出来的合金)等。铁磁性材料用途广泛,是制造变压器、电机和电器的主要材料之一。

(1)高导磁性。物质导磁能力的高低通常以相对磁导率 μ_r 来衡量,故按 μ_r 的大小,将物质分为三类:μ_r 略小于 1 的逆磁物质(如铜、银)、μ_r 略大于 1 的顺磁物质(如空气、铝)和 $\mu_r \gg 1$ 的铁磁性物质。其中,铁磁性物质的 μ_r 可达 $10^2 \sim 10^4$ 的数量级,因此,常用铁磁性物质制作电机、变压器等的铁芯。

铁磁性材料的这种高导磁性是由其内部结构决定的。在铁磁性材料内存在着一个个具有磁性的小区域,叫作磁畴。每个磁畴相当于一个小磁针,在没有外磁场作用时,如图 3.1.4 所示,这些磁畴的排列是杂乱无章的,它们的磁性互相抵消,对外不呈现磁性。当有外磁场作用时,如图 3.1.5 所示,这些磁畴将顺着外磁场的方向转动,做有规则的排列,从而产生一个很强的附加磁场,附加磁场和外磁场叠加,使铁磁性材料中的磁场大大加强。这时铁磁性材料被磁化了。

铁磁性材料的磁化是因为其内部具有磁畴,因此,不具有磁畴结构的非铁磁性材料是不能被磁化的。

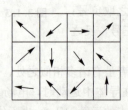

图 3.1.4 磁化前的磁畴

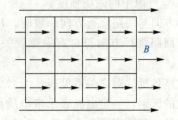

图 3.1.5 磁化后的磁畴

(2)磁饱和性。当铁磁性材料被磁化时,其磁性的强弱用磁感应强度 B 来表示。它与外加磁

场的强度 H 之间有一定的关系，即外加磁场强度 H 越大，B 越大。如同将盐溶于水的过程中，盐水的浓度会达到饱和，铁磁性材料在被磁化的过程中，其磁感应强度 B 也不会随外加磁场的增强而无限制地增强。这是因为当外磁场强度 H 增大到一定值时，其内部所有的磁畴均已调整到与外磁场一致的方向上。因而，再增大 H，其磁性也不能继续增强，这种状态称为磁饱和。

铁磁性材料被磁化的过程可由磁化曲线 $B=f(H)$ 表示。如图 3.1.6 所示的曲线①、曲线②，在 Oa 段由于 H 较小，故 B 变化缓慢；在 ab 段，B 随 H 增长迅速，近似线性变化，相对应的铁磁性材料的磁导率 μ 很大，特别是在 b 点附近，μ 可以达到最大值；在 b 点以后，B 基本不变，为饱和状态，但材料的磁导率 μ 大大减小，使得材料的导磁性能大打折扣。这就是为什么在制作电机或变压器的铁芯时要使其材料工作在 ab 范围内的原因。图 3.1.6 所示直线③，给出了非铁磁性材料的磁化曲线，它是一条通过坐标原点的直线。

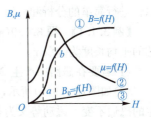

图 3.1.6　磁化曲线

(3)磁滞性。磁滞性表示铁磁性材料受到交变磁场作用而反复被磁化时，其磁感应强度 B 的变化总是滞后于磁场强度 H 变化的特性。该特性可由图 3.1.7 所示的磁滞回线表示。由图可以看出，在 H 由零增加的过程中，磁感应强度 B 也随之增加。当 H 达到最大值时，B 也达到饱和值。在随后的变化过程中，H 逐渐减小到零，但 B 沿着比 Oa 稍平缓的曲线 ar 下降到 r 点，r 点的 B 值不为零。将 H 减小到零时，铁磁性材料中保留的磁感 B_r 称为剩磁，如电工仪表中的永久磁铁，电工维修中常用的具有磁性的螺钉旋具等都是依据这一原理制成的。

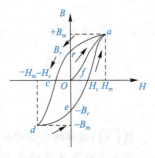

图 3.1.7　磁滞回线

从曲线可以看出，为消除剩磁，需将铁磁性材料反向磁化，施加强度大小为 H_c 的反向磁场，H_c 称为矫顽磁力。在反向磁化时，当 H 达到最大值时，B 随之增加到反向最大值。当交变磁场做周期性变化时，铁磁材料的 B 值会沿着闭合曲线 $arcdefa$ 变化，这条闭合曲线称为铁磁性材料的磁滞回线。

根据磁滞回线的形状，常将铁磁性材料分为软磁材料、硬磁材料和矩磁材料三类。

1)如图 3.1.8(a)所示，软磁材料的磁滞回线窄而陡，曲线所包围的面积小，它既易于磁化，也容易退磁，常用于制造电机、变压器和电磁铁等的铁芯。常用的软磁材料有硅钢、纯铁、铸铁、坡莫合金(铁和其他金属元素的合金)和铁氧体等。

2)如图 3.1.8(b)所示，硬磁材料的磁滞回线较宽，所包围的面积大，磁性不易消失，适合制作永久磁铁。常用的硬磁材料有碳钢、钴钢、钨钢、铝镍钴合金和稀土材料等。

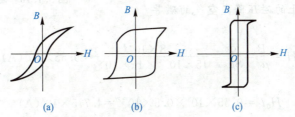

图 3.1.8　软磁材料、硬磁材料与矩磁材料的磁滞回线
(a)软磁材料；(b)硬磁材料；(c)矩磁材料

3)如图 3.1.8(c)所示，矩磁材料的磁滞回线近似矩形，常用来制作计算机存储器的磁芯和

磁放大器中的铁芯。矩磁材料主要有锰镁铁氧体和锂锰铁氧体等。

4. 简单磁路的分析和计算

磁路的形式是多种多样的,如图 3.1.3 所示的磁路仅含一个回路,称为无分支磁路。另一种如图 3.1.1(b)所示的磁路则称为有分支磁路。下面仅以无分支磁路为例,应用磁路的基本定律,进行简单的分析和计算。

【例 3.1.1】 图 3.1.9(a)所示为一铸钢材料制成的闭合铁芯,横截面均匀,$S=15\text{ cm}^2$,铁芯的平均长度为 30 cm。

(1)若要在磁路中产生 $\Phi=1.8\times10^{-3}$ Wb 的磁通,求磁动势是多少?

(2)如图 3.1.9(b)所示,若在此磁路中开一长度 $l_2=0.5$ cm 的空气隙,并保持磁路中所产生的磁通不变,磁动势又为多少?

(3)若线圈的匝数 $N=100$ 匝,求(1)、(2)两种情况下所需的励磁电流各为多少?

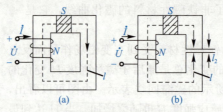

图 3.1.9 例 3.1.1 图
(a)原磁路;(b)开有空气隙磁路

解:(1)求解磁动势可分为三步进行。

首先求磁路中的磁感应强度 B,由磁通的定义得

$$B=\frac{\Phi}{S}=\frac{1.8\times10^{-3}}{15\times10^{-4}}=1.2\text{(T)}$$

查磁化曲线图(图 3.1.10)可知,铸钢在 $B=1.2$ T 时的 H 为 1 200 A·m。

由磁路基尔霍夫磁压定律式(3.1.5),得

$$F_{m1}=Hl=1\,200\times30\times10^{-2}=360\text{(A)}$$

(2)磁路中开有空气隙后,应分两段求解磁动势 F_{m2}。

第一段为铁芯上的磁压降,即

$$H_1l_1=1\,200\times(30-0.5)\times10^{-2}=354\text{(A)}$$

第二段为空气隙上的磁压降,空气的磁导率为常数 μ_0,可求得

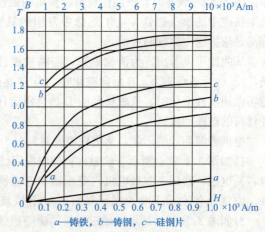

a—铸铁,b—铸钢,c—硅钢片

图 3.1.10 磁化曲线

$$H_0=\frac{B}{\mu_0}=\frac{\Phi}{S\mu_0}=\frac{1.8\times10^{-3}}{15\times10^{-4}\times4\pi\times10^{-7}}\approx9.55\times10^5\text{(A)}$$

故

$$H_0l_2=9.55\times10^5\times0.5\times10^{-2}=4.775\times10^3\text{(A)}$$

则总的磁动势为

$$F_{m2}=H_1l_1+H_0l_2=354+4\,775=5\,129\text{(A)}$$

(3)由 $F_m=IN$,则无空气隙时,励磁电流为

$$I_1=\frac{F_{m1}}{N}=\frac{360}{100}=3.6\text{(A)}$$

有空气隙时,励磁电流为

$$I_2 = \frac{F_{m2}}{N} = \frac{5\ 129}{100} = 51.29(A)$$

从本例可以看出,由于空气隙的存在,磁路中要维持相同的磁通,必须以增大励磁电流为代价。若励磁电流一定,空气隙将使磁路中的磁通大大减小,从而影响电器设备的使用效率。因此,在制作电机或变压器的铁芯时,常采用交错法叠放硅钢片,以使各层叠片的接缝互相错开,减小由于接缝所产生的空气隙对磁路的影响。一般在直流电机和电表中,空气隙小于或等于几毫米。

3.1.1.2 铁芯线圈

线圈可分为空心线圈和铁芯线圈。将线圈缠绕在铁芯上,就做成了铁芯线圈,它是构成互感耦合电路的基本元件。铁芯线圈根据取用电源的不同,可分为直流铁芯线圈和交流铁芯线圈,相应地,由它们构成的磁路,分别叫作直流磁路和交流磁路。

1. 直流铁芯线圈与电磁铁

(1)直流铁芯线圈。图 3.1.11 所示为一直流铁芯线圈的原理。励磁线圈有 N 匝绕在静铁芯上,动铁芯(衔铁)由压缩弹簧支撑与静铁芯间有一气隙 δ。当励磁线圈通一直流电流 I 时,就有恒定磁动势 IN,因而沿铁芯产生恒定的主磁通 Φ,另有一部分磁通经过部分铁芯经空气闭合称为漏磁通 Φ_σ,由于空气的磁导率比铁芯的小得多,因而 Φ_σ 很小,其影响常常可以忽略。由以上的电磁关系可知直流铁芯线圈有以下特点:

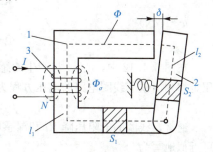

图 3.1.11 直流铁芯线圈的原理

1)由于励磁电流是直流,磁动势和磁通是恒定的,因而在励磁线圈两端不会产生感应电动势。

2)当励磁线圈外加电压 U,线圈的电阻为 R,则励磁电流为

$$I = \frac{U}{R}$$

在稳态情况下,励磁电流 I 与外加电压成正比,与气隙的有无和大小无关。

3)由于铁芯中的磁通是恒定的,因而在铁芯中没有能量损耗(无铁损耗),直流铁芯线圈的功率损耗完全由励磁电流 I 流经绕组发热而产生,即

$$P = I^2 R$$

4)磁路中储存的磁场能量对衔铁将产生电磁吸力,通电后将使衔铁迅速吸合。因此,直流铁芯线圈最基本的应用是直流继电器和直流电磁铁等电磁器件。

(2)直流电磁铁。直流电磁铁、直流继电器的基本结构如图 3.1.11 所示。其主要由静铁芯、线圈和衔铁三部分构成,是通过电磁吸力工作的。直流继电器通电吸合后,其动铁芯所带动的触点可实现电路的接通或断开。直流电磁铁利用其通电后的电磁吸力可制造成医用的电磁吸盘及电磁起重机等。

电磁吸力的大小是各种电磁设备的重要指标。利用图 3.1.11 可推导出衔铁在空气隙处受到的电磁吸力为

$$F = 4B_0^2 S_0 \times 10^5 \tag{3.1.6}$$

式中,B_0 是空气隙中的磁感应强度(T);S_0 是空气隙的总面积(m^2);F 是吸力(N)。此处推导过程省略。可见,电磁吸力的大小与空气隙的总面积及空气隙中的磁感应强度的平方成正比。

直流继电器、直流电磁铁除具有上述直流铁芯线圈的电磁特性外,还有以下两点需要注意:
1)直流电磁器件、设备的铁芯多用整块的铸铁、铸钢制成。
2)铁芯吸合前后,磁动势 IN 不变(指稳定状态),而磁路的磁阻由有气隙的 R_0+R_m 变为无空气隙的 R_m,因此主磁通由 $\Phi=\dfrac{IN}{R_m+R_0}$ 变为 $\Phi'=\dfrac{IN}{R_m}$。

空气隙 δ 虽然很小,但气隙磁阻 R_0 很大,衔铁吸合后的 Φ' 将增大,B' 增大,电磁吸力增大。

2. 交流铁芯线圈

(1)交流铁芯线圈的电磁关系与电压平衡方程式。图 3.1.12 所示为交流铁芯线圈原理。线圈加交变电压 u,则线圈中产生了交变电流 i 及与之相应的交变磁动势 iN。与直流磁动势相同,交变的磁动势 iN 也要产生两种磁通,即主磁通和漏磁通,但它们都是交变的。两种交变磁通在线圈中又分别产生了交变电动势 e 和 e_σ。上述关系表述如下:

$$u \to i(iN) \quad \begin{matrix} \Phi \to e = -N\dfrac{d\Phi}{dt} \\ \\ \Phi_\sigma \to e_\sigma = -N\dfrac{d\Phi_\sigma}{dt} = L_\sigma \dfrac{di}{dt} \end{matrix}$$

在图 3.1.12 中,e、e_σ 与产生的感应磁通的参考方向符合右手螺旋定则。根据基尔霍夫电压定律列出铁芯线圈电路的电压方程为

$$u = -e - e_\sigma + Ri \tag{3.1.7}$$

通常,线圈的电阻压降 Ri 和漏感电动势 e_σ 均很小,往往可以忽略不计,这时式(3.1.7)又可近似地写为

$$u \approx -e = N\dfrac{d\Phi}{dt} \tag{3.1.8}$$

假定磁通 Φ 是时间的正弦函数,即 $\Phi=\Phi_m\sin\omega t$,则

$$e = -N\dfrac{d\Phi}{dt} = -\omega N\Phi_m\cos\omega t = 2\pi f N \Phi_m \sin(\omega t - 90°)$$

$$e = E_m \sin(\omega t - 90°) = \sqrt{2} E \sin(\omega t - 90°)$$

式中 $E_m = 2\pi f N \Phi_m$,所以

$$U \approx E = \dfrac{E_m}{\sqrt{2}} = 4.44 f N \Phi_m \tag{3.1.9}$$

式(3.1.9)称为电压平衡方程式,它表示当线圈匝数 N 及额定频率 f 一定时,主磁通 Φ_m 的大小只取决于外施电压的有效值 U。这个方程式对分析变压器、交流电机、交流接触器等交流电磁器件与设备是很重要的。

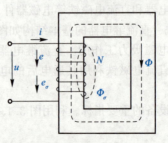

图 3.1.12 交流铁芯线圈

【例 3.1.2】 荧光灯的镇流器是交流铁芯线圈,测得某荧光灯镇流器的线圈电压为 192 V,

线圈匝数为1 000,求主磁通 Φ_m。

解:根据式(3.1.9)并考虑到荧光灯都是用在工频电源上,即 $f=50$ Hz,从而可求得主磁通为

$$\Phi_m=\frac{U}{4.44fN}=\frac{192}{4.44\times50\times1\,000}=8.65\times10^{-4}(\text{Wb})$$

【**例3.1.3**】 若例3.1.2中镇流器铁芯的截面面积为 7.5 cm²,铁芯的平均长度为 20 cm,铁芯由硅钢片叠成,求磁感应强度最大值 B_m 和励磁电流 I。

解:铁芯中磁感应强度的最大值为

$$B_m=\frac{\Phi_m}{S}=\frac{8.65\times10^{-4}}{7.5\times10^{-4}}=1.15(\text{T})$$

查该硅钢片的平均磁化曲线(图3.1.10)得

$$H_m=0.6\times10^3 \text{ A/m}$$

因此,铁芯中的磁压降为

$$H_m l=0.6\times10^3\times20\times10^{-2}=120(\text{A})$$

根据全电流定律,可得励磁电流的有效值为

$$I=\frac{H_m l}{\sqrt{2}N}=\frac{120}{\sqrt{2}\times1\,000}=0.085(\text{A})$$

(2)交流铁芯线圈的功率损耗。在交流铁芯线圈中的功率损耗由两部分组成,即线圈电阻 R 的功率损耗 I^2R 和处于交变磁化下的铁芯中的功率损耗。由于线圈常由铜线绕制,故常称前者为铜损 ΔP_{Cu},后者为铁损 ΔP_{Fe},它由磁滞损耗和涡流损耗两部分组成的。

1)磁滞损耗。磁滞损耗是由铁磁性材料在交变磁化的过程中,磁畴来回翻转,需要克服摩擦阻力而产生的发热损耗,常以 ΔP_h 表示。为了减小磁滞损耗,变压器、电机等常采用磁滞回线狭小的软磁性材料制造铁芯。硅钢就是变压器和电机中常用的铁芯材料,其磁滞损耗较小。

2)涡流损耗。在图3-13(a)中,当线圈中通有交流电时,它所产生的磁通也是交变的。因此,不仅要在线圈中产生感应电动势,而且在铁芯内也要产生感应电动势和感应电流。这种感应电流称为涡流,它在垂直于磁通方向的平面内环流。

由涡流所产生的铁损称为涡流损耗 ΔP_{Fe}。涡流损耗也要引起铁芯发热。为了减小涡流损耗,顺磁场方向铁芯可由彼此绝缘的钢片叠成,如图3.1.13(b)所示,这样就可以限制涡流只能在较小的截面内流通。另外,通常所用的硅钢片中含有少量的硅(0.8%~4.8%),因而电阻率较大,这也可以使涡流减小。

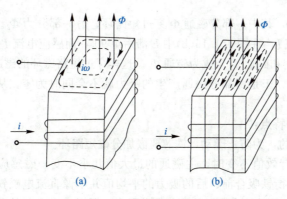

图 3.1.13 涡流的形成和抑制

涡流有有害的一面,但在有些场合下也有有利的一面。例如,利用涡流的热效应来冶炼金属,

利用涡流和磁场相互作用而产生电磁力的原理来制造感应式仪器、滑差电机及涡流测距器等。

综上可知,交流铁芯线圈的功率损耗由铜损耗 ΔP_{Cu} 和铁损耗 ΔP_{Fe} 构成,铁芯线圈的输入功率与这些损耗的总和相等,即

$$P = UI\cos\varphi = \Delta P_{Cu} + \Delta P_{Fe} \tag{3.1.10}$$

3. 交流电磁铁

交流电磁铁由线圈、铁芯和衔铁三部分构成,在工业中应用极为广泛,如冶金工业中用于提放钢材的电磁吊车;机床上用于夹持工件的电磁工作台;传递动力的电磁离合器;液压传动中的电磁阀;自动控制系统中用于接通电路的交流继电器和接触器等。

交流电磁铁的线圈通的励磁电流是交变的,因此,磁通和电磁吸力也是随时间交变的。

设空气隙处的磁感应强度为 $B_0 = B_m \sin\omega t$,代入 $F = 4B_0^2 S_0 \times 10^5$ 得到电磁吸力的瞬时值为

$$f = 4B_0^2 S_0 \times 10^5 = 4B_m^2 \sin^2\omega t S_0 \times 10^5 = 4B_m^2 S_0 \times 10^5 \left[\frac{1-\cos(2\omega t)}{2}\right] = F_m \left[\frac{1-\cos(2\omega t)}{2}\right] \tag{3.1.11}$$

式中,$F_m = 4B_m^2 S_0 \times 10^5$ 为电磁吸力的最大值。电磁吸力在一个周期内的平均值为

$$F = \frac{1}{T}\int_0^T f \, dt = \frac{1}{2}F_m = 2B_m^2 S_0 \times 10^5 \tag{3.1.12}$$

由式(3.1.11)可知,交流电磁铁吸力的瞬时值如图 3.1.14 所示,在零与最大值 F_m 之间以两倍电源频率脉动。这种忽大忽小的吸力会引起衔铁的颤动,产生噪声,也会导致机械磨损,降低电磁铁的使用寿命。为了消除这种现象,可在图 3.1.15(a)所示铁芯的某一端部嵌装一闭合铜环,称为短路环或分磁环。

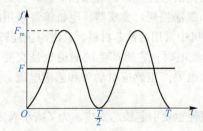
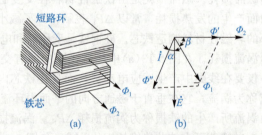

图 3.1.14　交流电磁铁的吸力　　　　图 3.1.15　短路环及其作用
(a)短路环;(b)相位差

设磁路的磁通为 Φ,其中一部分磁通 Φ' 穿过短路环,另一部分为 Φ_2。Φ' 在短路环中感应电动势 E 并引起感应电流 I,在图 3.1.15(b)中 E 滞后 Φ' 90°,而感应电流 I 滞后 E 一个角 α,感应电流又产生磁通 Φ'',它和磁通 Φ' 合成为磁通 Φ_1。这样穿过短路磁环的磁通 Φ_1 和原来磁通 Φ_2 之间产生一个相位差 β 角,于是两部分磁通产生的吸力就不会同时为零,从而消除了交流电磁铁衔铁的振动。

交流电磁铁有以下特点:

(1)吸力 f 是交变的,为防止颤动,铁芯要嵌加分磁短路环。

(2)当外加电压的有效值不变时,主磁通的最大值几乎不变,磁感应强度最大值也几乎不变,根据式(3.1.12),衔铁吸合前、后的吸力的平均值并不像直流电磁铁那样有很大变化。但是,衔铁吸合前磁阻大(因有空气隙),吸合后磁阻小,所以,吸合前的磁动势要比吸合后的磁动势大,即励磁电流在衔铁吸合前大,吸合后小。由于交流电磁铁这个特点,当线圈通电后,要防止衔铁受阻卡住或吸合不紧的情况发生,否则会由于电流过大而烧毁线圈。

(3)交流电磁铁的铁芯和衔铁是用硅钢片叠装而成,目的是减少磁滞和涡流损耗。

【例 3.1.4】 已知交流电磁铁的平均吸力为 100 N,铁芯空气隙总截面面积为 $4\ cm^2$,那么空气隙中的磁感强度最大值是多少?

解:由式(3.1.12)知

$$F = 2B_m^2 S_0 \times 10^5$$

$$B = \sqrt{\frac{F \times 10^{-5}}{2 \times S_0}} = \sqrt{\frac{100}{8}} = 1.12(\text{T})$$

3.1.2　磁耦合

3.1.2.1　互感现象分析及互感电压计算

当交流铁芯线圈中通入正弦交流电时,会发生自感现象,在线圈两端产生自感电动势。如果该铁芯上还缠有其他线圈,情况又会如何?下面分析这个问题。

1. 互感现象及其成因

如图 3.1.16 所示,实验电路交流铁芯线圈的绕组 I 连接到正弦交流电源上,绕组 II 连接到交流电压表。当绕组 I 中有电流 i_1 流过时,绕组 II 上连接的电压表指针发生了偏转。实验表明,绕组 II 上虽然没有直接连接电源,但当绕组 I 中的电流发生变化时,会在绕组 II 上感应出一个电压。这种由于一个线圈中的电流发生变化,而在另一个线圈中产生感应电压的现象就叫作互感现象,相应地,产生的感应电压叫作互感电压。

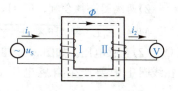

图 3.1.16　互感现象

当线圈 I 接入电源时,回路中会有交变的电流 i_1 产生,引发的磁动势 $i_1 N_1$ 将在铁芯中产生交变的磁通 Φ,该磁通既连接了线圈 I ,又连接了线圈 II ,根据电磁感应原理,它要在线圈 I 和 II 中分别感应出频率相同的感生电动势 e_1 和 e_2,前者称为自感电动势;后者就是要研究的互感电动势。

2. 互感系数和互感电压

(1)互感系数。当电路中发生互感现象时,引入互感系数的概念用来表示两个具有互感关系的线圈之间的相互影响。

仍以图 3.1.16 所示的电路为例,如果用 N_1 和 N_2 分别表示线圈 I 和线圈 II 的匝数,以 Φ 表示电流 i_1 在铁芯中产生的磁通,忽略漏磁通不计,则线圈 I 中的自感磁链 $\Psi_1 = N_1 \Phi$,线圈 I 对线圈 II 的互感磁链 $\Psi_2 = N_2 \Phi$,于是,互感系数为

$$M = \frac{\Psi_2}{i_1} = \frac{N_2 \Phi}{i_1}$$

可以证明,如果在线圈 II 中通入电流 i_2,线圈 II 对线圈 I 的影响也可以用互感系数 M 来表示,并且有

$$M = \frac{\Psi_2}{i_1} = \frac{N_2 \Phi}{i_1} = \frac{\Psi_1}{i_2} = \frac{N_1 \Phi}{i_2}$$

一般来说,将互感线圈的电路模型称为互感元件,其电路符号如图 3.1.17 所示,L_1、L_2 及 M 都是它的参数。当线圈周围的介质为非铁磁性材料时,它是线性元件。其互感系数 M 的大小可以反映两互感线圈间的磁耦合程度。如果 M 越大,说明两线圈间的耦合越紧,即由一个线圈产生且穿过另一线圈的磁通越多;反之,M 越小,说明两线

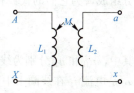

图 3.1.17　互感元件

圈的耦合越松；当 $M=0$ 时，两线圈之间就不存在耦合关系了。这里需要说明的是，M 的大小不仅与磁通量的多少有关，而且与两线圈的匝数、几何尺寸、相对位置和磁介质等有关。当采用铁磁性材料做耦合磁路时，M 将不是常数。

两线圈的耦合程度可由耦合系数 K 来表示，它的定义为

$$K = \frac{M}{\sqrt{L_1 L_2}} \tag{3.1.13}$$

K 的取值范围：$0 \leqslant K \leqslant 1$。

其中，$K=0$ 时，表明两线圈没有磁耦合；$K=1$ 时，一个线圈产生的磁通将全部穿过另一个线圈，这种情况称为全耦合。

【例 3.1.5】 两互感耦合线圈，已知 $L_1=16$ mH，$L_2=4$ mH。(1)若 $M=6$ mH，求耦合系数 K；(2)若两线圈为全耦合，求互感系数 M。

解：由式(3.1.13)可知

1) $$K = \frac{M}{\sqrt{L_1 L_2}} = \frac{6 \times 10^{-3}}{\sqrt{16 \times 10^{-3} \times 4 \times 10^{-3}}} = 0.75$$

2) 两线圈全耦合时，$K=1$，所以

$$M = \sqrt{L_1 L_2} = \sqrt{16 \times 10^{-3} \times 4 \times 10^{-3}} = 8 \text{(mH)}$$

(2)互感电压。如图 3.1.18 所示的电路，当线圈 I 中通入交流电流 i_1 时，由电磁感应原理在线圈 I 中要产生自感电压 u_{11}，同时，还要在线圈 II 中产生互感电压 u_{21}，参考方向如图 3.1.18 所示。其中，自感电压 u_{11} 的大小和方向在前面已有介绍，有 $u_{11} = L_1 \dfrac{di_1}{dt}$。

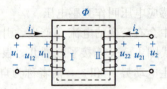

图 3.1.18　互感电压

而互感电压 u_{21} 的大小可由下式确定：

$$|u_{21}| = M \left| \frac{di_1}{dt} \right| \tag{3.1.14}$$

假设电压方向如图 3.1.18 所示，其真实方向暂不讨论。

同理，若线圈 II 中通入交流电流 i_2，则它在线圈 II 中产生自感电压 u_{22} 的同时，也会在线圈 I 中产生互感电压 u_{12}，且有 $u_{22} = L_2 \dfrac{di_2}{dt}$。

$$|u_{12}| = M \left| \frac{di_2}{dt} \right| \tag{3.1.15}$$

不难看出，当线圈中出现互感现象时，每个线圈两端的电压将由自感电压和互感电压两部分组成，为它们的代数和。即

$$u_1 = u_{11} + u_{12}$$
$$u_2 = u_{21} + u_{22}$$

其中，u_{11} 和 u_{22} 分别为线圈 I 和线圈 II 中的自感电压，u_{21} 是电流 i_1 在线圈 II 中产生的互感电压，u_{12} 是电流 i_2 在线圈 I 中产生的互感电压，另外 u_{11}、u_{12}、u_{21}、u_{22} 的方向与线圈绕向和电流方向有关，均为代数量。

(3)同名端。在图 3.1.19 所示的互感元件中，共有两组端钮：A 和 X 与 a 和 x，当互感现象发生时，两组线圈上分别会有电压产生。因此，在每组端钮中必然要有一个瞬时极性为正的端钮和一个瞬时极性为负的端钮。规定：在这四个接线端钮中，瞬时极性始终相同的端钮叫作同名端。四个端钮中必有两组同名端。例如，在某一瞬间，端钮 A 和 a 上的极性同为正，则 A 和 a 就是一对同名端，同时 x 与 X 也是一对同名端。同理，瞬时极性不相同的端钮叫异名端，如上例中的 A 和 x，X 与 a 就是两组异名端。

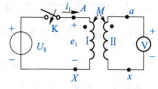

图 3.1.19　同名端的测定

对于同名端，通常用标记"·"或者"＊"将其标明。该图实际上也给出了一种测定同名端的方法。在闭合开关 K 的瞬间，电压表指针正向偏转，说明 A 和 a 是一对同名端；如果指针反向偏转，则 A 和 x 是一对同名端。

在互感元件中，同名端一旦确定下来，互感电压的方向也就随之确定了。规定：如果电流从一个线圈的同名端流入，则它在另一线圈中产生互感电压的方向：同名端极性为正，异名端极性为负。以图 3.1.20 所示的电路为例，当电流 i_1 从线圈Ⅰ的同名端 A 流入，则它在线圈Ⅱ中产生互感电压 u_{21} 时，同名端口 a 的极性为正，异名端 x 的极性为负，互感电压的方向如图 3.1.20 所示。

在图 3.1.21 所示的电路中，在图中所示参考方向下，有

$$u_{11}=L_1\frac{\mathrm{d}i_1}{\mathrm{d}t} \qquad u_{22}=L_2\frac{\mathrm{d}i_2}{\mathrm{d}t}$$

$$u_{21}=M\frac{\mathrm{d}i_1}{\mathrm{d}t} \qquad u_{12}=M\frac{\mathrm{d}i_2}{\mathrm{d}t}$$

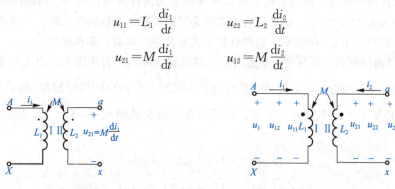

图 3.1.20　互感电压的方向　　　　图 3.1.21　互感电压与电流

于是有

$$u_1=u_{11}+u_{12}=L_1\frac{\mathrm{d}i_1}{\mathrm{d}t}+M\frac{\mathrm{d}i_2}{\mathrm{d}t} \tag{3.1.16}$$

$$u_2=u_{21}+u_{22}=M\frac{\mathrm{d}i_1}{\mathrm{d}t}+L_2\frac{\mathrm{d}i_2}{\mathrm{d}t} \tag{3.1.17}$$

当电流为正弦交流电时，上式可写为相量形式，即

$$\dot{U}_1=\dot{U}_{11}+\dot{U}_{12}=\mathrm{j}\omega L_1\dot{I}_1+\mathrm{j}\omega M\dot{I}_2 \tag{3.1.18}$$

$$\dot{U}_2=\dot{U}_{21}+\dot{U}_{22}=\mathrm{j}\omega M\dot{I}_1+\mathrm{j}\omega L_2\dot{I}_2 \tag{3.1.19}$$

式中，$\omega M=X_\mathrm{m}$ 称为互感抗，单位为欧姆（Ω）。

通过以上分析，当互感现象存在时，一个线圈的电压不仅与流过线圈本身的电流有关，而且与相邻线圈中的电流有关。

需要指出的是，以上公式均针对图 3.1.21 所示的参考方向而定，一旦电流 i_1 或 i_2 方向变化，或同名端发生变化，公式中的符号也要随之改变，具体情况请读者自行分析。

【例 3.1.6】　图 3.1.16 所示为互感现象电路，如果已知 u_S 频率为 500 Hz 时，测得电流

$I_1=1$ A,电压表读数为 31.4 V,试求两线圈的互感系数 M。

解:电压表读数由互感现象引起,互感电压 $\dot{U}_{21}=j\omega M \dot{I}_1$,于是 $U_{21}=\omega M I_1$,所以

$$M=\frac{U_{21}}{\omega I_1}=\frac{U_{21}}{2\pi f I_1}=\frac{3.14}{2\pi f \times 1}=\frac{3.14}{3140}=0.01(\text{H})$$

【例 3.1.7】 如图 3.1.20 所示的电路,同名端已标在电路中,若 $M=0.2$ H,$i_1=5\sqrt{2}\sin(314t)$ A,求互感电压 u_{21} 为多少?

解:u_{21} 方向如图 3.1.20 所示,先将 i_1 写成相量形式,为 $\dot{I}_1=5\angle 0°$ A

于是 $\dot{U}_{21}=j\omega M \dot{I}_1=j\times 314\times 1.2\times 5\angle 0°=314\angle 90°(\text{V})$

故 $u_{21}=314\sqrt{2}\sin(314t+90°)$ V

3.1.2.2 互感线圈的连接及电路的去耦等效

分析计算具有互感的电路,依据仍然是基尔霍夫定律。在正弦激励源作用下,相量法仍适用。与一般正弦电路的不同点是,在有互感的支路中必须考虑由于磁耦合而产生的互感电压。先分析互感线圈的串、并联电路,为了简化,暂不考虑线圈的内阻。

1. 互感线圈的串联

两个互感线圈串联时,因同名端的位置不同而分为两种情况:第一,两线圈的异名端连接在一起,如图 3.1.22(a)所示,这种连接方式称为顺向串联,简称顺联;第二,两线圈的同名端连接在一起,如图 3.1.22(b)所示,这种连接方式称为逆向串联,简称逆联。

(1)互感线圈的顺联。顺联时,电流分别从两电感线圈的同名端流入,因此,当它们各自在对方线圈两端产生互感电压时,同名端极性为正,如图 3.1.22(a)中 $\dot{U}_{12}$ 和 $\dot{U}_{21}$ 所示。

根据 KVL 及互感元件的伏安关系,可写出在正弦交流情况下,$\dot{U}_1$、$\dot{U}_2$ 及 $\dot{U}$ 的相量表达式为

$$\dot{U}_1=\dot{U}_{11}+\dot{U}_{12}=j\omega L_1\dot{I}+j\omega M\dot{I}$$
$$\dot{U}_2=\dot{U}_{21}+\dot{U}_{22}=j\omega M\dot{I}+j\omega L_2\dot{I}$$

于是

$$\begin{aligned}\dot{U}&=\dot{U}_1+\dot{U}_2\\&=(j\omega L_1\dot{I}+j\omega M\dot{I})+(j\omega L_2\dot{I}+j\omega M\dot{I})=j\omega(L_1+L_2+2M)\dot{I}\\&=j\omega L_{\text{顺}}\dot{I}\end{aligned} \tag{3.1.20}$$

式中,$L_{\text{顺}}=L_1+L_2+2M$ 为顺联时的等效电感。

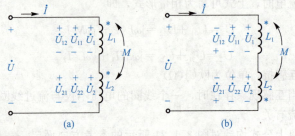

图 3.1.22 互感线圈的串联
(a)顺联;(b)逆联

(2)互感线圈的逆联。逆联时,电流从第一个线圈的同名端和第二个线圈的异名端流入,这样,它在线路中产生互感电压 U_{21} 和 U_{12} 都为负,其方向如图 3.1.22(b)所示。当输入电流为正弦量时,U_1、U_2 及 U 的相量表达式分别为

$$\dot{U}_1 = \dot{U}_{11} - \dot{U}_{12} = j\omega L_1 \dot{I} - j\omega M \dot{I}$$

$$\dot{U}_2 = -\dot{U}_{21} + \dot{U}_{22} = -j\omega M \dot{I} + j\omega L_2 \dot{I}$$

于是

$$\dot{U} = \dot{U}_1 + \dot{U}_2$$
$$= (j\omega L_1 \dot{I} - j\omega M \dot{I}) + (j\omega L_2 \dot{I} - j\omega M \dot{I}) \qquad (3.1.21)$$
$$= j\omega(L_1 + L_2 - 2M)\dot{I} = j\omega L_{逆}\dot{I}$$

式中,$L_{逆} = L_1 + L_2 - 2M$ 为逆联时的等效电感。

由于互感线圈在顺联和逆联时的等效电感不同,因此,在相同电压作用下,流过它们的电流也不会相等。当两线圈顺联时,其等效电感 $L_{顺}$ 较大,流过的电流较小。这样,只要测得两次连接情况下的电流值,就可以判断出互感线圈的同名端。这实际上提供了一种测定同名端的方法。

除此之外,利用互感线圈的串联,还可以测量互感系数 M,其原理如下:

根据等效电感 $L_{顺}$ 和 $L_{逆}$ 的表达式有

$$L_{顺} - L_{逆} = 4M$$

于是

$$M = \frac{L_{顺} - L_{逆}}{4} \qquad (3.1.22)$$

这样,在图 3.1.22(a)和(b)中,只要测量 $\dot{U}$ 和 $\dot{I}$,再分别利用式(3.1.20)和式(3.1.21)就可以计算出 $L_{顺}$ 和 $L_{逆}$,从而得出互感系数 M 的值。

2. 互感线圈的并联

互感线圈的并联也有两种形式:如果两线圈的同名端连接在一起,称为同侧并联(图 3.1.23);如果两线圈的异名端连接在一起,称为异侧并联(图 3.1.24)。

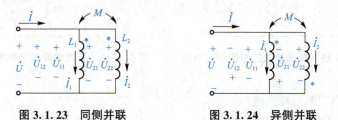

图 3.1.23　同侧并联　　　　图 3.1.24　异侧并联

(1)同侧并联。如图 3.1.23 所示,当两线圈同侧并联时,支路电流 $\dot{I}_1$、$\dot{I}_2$ 分别从两线圈的同名端流入。这样,当电路中产生自感电压 $\dot{U}_{11}$ 和 $\dot{U}_{22}$ 及互感电压 $\dot{U}_{12}$ 和 $\dot{U}_{21}$ 时,其方向分别如图 3.1.23 所示,根据 KVL 和 KCL,有

$$\dot{I} = \dot{I}_1 + \dot{I}_2 \qquad ①$$

$$\dot{U} = \dot{U}_{11} + \dot{U}_{12} = j\omega L_1 \dot{I}_1 + j\omega M \dot{I}_2 \qquad ②$$

$$\dot{U} = \dot{U}_{21} + \dot{U}_{22} = j\omega M \dot{I}_1 + j\omega L_2 \dot{I}_2 \qquad ③$$

由式①、②、③可推出电路从端口看入的等效阻抗为

$$Z_{eq}=\frac{\dot{U}}{\dot{I}}=j\omega\frac{L_1L_2-M^2}{L_1+L_2-2M}$$

则电路的等效电感为

$$L_{eq}=\frac{L_1L_2-M^2}{L_1+L_2-2M} \tag{3.1.23}$$

将式①分别代入式②、③，有

$$\dot{U}=j\omega(L_1-M)\dot{I}_1+j\omega M\dot{I} \qquad ④$$

$$\dot{U}=j\omega(L_2-M)\dot{I}_2+j\omega M\dot{I} \qquad ⑤$$

根据式④和式⑤，可以画出图 3.1.25 所示的等效电路，在该电路中各等效电感都是自感，相互之间已无互感存在，故称这种电路为去耦等效电路。利用去耦等效电路分析问题，由于不必再考虑互感的影响，因而简便易行。

(2)异侧并联。如图 3.1.24 所示，当两线圈异侧并联时，支路电流 $\dot{I}_1$，$\dot{I}_2$ 分别从两线圈的异名端流入。根据 KCL 和 KVL 定律列方程有

$$\dot{I}=\dot{I}_1+\dot{I}_2$$

$$\dot{U}_1=\dot{U}_{11}-\dot{U}_{12}=j\omega L_1\dot{I}_1-j\omega M\dot{I}_2=j\omega L_1\dot{I}_1-j\omega M(\dot{I}-\dot{I}_1)=j\omega(L_1+M)\dot{I}_1-j\omega M\dot{I}$$

$$\dot{U}_2=\dot{U}_{22}-\dot{U}_{21}=j\omega L_2\dot{I}_2-j\omega M\dot{I}_1=j\omega L_2\dot{I}_2-j\omega M(\dot{I}-\dot{I}_2)=j\omega(L_2+M)\dot{I}_2-j\omega M\dot{I}$$

同理，电路的等效电感为

$$L_{eq}=\frac{L_2L_1-M^2}{L_2+L_1+2M} \tag{3.1.24}$$

同样可画出图 3.1.26 所示的等效电路。需要指出的是，等效电感($-M$)是一个负值，这只是计算上的需要，并无实际意义。

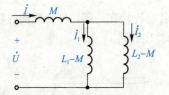
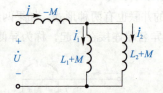

图 3.1.25　同侧并联的去耦等效电路　　图 3.1.26　异侧并联的去耦等效电路

3. 一对耦合电感的三端连接

图 3.1.27 所示为同名端相接，图 3.1.28 所示为异名端相接，则有

$$\dot{U}_{13}=j\omega L_1\dot{I}_1\pm j\omega M\dot{I}_2$$

$$\dot{U}_{23}=j\omega L_2\dot{I}_2\pm j\omega M\dot{I}_1$$

$$\dot{I}=\dot{I}_1+\dot{I}_2$$

在 $\dot{U}_{13}$ 表达式中消去 $\dot{I}_2$；在 $\dot{U}_{23}$ 表达式中消去 $\dot{I}_1$，经整理后，得

$$\dot{U}_{13}=j\omega L_1\dot{I}_1\pm j\omega M\dot{I}_2=j\omega(L_1\mp M)\dot{I}_1\pm j\omega M\dot{I}$$

$$\dot{U}_{23}=j\omega L_2\dot{I}_2\pm j\omega M\dot{I}_1=j\omega(L_2\mp M)\dot{I}_2\pm j\omega M\dot{I}$$

由此式画出去耦等效电路，如图 3.1.29 和图 3.1.30 所示。

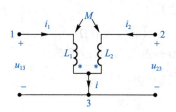
图 3.1.27　同名端相连接电路

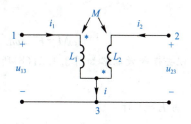
图 3.1.28　异名端相连接电路

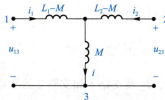
图 3.1.29　同名端相连接去耦等效电路　　图 3.1.30　异名端相连接去耦等效电路

【例 3.1.8】　如图 3.1.31(a)所示，求 $K=0.5$ 和 $K=1$ 时的 Z_{ab} 和 U_2。

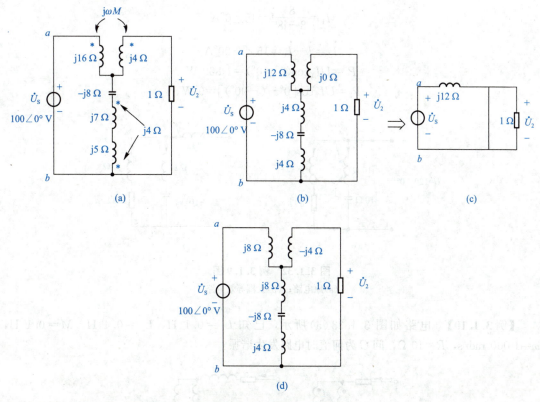

图 3.1.31　例 3.1.8 图

(a)原电路；(b)$K=0.5$ 时去耦等效电路；(c)$K=0.5$ 时简化电路；(d)$K=1$ 时去耦等效电路

解：(1) 当 $K=0.5$ 时

$$K=\frac{M}{\sqrt{L_1 L_2}}$$

$$M = K\sqrt{L_1 L_2}$$
$$\omega M = K\sqrt{\omega L_1 \times \omega L_2} = 0.5\sqrt{16 \times 4} = 4(\Omega)$$

所以去耦等效电路如图 3.1.31(b)所示，化简后如图 3.1.31(c)所示。

即
$$Z_{ab} = \text{j}12\ \Omega,\ \dot{U}_2 = 0$$

(2) 当 $K=1$ 时
$$\omega M = K\sqrt{\omega L_1 \times \omega L_2} = 1 \times \sqrt{16 \times 4} = 8(\Omega)$$

去耦等效电路如图 3.1.31(d)所示。

$$Z_{ab} = \text{j}8 + \frac{(1-\text{j}4)\text{j}4}{1-\text{j}4+\text{j}4} = (16+\text{j}12)\Omega$$

$$\dot{U}_2 = \frac{100}{(16+\text{j}12)} \times \frac{\text{j}4}{1-\text{j}4+\text{j}4} \times 1 = 20\angle 53.1°\ \text{V}$$

【例 3.1.9】 电路如图 3.1.32(a)所示，求 $\dot{I}$、$\dot{I}_1$、$\dot{I}_2$ 及支路 1 和支路 2 的平均功率。

解：进行去耦，画出等效电路如图 3.1.32(b)所示。

$$\dot{I} = \frac{\dot{U}}{\text{j}8 + \frac{(8+\text{j}0)(\text{j}2-\text{j}10)}{\text{j}2-\text{j}10+8+\text{j}0}} = 15\sqrt{2}\angle -45°\ \text{V}$$

$$\dot{I}_1 = \frac{8}{8-\text{j}8}\dot{I} = 15\angle 0°\ \text{A}$$

$$\dot{I}_2 = \dot{I} - \dot{I}_1 = 15\angle -90°\ \text{A}$$

$$P_1 = UI_1\cos(0°-0°) = 1\ 800\ \text{W}$$

$$P_2 = UI_2\cos[0°-(-90°)] = 0\ \text{W}$$

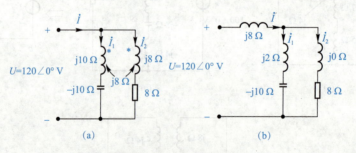

图 3.1.32　例 3.1.9 图
(a)原电路；(b)去耦等效电路

【例 3.1.10】 电路如图 3.1.33(a)所示，已知 $L_1 = 0.1$ H，$L_2 = 0.4$ H，$M = 0.1$ H，$\omega = 1\ 000$ rad/s，$R = 10\ \Omega$，问 C 为何值时电路发生谐振？

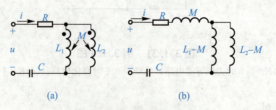

图 3.1.33　例 3.1.10 图
(a)原电路；(b)去耦等效电路

解：图 3.1.33(a)所示为同侧并联形式，可画出其去耦等效电路如图 3.1.33(b)所示，则总的等效阻抗为

$$Z_i = R + j\omega M + \frac{j\omega(L_1-M)j\omega(L_2-M)}{j\omega(L_1-M)+j\omega(L_2-M)} + \frac{1}{j\omega C}$$

$$= R + j\left[\omega M + \omega\frac{(L_1-M)(L_2-M)}{(L_1-M)+(L_2-M)} - \frac{1}{\omega C}\right]$$

$$= R + jX$$

谐振时，$X=0$，于是

$$\omega M + \omega\frac{(L_1-M)(L_2-M)}{(L_1-M)+(L_2-M)} - \frac{1}{\omega C} = 0$$

$$C = \frac{1}{\omega^2\left[M + \frac{(L_1-M)(L_2-M)}{L_1+L_2-2M}\right]}$$

代入数据有

$$C = \frac{1}{1\,000^2 \times \left[0.01 + \frac{0.09 \times 0.39}{0.5 - 0.02}\right]} = 1.2 \times 10^{-5} = 12(\mu F)$$

3.1.2.3 含互感的正弦电路分析

含有互感电路的计算，原则上和一般正弦交流电路相同，可以运用前面讲过的各种分析方法和网络定理，但在计算时需注意几个问题：一是不能遗漏互感电压；二是要注意同名端，不要搞错互感电压在表达式中的正负号；三是在应用戴维南定理时，不能把互感元件拆开；四是对含有互感的电路，不易直接列出结点方程，但在画出其去耦等效电路后，则可应用结点电压法。下面通过例题具体说明。

【**例 3.1.11**】 设图 3.1.34 所示电路中的参数均为已知，试写出其支路电流方程。

解：设各支路电流如图 3.1.34 所示，由 KCL，对于结点 A，有

$$\dot{I}_1 = \dot{I}_2 + \dot{I}_3 \qquad ①$$

按照图示的绕行方向，由 KVL 列回路电压方程，有

$$\dot{U} = R_1\dot{I}_1 + \dot{U}_1 + \dot{U}_2 \qquad ②$$

$$R_2\dot{I}_3 - j\frac{1}{\omega C}\dot{I}_3 - \dot{U}_2 = 0 \qquad ③$$

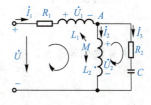

图 3.1.34　例 3.1.11 图

其中两线圈电压 U_1 和 U_2 不仅要计及自感电压，还要计及互感电压，故有

$$\dot{U}_1 = j\omega L_1\dot{I}_1 - j\omega M\dot{I}_2$$

$$\dot{U}_2 = j\omega L_2\dot{I}_2 - j\omega M\dot{I}_1$$

将它们分别代入式②和式③，整理得支路电流方程为

$$\begin{cases}\dot{I}_1 = \dot{I}_2 + \dot{I}_3 \\ \dot{U} = R_1\dot{I}_1 + j\omega(L_1-M)\dot{I}_1 + j\omega(L_2-M)\dot{I}_2 \\ R_2\dot{I}_3 - j\frac{1}{\omega C}\dot{I}_3 - j\omega L_2\dot{I}_2 + j\omega M\dot{I}_1 = 0\end{cases}$$

【**例 3.1.12**】 利用交流电桥可以比较简单地测量两个线圈的互感，图 3.1.35 所示为测量原理电路，调节电阻 R_2、R_4 使电桥平衡，试证明此时互感系数 $M = \dfrac{L_1}{1+R_2/R_4}$。

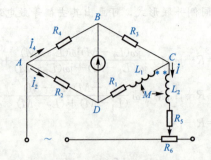

图 3.1.35 例 3.1.12 图

证明：当电桥平衡时，应满足
$$\dot{U}_{AB}=\dot{U}_{AD},\ \dot{U}_{BC}=\dot{U}_{DC}$$

据此列方程如下

$$R_4\dot{I}_4=R_2\dot{I}_2 \qquad ①$$
$$(R_1+j\omega L_1)\dot{I}_2-j\omega M\dot{I}=R_3\dot{I}_4 \qquad ②$$

再对结点 C 列 KCL 方程，得

$$\dot{I}=\dot{I}_2+\dot{I}_4 \qquad ③$$

将式①和式③代入式②，消去 $\dot{I}$ 和 $\dot{I}_4$，整理得

$$(R_1+j\omega L_1)\dot{I}_2-j\omega M\left(\dot{I}_2+\frac{R_2}{R_4}\dot{I}_2\right)=\frac{R_2R_3}{R_4}\dot{I}_2$$

两边消去 $\dot{I}_2$ 有

$$R_1+j\omega L_1-j\omega M\left(1+\frac{R_2}{R_4}\right)=\frac{R_2R_3}{R_4}$$

由复数相等条件，得

$$\begin{cases} R_1=\dfrac{R_2R_3}{R_4} \\ \omega L_1-\omega M\left(1+\dfrac{R_2}{R_2}\right)=0 \end{cases}$$

于是
$$M\left(1+\frac{R_2}{R_4}\right)=L_1$$

即
$$M=\frac{L_1}{1+R_2/R_4}$$

【例 3.1.13】 电路及参数如图 3.1.36 所示，试用戴维南定理求流经 5 Ω 电阻的电流。

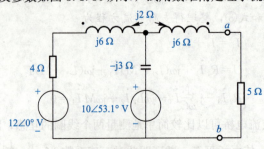

图 3.1.36 例 3.1.13 图

解：(1)求开路电压 $\dot{U}_{ab}$，需将 5 Ω 电阻支路断开，得到等效电路如图 3.1.37(a)所示。在该电路中

$$\dot{I}_1 = \frac{12\angle 0° - 10\angle 53.1°}{4+j6-j3} = 2\angle -90° = -j2 (A)$$

因此

$$\dot{U}_{ab} = \dot{U} + (-j3)\dot{I} + 10\angle 53.1° = j2\dot{I}_1 - j3\dot{I}_1 + 10\angle 53.1° = 4+j8 = 8.94\angle 63.4° (V)$$

于是

$$\dot{U}_i = \dot{U}_{ab} = 8.94\angle 63.4° \text{ V}$$

(2)求等效复阻抗 Z_i，画出去耦等效电路如图 3.1.37(b)所示，并将两个电压源短路，于是

$$Z_i = j4 + \frac{(4+j4)(-3+j2)}{(4+j4)+(-3+j2)} = (0.16+j2.88) \Omega$$

(3)画出戴维南等效电路如图 3.1.37(c)所示，则

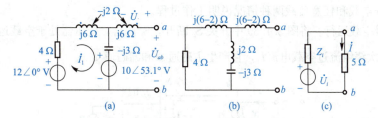

图 3.1.37　例 3.1.13 戴维南等效电路
(a)开路等效电路；(b)去耦等效电路；(c)戴维南等效电路

$$\dot{I} = \frac{\dot{U}_i}{Z_i + 5} = \frac{8.94\angle 63.4°}{0.16+j2.88+5} = 1.51\angle 34.2° (A)$$

3.1.3　认识变压器

1. 观察变压器的结构

在交流铁芯线圈的铁芯上再绕上一个(或多个)线圈，就构成了变压器，它是基于电磁感应原理而制成的静止的电气设备。变压器主要由铁芯和绕组两大部分构成。铁芯是变压器的磁路部分，为了提高磁路的磁导率和降低铁芯损耗，铁芯通常用厚度为 0.2～0.5 mm 的硅钢片叠成。绕组是变压器的电路部分，它是由圆形或矩形截面的绝缘导线，绕在由绝缘材料做的框架上而制成的一定形状的线圈。接电源的绕组称为一次绕组；接负载的绕组称为二次绕组。铁芯、一次绕组和二次绕组相互间要很好地绝缘。

按照铁芯的结构，变压器可分为芯式和壳式两种。芯式变压器如图 3.1.38(a)所示，特点是绕组包围着铁芯。芯式变压器用铁量较少，构造简单，绕组的安装和绝缘比较容易，多用于容量较大的变压器；壳式变压器，如图 3.1.38(b)所示，它的特点是铁芯包围着绕组，用铜量较少，多用于小容量的变压器。

变压器按工作的交流电源相数可分为单相、三相和多相。用在输配电的电力系统中的变压器有升电压的升压变压器和降电压的降压变压器，都叫作电力变压器。因为容量较大，故需要有冷却设备、保护装置和高压套管等。

为了测量大电流和高电压，用仪表不能直接测量，要用仪用变压器，如电流互感器、电压互感器。在音响设备中如收音机为了实现阻抗匹配，装入输出变压器。还有焊接用的焊接变压器、自耦变压器等。

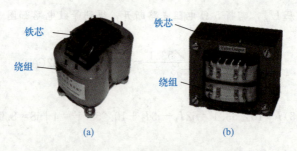

图 3.1.38 芯式和壳式变压器实物图
(a)芯式变压器；(b)壳式变压器

2. 分析变压器的工作原理

图 3.1.39 所示为变压器的原理。接电源的为一次绕组，匝数为 N_1；接负载的为二次绕组，匝数为 N_2。分空载和任意负载两种情况说明工作过程。

(1)变压器空载运行。将图 3.1.39 中开关 S_2 断开，S_1 闭合，变压器处于空载运行，即 $i_1=i_0$，$i_2=0$。此时一次绕组流过空载电流 $\dot{I}_0$，它产生主磁通 Φ 和漏磁通 Φ_σ。

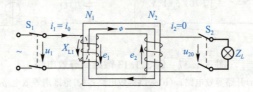

图 3.1.39 变压器空载运行

由于二次绕组开路(空载)，变压器相当于前面分析过的交流铁芯线圈。忽略一次绕组漏感抗 X_{L1} 和电阻 R_1 上压降，则空载变压器一次绕组的电压平衡方程式为

$$\dot{U}_1 \approx -\dot{E}_1 = \mathrm{j}4.44fN_1\Phi_\mathrm{m}$$

二次绕组开路，二次绕组的电压平衡方程式为

$$\dot{U}_{20} \approx \dot{E}_2 = -\mathrm{j}4.44fN_2\Phi_\mathrm{m}$$

式中，E_2 是主磁通在二次绕组中的感应电动势。故

$$\frac{\dot{U}_1}{\dot{U}_{20}} \approx -\frac{\dot{E}_1}{\dot{E}_2} = -\frac{N_1}{N_2} = -K$$

有效值之比为

$$\frac{U_1}{U_{20}} \approx \frac{E_1}{E_2} = \frac{N_1}{N_2} = K \tag{3.1.25}$$

式中，K 也称变压器的电压比。

式(3.1.25)是变压器的一个基本关系式，它表明一次、二次绕组的电压有效值之比与绕组匝数比成正比。只要适当选取一次、二次绕组的匝数 N_1、N_2，就可以将电源电压值变为所需要的电压值。如 N_1 大于 N_2 时，为降压变压器；N_1 小于 N_2 时，为升压变压器。

由此可见，变压器具有变换电压的功能。从一次绕组的电压平衡方程式看到，变压器空载时，若外加电压的有效值 U_1 一定，铁芯中主磁通的最大值 Φ_m 是不变的。

(2)变压器有负载运行。如图 3.1.40 所示，将开关 S_1、S_2 都闭合，变压器接有负载 Z_L，此时二次绕组有电流 i_2 通过。与此同时，一次绕组的电流由空载电流 i_0 增加到 i_1，各有关电荷参考方向在图中用箭头标出。

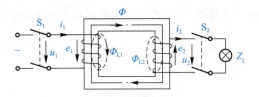

图 3.1.40 变压器有载运行

这里首先强调指出，图中用箭头表示的电压、电流、感应电动势、磁通都是参考方向。电压降和电流是关联参考方向；磁通的参考方向与电流 i_1、i_2 参考方向符合右手螺旋定则；交变磁通产生的感应电动势参考方向（电位升）与磁通正方向也符合右手螺旋关系。根据电磁感应定律，感应电动势的大小和磁链变化的速率成正比，感应电动势的实际方向倾向于产生电流来阻止磁链变化，即 $e = -N \dfrac{\mathrm{d}\Phi}{\mathrm{d}t}$。

变压器空载时，铁芯中的主磁通仅由一次绕组电流 i_0 的磁动势 $N_1 i_0$ 激励。只要 u_1 一定，那么 Φ_m 几乎恒定，接上负载后，二次绕组中有电流 i_2 通过并流向负载，此时一次绕组中的电流由 i_0 变为 i_1。铁芯中的主磁通由一次绕组和二次绕组的磁动势共同激励。另外，一次绕组存在漏磁通，引起漏感电动势，对应漏感抗，同理，i_2 在二次绕组电阻 R_2 上产生压降 $i_2 R_2$，漏磁通产生漏感电动势 e_σ，二次绕组存在漏感抗 X_{L2}，按参考方向列出变压器带负载时，一次和二次绕组的电压平衡方程式：

$$\dot{U}_1 \approx -\dot{E}_1 - \dot{E}_{\sigma 1} + R_1 \dot{I}_1 = -\dot{E}_1 + (R_1 + \mathrm{j} X_{L1}) \dot{I}_1 \tag{3.1.26}$$

$$\dot{U}_2 \approx \dot{E}_2 + \dot{E}_{\sigma 2} - R_2 \dot{I}_2 = \dot{E}_2 - (R_2 + \mathrm{j} X_{L2}) \dot{I}_2 \tag{3.1.27}$$

由式(3.1.26)、式(3.1.27)相对主磁通 Φ_m 在一个图中分别示意性画出变压器带负载运行的相量图（假定二次绕组接的是感性负载），如图 3.1.41 所示。从图中可以看到，二次绕组产生的磁通对一次绕组产生的磁通有去磁作用，即二次绕组磁通有抵消主磁通的趋势。但是，当电源电压 U_1 不变时，则主磁通基本保持不变，即铁芯中的主磁通几乎与负载无关。所以，随着二次绕组从空载到有载，一次绕组电流由 i_0 变为 i_1，由此可推得变压器的磁动势平衡方程式为

$$N_1 \dot{I}_1 + N_2 \dot{I}_2 \approx N_1 \dot{I}_0 \tag{3.1.28}$$

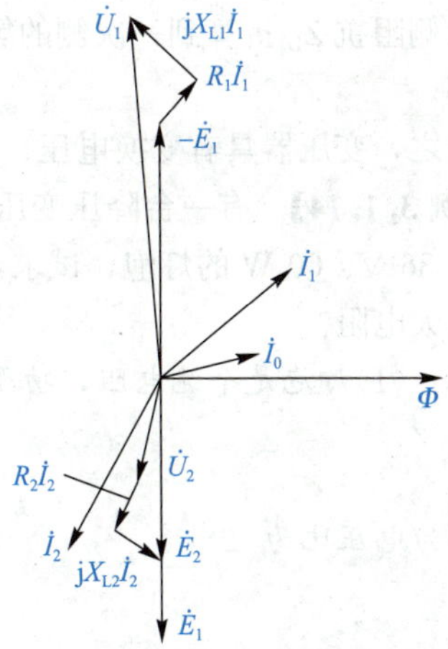

移项变换为

$$\dot{I}_1 = \dot{I}_0 - \dfrac{N_2}{N_1} \dot{I}_2 = \dot{I}_0 + \left(-\dfrac{1}{K} \dot{I}_2\right)$$

令

$$\dot{I}_\mathrm{L} = -\dfrac{1}{K} \dot{I}_2$$

则

$$\dot{I}_1 = \dot{I}_0 + \dot{I}_\mathrm{L} \tag{3.1.29}$$

图 3.1.41 变压器带负载相量图

式(3.1.29)说明，变压器带负载后，一次绕组电流包含两个分量：一个是励磁分量 $\dot{I}_0$，用来产生主磁通；另一个是负载分量 $\dot{I}_\mathrm{L}$，用来抵消二次绕组电流的去磁作用，同时表示了负载所消耗的能量是通过电-磁-电的方式从电源获得。二次绕组负载增加，使一次绕组电流相应增大，

变压器的磁动势保持平衡,同时将能量传递给负载。

通常情况下,变压器的空载电流 $\dot{I}_0$ 只占一次绕组额定电流 $\dot{I}_{1N}$ 的 10% 以下,可以略去不计。由式(3.1.29)得

$$\dot{I}_1 \approx \dot{I}_L = -\frac{1}{K}\dot{I}_2$$

或者

$$\frac{\dot{I}_1}{\dot{I}_2} = -\frac{1}{K}$$

则电流有效值之比

$$\frac{I_1}{I_2} = \frac{1}{K} = \frac{N_2}{N_1} \tag{3.1.30}$$

式(3.1.30)说明,变压器一次绕组电流与二次电流有效值之比与它们的匝数成反比;这是变压器另一个基本关系,即变压器具有电流变换功能。

下面推导二次侧负载 Z_L 折算到一次侧的等效负载 Z_1 关系。

根据前面推导的电压、电流关系,可以得出

$$\frac{U_1}{I_1} = \frac{\frac{N_1}{N_2}U_2}{\frac{N_2}{N_1}I_2} = \left(\frac{N_1}{N_2}\right)^2 \frac{U_2}{I_2} = K^2 Z_L$$

而

$$\frac{U_1}{I_1} = Z_1$$

则

$$Z_1 = K^2 Z_L \tag{3.1.31}$$

式(3.1.31)表示变压器的第三个基本关系,反映了变压器具有变换阻抗的功能。即变压器的二次侧阻抗 Z_L 折算到一次侧的等效阻抗是 Z_1。在电子技术中用它达到阻抗匹配,获得最大输出功率。

总之,变压器具有变换电压、变换电流、变换阻抗的功能。

【例 3.1.14】 有一台降压变压器、一次电压 $U_1 = 380$ V,二次电压 $U_2 = 36$ V,在二次侧接入一个 36 V、60 W 的灯泡,试求:(1)一次侧、二次侧的电流各是多少?(2)相当于一次侧接上一个多大电阻?

解:(1)灯泡是个纯电阻,功率因数为 1,则二次电流为

$$I_2 = \frac{P}{U_2} = \frac{60}{36} = 1.67(\text{A})$$

因为电压比为

$$K = \frac{N_1}{N_2} = \frac{U_1}{U_2} = \frac{380}{36} = 10.56$$

所以一次电流为

$$I_1 = \frac{1}{K}I_2 = \frac{1.67}{10.56} = 0.158(\text{A})$$

(2)灯泡的电阻

$$R_L = \frac{U_2^2}{P} = \frac{36^2}{60} = 21.6(\Omega)$$

因此折算到一次侧的等效电阻为

$$R_1' = K^2 R_L = 10.56^2 \times 21.6 = 2\,407(\text{W})$$

或者
$$R_1' = \frac{U_1}{I_1} = \frac{380}{0.158} = 2\,407(\text{W})$$

3. 变压器的主要参数分析

(1)外特性。在电源电压不变的情况下,变压器二次侧接负载后,由于一次侧、二次侧都有电流通过,必然在一次侧、二次侧内阻抗上产生电压降,从而使二次电压随负载电流增加变小,即 $U_2 = f(I_2)$,此变化曲线叫作变压器的外特性。一般来说,变压器的外特性近似一条稍微向下倾斜的直线,如图 3.1.42 所示。

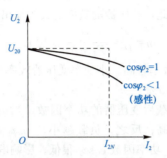

图 3.1.42 变压器的外特性

从图中可以看到,下降的程度与负载功率因数有关,功率因数(感性)越低,下降越剧烈。由空载到满载(二次电流达到额定值 I_{2N}),二次电压变化的数值与空载电压的比值叫电压调整率,即

$$\Delta U\% = \frac{U_{20} - U_2}{U_{20}} \times 100\% \tag{3.1.32}$$

变压器的电压调整率一般在5%以内。若负载为容性,电压变化率将为负值,即带容性负载时,二次电压反而可能比空载电压高。

(2)额定值。为了正确、合理地使用变压器,除知道外特性,还应知道额定值,并根据额定值范围内正确使用,这对保证变压器正常运行和延长使用寿命是十分必要的。一般来说。变压器的额定值在其铭牌上给出。

变压器的额定值如下:

1)额定电压。

①一次额定电压 U_{1N}:正常工作情况下一次绕组所加的电压有效值。

②二次额定电压 U_{2N}:一次侧为额定电压 U_{1N} 时,变压器空载,变压器二次侧的空载电压有效值,即 $U_{20} = U_{2N}$。

2)额定电流。

①一次额定电流 I_{1N}:一次绕组加额定电压 U_{1N},变压器正常工作,一次绕组允许长期通过的最大电流有效值。

②二次额定电流 I_{2N}:一次绕组加额定电压 U_{1N},二次绕组允许长期通过的最大电流有效值。

3)额定容量。额定容量是指二次侧的输出额定视在功率,即

$$S_N = U_{2N} I_{2N}$$

4)额定频率 f_N。额定频率是指电源的工作频率。我国的工业标准频率是 50 Hz。

(3)变压器的损耗和效率。变压器在运行中存在两种损耗,即铁损 Δp_{Fe} 和铜损 Δp_{Cu}。

1)铁损:铁损是交变的主磁通在铁芯中产生磁滞损耗 Δp_h 和涡流损耗 Δp_e 之和。变压器运

行时，虽然负载经常在变化。但由于一次绕组电压数值和频率都不变，由式(3.1.9)知主磁通 Φ_m 基本不变，所以铁损基本上保持不变，故铁损是不变损耗。

2) 铜损：变压器一次侧和二次侧存在电阻 R_1、R_2，当绕组电流通过时，在电阻上产生的损耗之和即铜损，为

$$\Delta p_{Cu} = I_1^2 R_1 + I_2^2 R_2$$

当负载电流变化时，铜损也跟着发生变化，因此铜损是可变损耗。

3) 效率：变压器的一次侧输入功率 $P_1 = U_1 I_1 \cos\varphi_1$，二次侧输出功率 $P_2 = U_2 I_2 \cos\varphi_2$，变压器总的损耗 $\Delta p_{Fe} = \Delta p_h + \Delta p_e$。因此，变压器的效率定义为输出功率 P_2 与输入功率 P_1 之比，即

$$\eta = \frac{P_2}{P_1} = \frac{P_2}{P_2 + \Delta p} \times 100\% \tag{3.1.33}$$

通常，变压器的损耗很小，效率较高。小功率变压器效率为 70%~85%，一般都在 85% 左右，大型变压器效率可达 98%~99%。

还应指出，$\cos\varphi_1$ 是考虑到负载后变压器的功率因数。当负载功率因数 $\cos\varphi_2$ 一定时，负载越大，$\cos\varphi_1$ 越大，额定负载时最高；反之，负载越小，$\cos\varphi_1$ 越小。可见，若变压器容量选得过大，使之长期处于轻载下运行，功率因数 $\cos\varphi_1$ 很低，影响电网运行，应予避免。

【例 3.1.15】 变压器容量为 $10\ kV\cdot A$，铁损为 280 W。满载铜损为 340 W。试求下列情况下变压器的效率：(1) 在满载情况下，向功率因数为 0.9(滞后) 的负载供电；(2) 在 75% 负载下，向功率因数为 0.8(滞后) 的负载供电。

解：(1) 变压器输出功率为

$$P_2 = U_2 I_2 \cos\varphi_2 = 10\ 000 \times 0.9 = 9\ 000\ (W)$$

所以效率为

$$\eta = \frac{P_2}{P_2 + \Delta p} = \frac{9\ 000}{9\ 000 + 280 + 340} = 93.6\%$$

(2) 在 75% 负载情况下，输出功率为

$$P_2 = 0.75 U_2 I_2 \cos\varphi_2 = 0.75 \times 10\ 000 \times 0.8 = 6\ 000\ (W)$$

铜损为

$$0.75^2 \times 340 = 191\ (W)$$

所以效率为

$$\eta = \frac{6\ 000}{6\ 000 + 191 + 280} = 92.7\%$$

【例 3.1.16】 某交流信号源的电动势 $U_S = 6\ V$，内阻 $R_0 = 100\ \Omega$，扬声器电阻 $R_L = 8\ \Omega$，试求：(1) 如图 3.1.43(a) 所示，若将扬声器直接连接在信号源上，信号源能输出多少功率？扬声器 R_L 吸收多少功率？信号源的效率如何？(2) 如果需要信号源为扬声器输出最大效率，则变压器的变比 K 应为多少？实现阻抗匹配后信号源输出功率为多少？负载吸收功率为多少？此时信号源效率如何？

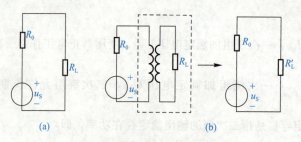

图 3.1.43 例 3.1.16 图
(a) 原电路；(b) 信号源(为扬声器)输出最大功率

解：(1) 由图 3.1.43(a) 可得信号源的输出功率为

$$P_i = U_S I = U_S \frac{U_S}{R_0 + R_L} = \frac{U_S^2}{R_0 + R_L} = \frac{6^2}{100+8} = 0.33(\text{W})$$

负载吸收的功率为

$$P = I^2 R_L = \left(\frac{U_S}{R_0 + R_L}\right)^2 R_L = \left(\frac{6}{100+8}\right)^2 \times 8 = 0.025(\text{W})$$

故效率为

$$\eta = \frac{P}{P_i} = \frac{0.025}{0.33} = 7.5\%$$

(2) 如图 3.1.43(b) 所示，当扬声器从信号源处获得最大功率时，$R_L' = R_0 = 100\ \Omega$，变压器的变比 K 为

$$K = \sqrt{\frac{R_L'}{R_L}} = \sqrt{\frac{100}{8}} = 3.5$$

此时信号源输出功率为

$$P_i = \frac{U_S^2}{R_0 + R_L'} = \frac{6^2}{100+100} = 0.18(\text{W})$$

负载吸收的功率为

$$P = I^2 R_L' = \left(\frac{U_S}{R_0 + R_L'}\right)^2 R_L' = \left(\frac{6}{100+100}\right)^2 \times 100 = 0.09(\text{W})$$

效率为

$$\eta = \frac{P}{P_i} = \frac{0.09}{0.18} = 50\%$$

该例题说明，在电子线路中实现阻抗匹配，可以使电源效率得到大幅度提高。

3.1.4 认识几种特殊变压器

1. 自耦变压器

自耦变压器的二次绕组是一次绕组的一个组成部分，这样的变压器看起来仅有一个绕组，故也称"单绕组变压器"。因为一、二次侧绕组有公共部分，所以它们既有磁耦合关系，又有直接电的关系。为了得到连续可调的交流电压，常将自耦变压器的铁芯做成圆形，二次侧抽头做成滑动触头，可以自由滑动，这种自耦变压器称为自耦调压器。图 3.1.44 所示为自耦调压器及其原理。自耦变压器既可实现升压，也可实现降压。升压和降压用不同的抽头来实现，比共用线圈少的部分的抽头电压较，比共用线圈多的部分的抽头电压较高。

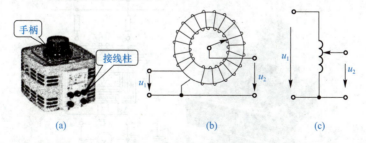

图 3.1.44 自耦调压器
(a)外形；(b)示意；(c)图形符号

2. 电源变压器

电源变压器是一种软磁电磁元件，功能是功率传送、电压变换和绝缘隔离，在电源技术中和电力电子技术中得到广泛的应用。根据传送功率的大小，电源变压器可分为这样几挡：10 kV·A 以上为大功率；10~0.5 kV·A 为中功率；0.5~25 kV·A 为小功率；25 kV·A 以

下为微功率。

小功率电源变压器容量和体积都很小，为各种仪器设备提供所需的电源电压。实物图如图 3.1.45 所示。为了满足不同部件不同电压的需要，这种变压器通常有多个副绕组，可以从二次侧得到多个不同的电压。

3. 互感器

(1)电压互感器。电压互感器变换电压的目的主要是给测量仪表和继电保护装置供电，测量线路的电压、功

图 3.1.45 小功率电源变压器
(a)单相；(b)三相

率和电能，或者在线路发生故障时保护线路中的贵重设备、电机和变压器。因此，电压互感器的容量很小，一般都只有几伏安、几十伏安，最大也不超过 1 kV·A。

电压互感器的工作原理与变压器相同，基本结构也是铁芯和一二次侧绕组。其特点是容量很小且比较恒定，正常运行时接近空载状态。

电压互感器本身的阻抗很小，一旦二次侧发生短路，电流将急剧增长而烧毁线圈。为此，电压互感器的一次侧接有熔断器，二次侧可靠接地，以免一二次侧绝缘损毁时，二次侧出现对地高电位而造成人身和设备事故。

用于测量的电压互感器(图 3.1.46)一般都做成单相双线圈结构，其一次侧电压为被测电压(如电力系统的线电压)，可以单相使用，也可以用两台接成 V－V 形做三相使用。实验室用的电压互感器往往是原边多抽头的，以适应测量不同电压的需要。用于保护接地的电压互感器还带有一个第三线圈，称为三线圈电压互感器。三相的第三线圈接成开口三角形，开口三角形的两引出端与接地保护继电器的电压线圈连接。

正常运行时，电力系统的三相电压对称，第三线圈上的三相感应电动势之和为零。一旦发生单相接地时，中性点出现位移，开口三角的端子间就会出现零序电压使继电器动作，从而对电力系统起保护作用。

线圈出现零序电压则相应的铁芯中就会出现零序磁通。为此，这种三相电压互感器采用旁轭式铁芯(10 kV 及以下时)或采用三台单相电压互感器。对于这种互感器，第三线圈的准确度要求不高，但要求有一定的过励磁特性(当原边电压增加时，铁芯中的磁通密度也增加相应倍数而不会损坏)。

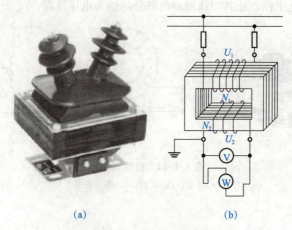

图 3.1.46 电压互感器
(a)外形图；(b)结构原理

(2)电流互感器。电流互感器是由闭合的铁芯和绕组组成的。它的一次侧绕组匝数很少,串联在需要测量的电流的线路中,因此,它经常有线路的全部电流流过,二次侧绕组匝数比较多,串接在测量仪表和保护回路中,电流互感器在工作时,它的二次侧回路始终是闭合的,因此,测量仪表和保护回路串联线圈的阻抗很小,电流互感器的工作状态接近短路。电流互感器是将一次侧大电流转换成二次侧小电流来使用,二次侧不可开路。

使用电流互感器时应注意以下几点:

1)电流互感器的一次绕组应与被测电路串联,而二次绕组与所有仪表负载串联。

2)二次侧一端必须接地,以防绝缘损坏时,一次侧高压窜入二次低压侧,造成人身和设备事故。

3)二次侧绝对不允许开路。因为一旦开路,一次侧电流 i_1 全部成为磁化电流,引起 Φ_m 和 e_2 骤增,造成铁芯过度饱和磁化,发热严重乃至烧毁线圈;同时,磁路过度饱和磁化后,还会使误差增大。电流互感器在正常工作时,二次侧近似短路,若突然使其开路,则励磁电动势由数值很小的值骤变为很大的值,铁芯中的磁通呈现严重饱和的平顶波,因此二次侧绕组将在磁通过零时感应出很高的尖顶波,其电压值可达到数千甚至上万伏,危及工作人员的安全及仪表的绝缘性能。

另外,一次侧开路使二次侧电压达几百伏,一旦触及将造成触电事故。因此,电流互感器二次侧都备有短路开关,防止一次侧开路。在使用过程中,二次侧一旦开路应马上撤掉电路负载,然后停车处理,一切处理好后方可再用。

4)为了满足测量仪表、继电保护、断路器失灵判断和故障滤波等装置的需要,在发电机、变压器、出线、母线分段断路器、母线断路器、旁路断路器等回路中均设 2~8 个二次绕组的电流互感器。对于大电流接地系统,一般按三相配置;对于小电流接地系统,依具体要求按二相或三相配置。

5)起保护作用的电流互感器的装设地点应按尽量消除主保护装置的不保护区来设置。例如,若有两组电流互感器,且位置允许时,应设置在断路器两侧,使断路器处于交叉保护范围之中。

6)为了防止支柱式电流互感器套管闪络造成母线故障,电流互感器通常布置在断路器的出线或变压器侧。

7)为了减轻发电机内部故障时的损伤,用于自动调节励磁装置的电流互感器应布置在发电机定子绕组的出线侧。为了便于分析和在发电机并入系统前发现内部故障,用于测量仪表的电流互感器宜装在发电机中性点侧。

图 3.1.47 所示为电流互感器的外形和结构原理。

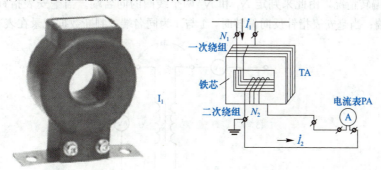

图 3.1.47 电流互感器外形和结构原理

任务实训1

判断变压器互感线圈的同名端

训练地点：电工基础实训室

训练器材：可调直流电源、可调交流电源或单相交流电源、直流数字电压表、指针式直流毫安表、交流数字电流表、交流数字电压表、E形变压器、开关、100 Ω 电阻、万用表。

判别方法分析：

1. 直流法

如图 3.1.48 所示，当开关 S 闭合瞬间，若毫安表的指针正偏，则可断定"1"与"3"为同名端；若指针反偏，则"1"与"4"为同名端。

2. 交流法

如图 3.1.49 所示，将两个绕组 N_1 和 N_2 的任意两端（如 2、4 端）连接在一起，在其中的一个绕组（如 N_1）两端加一个低电压交流电源，用交流电压表分别测出端电压 U_{13}、U_{12} 和 U_{34}，若 U_{13} 是两个绕组电压之差，则"1"与"3"是同名端；若 U_{13} 是两绕组电压之和，则"1"与"4"是同名端。

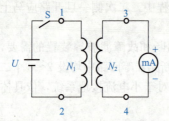

图 3.1.48 直流法测同名端

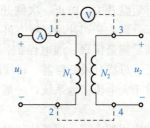

图 3.1.49 交流法测同名端

训练内容与步骤：

1. 直流法判断同名端

训练电路如图 3.1.50 所示，图中以 E 形变压器的一、二次侧绕组作为互感线圈 N_1、N_2，U_1 为可调直流稳压电源，调至 3 V，电阻 $R=100$ Ω，这样，流过 N_1 侧的电流不超过 0.2 A（选用 3 A 量程的数字电流表），N_2 侧直接接入量程为 10 mA 的直流毫安表。将开关 S 合上，观察毫安表指针的偏转情况，由此来判定 N_1 和 N_2 两个线圈的同名端。当毫安表指针正向偏转时，1 与 3 为同名端；当毫安表指针反向偏转时，1 与 4 为同名端。判断数据记录在表 3.1.2。

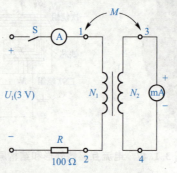

图 3.1.50 直流法判断同名端

2. 交流法判断同名端

训练电路如图 3.1.51 所示,连接 2 与 4 端,将 N_1 串接电流表(选 3 A 量程)后,接至自耦调压器的输出端,确认自耦调压器调至零位后方可接通交流电源,调节自耦调压器,使其输出电压为 12 V(也可以直接使用单相交流电压源 12 V),这样,流过电流表的电流不大于 0.2 A,然后用数字交流电压表测量 U_{13}、U_{12} 和 U_{34},由 U_{13} 与 U_{12}、U_{34} 的关系来判定同名端,将判定结果记录在表 3.1.2。

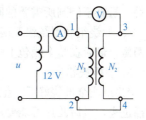

图 3.1.51 交流法判断同名端

表 3.1.2 判断同名端

	开关 S 的状态	仪表的偏转情况(正偏、反偏)		同名端端子名称
直流法				
交流法	U_{13}/V	U_{12}/V	U_{34}/V	同名端端子名称

注意:

(1)本实验中以 E 形变压器的一、二次侧作为互感线圈的 N_1 和 N_2,E 形变压器的参数为 5 V·A、24 V/12 V,由此可推知其二次侧额定电流 $I_{2N}=\frac{5}{12}\approx 0.4(A)$,一次侧额定电流 $I_{1N}=\frac{5}{24}\approx 0.2(A)$,实验时,要注意电流不能超过其额定电流值。

(2)实验中如果使用交、直流可调电源,那么在使用前要检查交、直流可调电源是否调至零位;如果使用单相交流电源,那么应看清输出端钮的数字标识,不可选错端钮。

任务实训2

小型变压器拆装

训练地点:电工基础实训室

训练器材:小型单相变压器、硅钢片、漆包线、螺钉旋具等成套电工工具、万用表、绕线机(可手工进行模拟训练)。

训练内容与步骤:

1. 铁芯拆卸

(1)拆卸铁芯前,应先拆除外壳、接线柱和铁芯夹板等附件。

(2)把变压器的铁芯紧固螺钉拆除,用小锤轻敲螺钉旋具把浸漆后粘合在一起的硅钢片弄松,把装插的硅钢片取出放好。

(3)把绝缘拆除,将绕组的漆包线卸下来,分别绕在水瓶上。拆卸时注意不要磨损漆包线,若已经磨损则把它剪断,避免缠成一团。

2. 重新绕线组装

(1)选好标准线径,按照一次侧绕组、静电屏蔽、二次侧高压绕组、二次侧低压绕组的顺序,在绕线机上把线圈绕好,绕线时注意要把导线拉直拉紧,线匝要紧密平整,不要疏松,不要相互交叠。

(2)每绕完一层后,裹上电容纸做层间绝缘,并用胶纸裹紧后再绕下一层。用同样的方法一层叠一层直至绕到所需要的匝数为止，注意线圈圈数的准确性，这个环节需要耐心和细心。

（3）原绕组和副绕组及两个绕组之间均采用青壳纸做绝缘。且原、副方的出线分别在变压器的两侧，最后在整个线包上裹上青壳纸绝缘并紧固。

3. 装插铁芯

（1）绕线全部绕好后，把硅钢片两片一组，正方向交替，插入线包孔，应尽量把最多的硅钢片插进去，最后几片可能要用小锤轻轻敲进去，最后用夹紧片夹紧。

（2）要求穿插硅钢片要尽量紧密，可增强磁路。这样就完成了单相变压器的重新绕线安装。

4. 检测

（1）检查各绕组是否开路：可用万用表欧姆挡测量，二表笔分别接每一绕组二线头，看有无断路，不通则表示绕组有断路，应重新绕制。

（2）检查各绕组间及各绕组对铁芯有无短路：用欧姆挡 $R\times 100$ 挡测量，若有短路也应重新绕制。

知识巩固

3-1-1 有两个互感线圈，已知 $L_1=0.4$ H，$K=0.5$，互感系数 $M=0.1$ H，试求 M 为多少？如果两线圈处于全耦合状态，互感系数 M 又为多少？

3-1-2 如图 3.1.52 所示电路，已知 $M=0.01$ H，当线圈 I 中通入电流 $i_1=2\sqrt{2}\sin(314t)$ A 时，求在线圈 II 中产生的互感电压 u_2。

3-1-3 两个具有耦合的线圈如图 3.1.53 所示。（1）标出它们的同名端；（2）当图中开关 S 闭合时或闭合后再打开时，试根据毫伏表的偏转方向确定同名端。

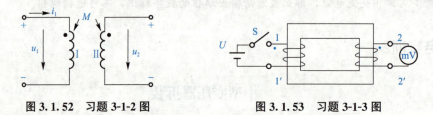

图 3.1.52 习题 3-1-2 图　　　图 3.1.53 习题 3-1-3 图

3-1-4 求图 3.1.54 所示电路的等效阻抗。

3-1-5 电路如图 3.1.55 所示，请画出去耦等效电路。

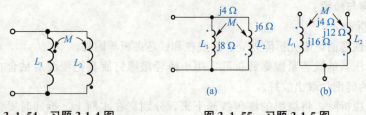

图 3.1.54 习题 3-1-4 图　　　图 3.1.55 习题 3-1-5 图

3-1-6 有一单相照明变压器，容量为 10 kV·A，电压为 3 300 V/220 V。欲在二次绕组接上 60 W/220 V 的白炽灯，如果要变压器在额定情况下运行，这种电灯可接多少个？并求一、二次绕组的额定电流。

任务3.2 三相异步电动机

3.2.1 三相异步电动机的构造

三相异步电动机分成定子（固定部分）和转子（旋转部分）两个基本部分。三相异步电动机的定子由机座和定子铁芯、定子绕组组成。机座是用铸铁或铸钢制成的；铁芯是由互相绝缘、导磁性良好的硅钢片叠成的，它是电动机磁通的通路；定子绕组U_1U_2、V_1V_2和W_1W_2镶嵌在铁芯的内圆周的槽孔中，有的接成星形，有的接成三角形，定子绕组中通入三相交流电，为电动机产生旋转磁场。图3.2.1所示为定子绕组出线端的连接。转子由铁芯、转子绕组和转轴三部分组成。铁芯是圆柱状，也用硅钢片叠成，表面冲有槽。铁芯安装在转轴上，轴上加机械负载。三相异步电动机根据构造上的不同分为笼型异步电动机和绕线转子异步电动机两种。图3.2.2所示为三相笼型异步电动机的构造。

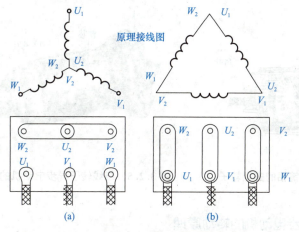

图3.2.1 定子绕组接线图
(a)星形连接；(b)三角形连接

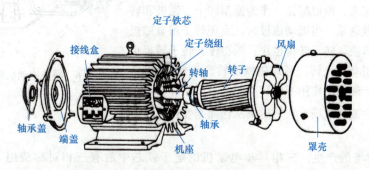

图3.2.2 三相笼型异步电动机的构造

笼型的转子绕组做成鼠笼状，笼型异步电动机的"鼠笼"是它的构造特点，因此得名，它的转子铁芯的槽中放铜条，其两端用端环连接(图3.2.3)。或者在槽中浇铸铝液，铸成一鼠笼(图3.2.4)。

绕线转子异步电动机的转子构造如图3.2.5所示，它的铁芯一方面作为磁路的一部分；另一方面用于安放转子绕组。转子绕组也是三相的，做星形连接。它每相的始端连接在三个铜制的滑环上，滑环固定在转轴上。环与环、环与转轴都互相绝缘。在环上用弹簧压着碳质电刷。启动电阻和调速电阻是借助于电刷同滑环与转子绕组连接的。通常就是根据绕线转子异步电动机具有三个滑环的构造特点来辨认它的。

笼型电动机与绕线转子电动机只是在转子的构造上不同，它们的工作原理是相同的。笼型电动机由于构造简单，价格低，工作可靠，使用方便，成为生产上应用得最广泛的一种电动机。

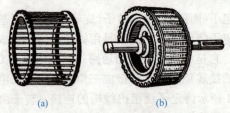

图 3.2.3　笼型转子

(a)笼型绕组；(b)转子外形

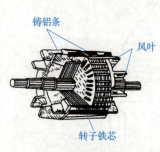

图 3.2.4　铸铝的笼型转子

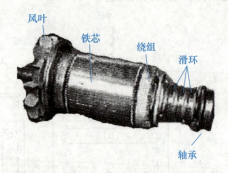

图 3.2.5　绕线转子异步电动机的转子构造

3.2.2　三相异步电动机的转动原理

图 3.2.6 所示为一个装有手柄的蹄形磁铁，磁极间放有一个可以自由转动的、由铜条组成的转子。铜条两端分别用铜环连接起来，形似鼠笼，作为笼型转子。磁极和转子之间没有机械联系。当摇动磁极时，发现转子跟着磁极一起转动。摇得快，转子转得也快；摇得慢，转子转得也慢；反摇，转子马上反转。蹄形磁铁旋转产生旋转磁场，笼型转子在旋转磁场的作用下就转动起来。三相异步电动机是否能够产生旋转磁场？它的磁场从何而来？

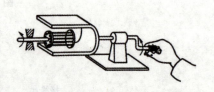

图 3.2.6　异步电动机转子转动的演示

1. 旋转磁场

(1)旋转磁场的产生。三相异步电动机的定子铁芯中放有三相对称绕组 U_1U_2、V_1V_2 和 W_1W_2，设将三相绕组连接成星形[图 3.2.7(a)]，连接在三相电源上，绕组中便通入三相对称电流。其波形如图 3.2.7(b)所示。其中

$$i_1 = I_m \sin\omega t$$
$$i_2 = I_m \sin(\omega t - 120°)$$
$$i_3 = I_m \sin(\omega t + 120°)$$

取绕组始端到末端的方向作为电流的参考方向。在电流的正半周时，其值为正，其实际方

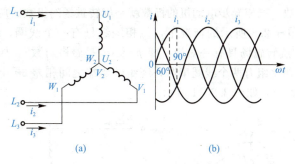

图 3.2.7 三相对称电流
(a)星形连接；(b)电流波形

向与参考方向一致；在负半周时，其值为负，其实际方向与参考方向相反。

在 $\omega t=0°$ 的瞬时，定子绕组中的电流方向如图 3.2.8(a)所示。这时 $i_1=0$；i_2 是负的，其方向与参考方向相反，即自 V_2 到 V_1；i_3 是正的，其方向与参考方向相同，即自 W_1 到 W_2。将每相电流所产生的磁场相加，便得出三相电流的合成磁场。在图 3.2.8(a)中，合成磁场轴线的方向是自上而下的。

图 3.2.8(b)所示的是 $\omega t=60°$ 时定子绕组电流的方向和三相电流的合成磁场的方向。这时的合成磁场已在空间转过了 60°。

同理可得在 $\omega t=90°$ 时的三相电流的合成磁场，它比 $\omega t=60°$ 时的合成磁场在空间又转过了 30°，如图 3.2.8(c)所示。

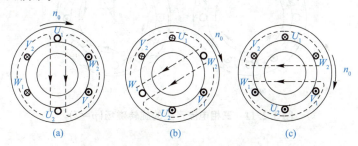

图 3.2.8 三相电流产生的旋转磁场
(a)$\omega t=0°$；(b)$\omega t=60°$；(c)$\omega t=90°$

由上可知，当定子绕组中通入三相电流后，它们共同产生的合成磁场随电流的交变而在空间不断地旋转着，这就是旋转磁场。这个旋转磁场同磁极在空间旋转所起的作用是相同的。

(2)旋转磁场的转向。由图 3.2.7 和图 3.2.8 可见，旋转磁场的旋转方向与通入定子绕组三相电流的相序有关，即转向是顺 $i_1 \rightarrow i_2 \rightarrow i_3$ 或 $L_1 \rightarrow L_2 \rightarrow L_3$ 相序的。只要将同三相电源连接的三根导线中的任意两根的一端对调位置，例如，将电动机三相定子绕组的 V_1 端改与电源 L_3 相连，W_1 与 L_2 相连，则旋转磁场就反转了(图 3.2.9)。分析方法与前相同。

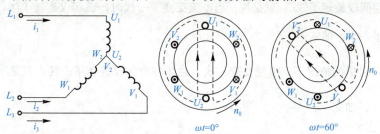

图 3.2.9 旋转磁场的反转

(3)旋转磁场的极数。三相异步电动机的极数就是旋转磁场的极数。旋转磁场的极数和三相绕组的安排有关。在图 3.2.8 所示的情况下,每相绕组只有一个线圈,绕组的始端之间相差 120°空间角,则产生的旋转磁场具有一对极,即 $p=1$(p 是磁极对数)。如将定子绕组安排得如图 3.2.10 所示,即每相绕组有两个线圈串联,绕组的始端之间相差 60°空间角,则产生的旋转磁场具有两对极,即 $p=2$,如图 3.2.11 所示。

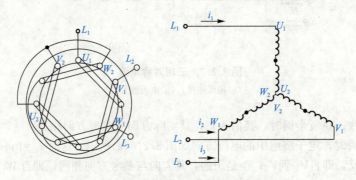

图 3.2.10　产生四级旋转磁场的定子绕组

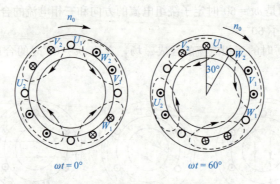

图 3.2.11　三相电流产生的旋转磁场($p=2$)

同理,如果要产生三对极,即 $p=3$ 的旋转磁场,则每相绕组必须有均匀安排在空间的串联的三个线圈,绕组的始端之间相差 $40°\left(=\dfrac{120°}{p}\right)$的空间角。

(4)旋转磁场的转速。至于三相异步电动机的转速,它与旋转磁场的转速有关,而旋转磁场的转速取决于磁场的极数。在一对极的情况下,由图 3.2.8 可见,当电流从 $\omega t=0°$ 到 $\omega t=60°$ 经历了 60°时,磁场在空间也旋转了 60°。当电流交变了一次(一个周期)时,磁场恰好在空间旋转了一转。设电流的频率为 f_1,即电流每秒钟交变 f_1 次或每分钟交变 $60f_1$ 次,则旋转磁场的转速 $n_0=60f_1$。转速的单位为转每分(r/min)。

在旋转磁场具有两对极的情况下,由图 3.2.11 可见,当电流也从 $\omega t=0°$ 到 $\omega t=60°$ 经历了 60°时,而磁场在空间仅旋转了 30°。就是说,当电流交变了一次时,磁场仅旋转了半转,比 $p=1$ 情况下的转速慢了一半,即 $n_0=\dfrac{60f_1}{2}$。

同理,在三对极的情况下,电流交变一次,磁场在空间仅旋转了 $\dfrac{1}{3}$ 转,只是 $p=1$ 情况下的转速的三分之一,即 $n_0=\dfrac{60f_1}{3}$。

由此推知，当旋转磁场具有 p 对极时，磁场的转速为

$$n_0 = \frac{60 f_1}{p} \tag{3.2.1}$$

因此，旋转磁场的转速 n_0 取决于电流频率 f_1 和磁极对数 p，而后者又取决于三相绕组的安排情况。对某一异步电动机而言，f_1 和 p 通常是一定的，所以磁场转速 n_0 是个常数。

在我国，工频 $f_1 = 50$ Hz，于是由式(3.2.1)可得出对应于不同磁极对数 p 的旋转磁场转速 n_0 (r/min)，见表 3.2.1。

表 3.2.1 不同磁极对数时的旋转磁场转速

p	1	2	3	4	5	6
n_0 /(r·min^{-1})	3 000	1 500	1 000	750	600	500

2. 电动机的转动原理

图 3.2.12 所示为三相异步电动机转子转动的原理。为简单起见，可用一对磁极来进行分析。当旋转磁场向顺时针方向旋转时，其磁通切割转子导条，导条中就感应出电动势，电动势的方向由右手定则确定。在这里应用右手定则时，可假设磁极不动，而转子导条向逆时针方向旋转切割磁通，这与实际上磁极顺时针方向旋转时磁通切割转子导条是相当的。

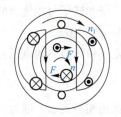

图 3.2.12 转子转动的原理

在电动势的作用下，闭合的导条中就有电流。该电流与旋转磁场相互作用，从而使转子导条受到电磁力 F。电磁力的方向可应用左手定则来确定。由电磁力产生电磁转矩，转子就转动起来。由图 3.2.12 可见，转子转动的方向和磁极旋转的方向相同。这就是图 3.2.6 演示中转子跟着磁场转动的原因。当旋转磁场反转时，电动机也跟着反转。因为异步电动机是以电磁感应原理为工作基础的，所以又称为感应电动机。

为了更清楚地分析异步电动机的工作过程，需要引入转差率的概念，用转差率 s 来表示转子转速 n 与磁场转速 n_0 相差的程度，即

$$s = \frac{n_0 - n}{n_0} \tag{3.2.2}$$

转差率是异步电动机的一个重要的物理量。转子转速越接近磁场转速，则转差率越小。由于三相异步电动机的额定转速与同步转速相近，所以它的转差率很小。通常异步电动机在额定负载时的转差率为 1%～9%。当 $n = 0$ 时(启动初始瞬间)，$s = 1$，这时转差率最大。空载时，转子转速接近同步转速，$s \approx 0$，$s = 0$ 的情况在实际运行时是不存在的。式(3.2.2)也可写为

$$n = (1 - s) n_0 \tag{3.2.3}$$

【例 3.2.1】 有一台三相异步电动机，其额定转速 $n = 975$ r/min。试求电动机的磁极对数和额定负载时的转差率。电源频率 $f_1 = 50$ Hz。

解： 由于电动机的额定转速接近而略小于同步转速，而同步转速对应于不同的磁极对数有一系列固定的数值(表 3.2.1)。显然，与 975 r/min 最接近的同步转速 $n_0 = 1\,000$ r/min，与此对应的磁极对数 $p = 3$。因此，额定负载时的转差率为

$$s = \frac{n_0 - n}{n_0} \times 100\% = \frac{1\,000 - 975}{1\,000} \times 100\% = 2.5\%$$

3.2.3 三相异步电动机的电路分析

图 3.2.13 所示为三相异步电动机的每相电路图。与变压器相比,定子绕组相当于变压器的一次绕组,转子绕组(一般是短接的)相当于二次绕组。三相异步电动机中的电磁关系同变压器类似。当定子绕组接上三相电源电压(相电压为 u_1)时,则有三相电流(相电流为 i_1)通过。定子三相电流产生旋转磁场,其磁通通过定子和转子铁芯而闭合。该磁场不仅在转子每相绕组中要感应出电动

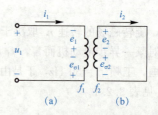

图 3.2.13 三相异步电动机的每相电路图
(a)定子电路;(b)转子电路

势 e_2(由此产生电流 i_2),而且在定子每相绕组中也要感应出电动势 e_1(实际上三相异步电动机中的旋转磁场是由定子电流和转子电流共同产生的)。另外,漏磁通在定子绕组和转子绕组中产生漏磁电动势 $e_{\sigma1}$ 和 $e_{\sigma2}$。

定子和转子每相绕组的匝数分别为 N_1 和 N_2。

1. 定子电路

定子每相电路的电压方程和变压器一次绕组电路的一样,即

$$u_1 = R_1 i_1 + (-e_{\sigma1}) + (-e_1) = R_1 i_1 + L_{\sigma1}\frac{di_1}{dt} + (-e_1) \tag{3.2.4}$$

如用相量表示,则为

$$\dot{U}_1 = R_1 \dot{I}_1 + (-\dot{E}_{\sigma1}) + (-\dot{E}_1) = R_1 \dot{I}_1 + jX_1 \dot{I}_1 + (-\dot{E}_1) \tag{3.2.5}$$

式中,R_1 和 X_1 分别为定子每相绕组的电阻和感抗(漏磁感抗)。

与变压器相同,也可得出

$$\dot{U}_1 = -\dot{E}_1$$

和

$$E_1 = 4.44 f_1 N_1 \Phi \approx U_1 \tag{3.2.6}$$

式中,Φ 是通过每相绕组的磁通最大值,在数值上它等于旋转磁场的每极磁通;f_1 是 e_1 的频率。因为旋转磁场和定子间的相对转速为 n_0,所以

$$f_1 = \frac{p n_0}{60} \tag{3.2.7}$$

即等于电源或定子电流的频率[式(3.2.1)]。

2. 转子电路

转子每相电路的电压方程为

$$e_2 = R_2 i_2 + (-e_{\sigma2}) = R_2 i_2 + L_2 \frac{di_2}{dt} \tag{3.2.8}$$

如用相量表示,则为

$$\dot{E}_2 = R_2 \dot{I}_2 + (-\dot{E}_{\sigma2}) = R_2 \dot{I}_2 + jX_2 \dot{I}_2 \tag{3.2.9}$$

式中,R_2 和 X_2 分别为转子每相绕组的电阻和感抗(漏磁感抗)。

转子电路的各个物理量对电动机的性能都有影响,现分述如下:

(1)转子频率 f_2。因为旋转磁场和转子间的相对转速为 $n_0 - n$,所以转子频率为

$$f_2 = \frac{p(n_0 - n)}{60}$$

上式也可写成

$$f_2 = \frac{(n_0 - n)}{n_0} \times \frac{pn_0}{60} = sf_1 \tag{3.2.10}$$

可见转子频率 f_2 与转差率 s 有关，也就是与转速 n 有关。

在 $n=0$，即 $s=1$ 时（电动机启动初始瞬间），转子与旋转磁场间的相对转速最大，转子导条被旋转磁通切割得最快。所以这时 f_2 最高，即后 $f_2=f_1$。异步电动机在额定负载时，$s=1\%\sim 9\%$，则 f_2 等于 $0.5\sim 4.5$ Hz（$f_1=50$ Hz）。

(2) 转子电动势 E_2。转子电动势 e_2 的有效值为

$$E_2 = 4.44 f_2 N_2 \Phi = 4.44 sf_1 N_2 \Phi \tag{3.2.11}$$

在 $n=0$，即 $s=1$ 时，转子电动势为

$$E_{20} = 4.44 f_1 N_2 \Phi \tag{3.2.12}$$

这时 $f_2=f_1$，转子电动势最大。

由上两式可得出

$$E_2 = sE_{20} \tag{3.2.13}$$

可见转子电动势 E_2 与转差率 s 有关。

(3) 转子感抗 X_2。转子感抗 X_2 与转子频率 f_2 有关，即

$$X_2 = 2\pi f_2 L_{\sigma 2} = 2\pi s f_1 L_{\sigma 2} \tag{3.2.14}$$

在 $n=0$，即 $s=1$ 时，转子感抗为

$$X_{20} = 2\pi f_1 L_{\sigma 2} \tag{3.2.15}$$

这时 $f_2=f_1$，转子感抗最大。

由上两式可得出

$$X_2 = sX_{20} \tag{3.2.16}$$

可见转子感抗 X_2 与转差率 s 有关。

(4) 转子电流 I_2。转子每相电路的电流可由式 (3.2.9) 得出，即

$$I_2 = \frac{E_2}{\sqrt{R_2^2 + X_2^2}} = \frac{sE_{20}}{\sqrt{R_2^2 + (sX_{20})^2}} \tag{3.2.17}$$

可见转子电流 I_2 也与转差率 s 有关。当 s 增大，即转速 n 降低时，转子与旋转磁场间的相对转速 n_0-n 增加，转子导体切割磁通的速度提高，于是 E_2 增加，I_2 也增加。I_2 随 s 变化的关系可用图 3.2.14 所示的曲线表示。当 $s=0$，即 $n_0-n=0$ 时，$I_2=0$；当 s 很小时，$R_2 \gg sX_{20}$，$I_2 \approx \frac{sE_{20}}{R_2}$，即与 s 近似地成正比；当 s 接近 1 时，sX_{20} 远大于 R_2，$I_2 \approx \frac{E_{20}}{X_{20}}$ = 常数。

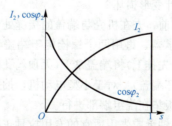

图 3.2.14　I_2 和 $\cos\varphi_2$ 与转差率的关系

(5) 转子电路的功率因数 $\cos\varphi_2$。由于转子有漏磁通，相应的感抗为 X_2，因此 $\dot{I}_2$ 比 $\dot{E}_2$ 滞后 φ 角。因而，转子电路的功率因数为

$$\cos\varphi_2 = \frac{R_2}{\sqrt{R_2^2 + X_2^2}} = \frac{R_2}{\sqrt{R_2^2 + (sX_{20})^2}} \tag{3.2.18}$$

它也与转差率 s 有关。当 s 增大时，X_2 也增大，于是 φ_2 增大，即 $\cos\varphi_2$ 减小。$\cos\varphi_2$ 随 s 的变化关系也表示在图 3.2.14 中。当 s 很小时，R_2 远大于 sX_{20}，$\cos\varphi_2 \approx 1$；当 s 接近 1 时，$\cos\varphi_2 \approx \dfrac{R_2}{sX_{20}}$，即两者之间近似有双曲线的关系。

由上述可知，转子电路的各个物理量，如电动势、电流、频率、感抗及功率因数等都与转差率有关，也即与转速有关。这是学习三相异步电动机时所应注意的一个特点。

任务实训

三相异步电动机拆装

训练地点： 电工基础实训室

训练器材： 三相相异步电动机(10 kW 以下)、拉具、活扳手、呆扳手或套筒扳手、卡环钳、纯铜棒、锤子、油盒、刷子、煤油、钠基润滑脂、钳形电流表、兆欧表。

训练内容与步骤：

1. 拆卸步骤

(1)拆带轮或联轴器；(2)拆前轴承外盖；(3)拆前端盖；(4)拆风罩；(5)拆风扇；(6)拆后轴承外盖；(7)拆后端盖；(8)抽出转子；(9)拆前轴承；(10)拆前轴承内盖；(11)拆后轴承；(12)拆后轴承内盖。

2. 主要部件的拆卸方法

(1)皮带轮或联轴器的拆卸。

1)用粉笔标记好带轮的正反面，以免安装时装反。

2)在带轮(或联轴器)的轴伸端做好标记。

3)松下带轮或联轴器上的压紧螺钉或销子。

4)在螺钉孔内注入煤油。

5)安装好拉具，拉具螺杆的中心线要对准电动机轴的中心线，转动丝杠，掌握力度，把带轮或联轴器慢慢拉出，切忌硬拆，拉具顶端不得损坏转子轴端中心孔。在拆卸过程中，严禁用锤子直接敲击带轮，避免造成带轮或联轴器碎裂，使轴变形、端盖受损。

然后拆除风罩、风叶卡环、风叶，拆除卡环时要使用专用的卡环钳，并注意弹出伤人，拆除风叶时最好使用拉具，避免风叶变形损坏。

(2)拆卸端盖、抽转子。拆卸前，先在机壳与端盖的接缝处(止口处)做好标记以便复位。均匀拆除轴承盖及端盖螺栓拿下轴承盖，再用两个螺栓旋于端盖上两个顶丝孔，两螺栓均匀用力向里转(较大端盖要用吊绳将端盖先挂上)将端盖拿下(无顶丝孔时，可用铜棒对称敲打，卸下端盖，但要避免过重敲击，以免损坏端盖)。对于小型电动机，抽出转子是靠人工进行的，为防手滑或用力不均碰伤绕组，应用纸板垫在绕组端部进行。

(3)轴承的拆卸、清洗。拆卸轴承应先用适宜的专用拉具正确夹持轴承，拉力应着力于轴承内圈，不能拉外圈，拉具顶端不得损坏转子轴端中心孔(可加些润滑油脂)，拉具的丝杆顶点要对准转子轴的中心，缓慢匀速地扳动丝杠。在轴承拆卸前，应将轴承用清洗剂洗干净，检查它是否损坏，有无必要更换。

3. 装配步骤

(1)用压缩空气吹净电动机内部灰尘，检查各部零件的完整性，清洗油污，并直观检查绕组有无变色、焦化、脱落或擦伤；检查线圈是否松动、接头有无脱焊。如有上述现象该电机就需另做处理。

(2)装配异步电动机的步骤与拆卸相反。装配前要检查定子内污物、锈是否清除，止口有无损坏伤，装配时应将各部件按标记复位，轴承应加适量润滑脂并检查轴承盖配合是否合适。

4. 主要部件的装配方法

轴承装配可采用冷装配法和热套法。

(1)冷装配法。在干净的轴颈上抹一层薄薄的全损耗系统用油。把轴承套上，用一根内径略大于轴颈直径、外径略大于轴承内圈外径的铁管，将铁管的一端顶在轴承的内圈上，用锤子敲打铁管的另一端，将轴承敲进去，最好是用压床压入。

(2)热套法。如轴承配合较紧，为了避免把轴承内环胀裂或损伤配合面，可采用热套法。将轴承放在油锅里(或油槽里)加热，油的温度保持在100 ℃左右，轴承必须浸没在油中，又不能与锅底接触，可用铁丝将轴承吊起并架空，要均匀加热，浸入30～40 min，把轴承取出，趁热迅速将轴承一直推到轴颈。

5. 装配后的检验

(1)一般检查。检查电动机的转子转动是否轻便灵活，如转子转动比较沉重，可用纯铜棒轻敲端盖，同时调整端盖紧固螺栓的松紧程度，使之转动灵活。检查绕线转子电动机的刷握位置是否正确，电刷与集电环接触是否良好，电刷在刷握内是否卡死，弹簧压力是否均匀等。

(2)绝缘电阻检查。检查电动机的绝缘电阻，用兆欧表摇测电动机定子绕组中相与相之间、各相对机壳之间的绝缘电阻，对于绕线转子异步电动机，还应检查各相转子绕组间及对地间的绝缘电阻。额定电压为380 V的电动机用500 V的兆欧表测量，绝缘电阻应不低于0.5 MΩ。大修更换绕组后的绝缘电阻一般不低于5 MΩ。

(3)通电检查。根据电动机的铭牌与电源电压正确接线，并在电动机外壳上安装好接地线，启动电动机。

用钳形电流表分别检测三相电流是否平衡。让电动机空转运行0.5 h后，检测机壳和轴承处的温度，观察振动和噪声。对于绕线式电机，在空载时，还应检查电刷有无火花及过热现象。

注意：

(1)电动机解体前，要做好记号，以便组装。

(2)拆、装时不能用手锤直接敲击零件，应垫铜、铝棒或硬木，对称敲。

(3)在教师指导下通电测试，防止触电。

知识巩固

3-2-1 什么是三相电源的相序？就三相异步电动机本身而言，有无相序？

3-2-2 某三相异步电动机的额定数据如下：90 kW，2 970 r/min，50 Hz。试求额定转差率和转子电流的频率。

3-2-3 某人在检修三相异步电动机时，将转子抽掉，而在定子绕组上加三相额定电压，这会产生什么后果？

项目总结

1. 磁路的欧姆定律： $\Phi = \dfrac{IN}{\dfrac{l}{\mu S}} = \dfrac{F_m}{R_m}$　　$R_m = \dfrac{l}{\mu S}$

2. 磁路基尔霍夫第一定律(磁通定律)：$\sum \Phi = 0$

3. 磁路基尔霍夫第二定律(磁压定律)：$\sum Hl = \sum IN$

4. 互感系数：$M = \dfrac{\Psi_2}{i_1} = \dfrac{N_2 \Phi}{i_1} = \dfrac{\Psi_1}{i_2} = \dfrac{N_1 \Phi}{i_2}$

5. 耦合系数：$K = \dfrac{M}{\sqrt{L_1 L_2}}$

6. 在互感元件中，同名端一旦确定下来，互感电压的方向也就随之确定。规定：如果电流从一个线圈的同名端流入，则它在另一线圈中产生互感电压的方向：同名端极性为正，异名端极性为负。

7. 互感线圈的连接有三种，即串联、并联、三端接。串联有顺联、逆联两种，并联有同侧并联、异侧并联两种。在对含有互感的正弦交流电路进行分析时，首先要去耦，之后才能进行分析计算。

8. 变压器的变比 K 是变压器唯一的参数，变压器有变压变流变阻抗的功能：

$$\dfrac{u_1}{u_{20}} \approx \dfrac{E_1}{E_2} = \dfrac{N_1}{N_2} = K \qquad \dfrac{I_1}{I_2} = \dfrac{1}{K} = \dfrac{N_2}{N_1} \qquad Z_1 = K^2 Z_L$$

9. 三相异步电动机定子绕组通入三相交流电流，产生旋转磁场，转子绕组在旋转磁场的作用下受力，铁芯旋转，带动轴上机械工作。任意调换两根电源进线就能使电动机反转。

10. 当旋转磁场具有 p 对极时，磁场的转速为 $n_0 = \dfrac{60 f_1}{p}$，转差率 s 反映了转子转速 n 与磁场转速 n_0 相差的程度，即 $s = \dfrac{n_0 - n}{n_0}$。

11. 定子电路：

$$E_1 = 4.44 f_1 N_1 \Phi \approx U_1, \quad f_1 = \dfrac{p n_0}{60}$$

转子电路：

频率：$f_2 = s f_1$；

电动势：在 $n = 0$，即 $s = 1$ 时，$E_2 = s E_{20}$；

转子感抗：$X_2 = s X_{20}$；

转子电流：当 $s = 0$ 时，$I_2 = 0$；当 s 很小时，$I_2 \approx \dfrac{s E_{20}}{R_2}$；当 s 接近 1 时，$I_2 \approx \dfrac{E_{20}}{X_{20}} =$ 常数；

功率因数：当 s 增大时，$\cos \varphi_2$ 减小；当 s 很小时，$\cos \varphi_2 \approx 1$；当 s 接近 1 时，$\cos \varphi_2 \approx \dfrac{R_2}{s X_{20}}$。

转子电路都与转差率 s 有关。

项目 4　船舶动态电路

项目描述

　　船舶发动机点火系统的点火电路是基于动态电路暂态响应的原理工作的。船舶发动机点火电路的简化示意如图 4.0.1 所示。船舶柴油发动机启动时要求气缸中的燃料空气混合体在适当的时候被点燃，该装置为点火塞，它基本上是一对电极，间隔一定的空气隙，若在两个电极间产生一个高压，则空气隙中产生火花而点燃了发动机。在点火电路中，通过开关的动作使电感线圈中产生一个快速变化的电流，电感线圈通常称作点火线圈，点火线圈由两个串联的磁耦合线圈组成，又称为自耦合变压器，其中与电池相连的线圈称作初级线圈；与火花塞相连的线圈称为次级线圈。初级线圈上电流的快速变化通过互感现象使次级线圈上产生一个高电压，其峰值可达到 40 kV，这一高压将在火花塞的间隙间产生一个电火花，从而点燃气缸中的油气混合物。点火电路的电池只有 12 V，怎样才能得到那么高的电压呢？这时就要用一个电感 L（点火线圈）。因为电感两端的电压是 $u=L\mathrm{d}i/\mathrm{d}t$，所以，若在一个很短的时间内使电流变化很大，就可以获得很大的 $L\mathrm{d}i/\mathrm{d}t$，从而使电感两端的电压很高。稳态时，i 是常数，$\mathrm{d}i/\mathrm{d}t=0$，所以电感两端的电压为零。若开关突然断开，由于电磁场的快速变化，电感两端就形成一个很高的电压而在空气隙中产生火花或电弧，一直到放电过程中电感的能量被消耗为止。

　　本项目中学习船舶动态电路的分析，用微分方程来分析描述动态电路，首先学习可用一阶微分方程描述的电路，主要是 RC 和 RL 电路，介绍分析一阶电路过渡过程的经典法及一阶电路时间常数的概念。在一阶电路的基础上用经典法分析二阶电路的过渡过程。本项目还介绍了零输入响应、零状态响应、全响应、瞬态分量、稳态分量、阶跃响应、冲激响应等重要概念。

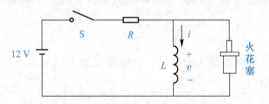

图 4.0.1　船舶发动机点火系统的简化示意

项目目标

知识目标：
1. 理解动态电路的基本概念；
2. 掌握换路定则及利用换路定则确定初始值；
3. 理解一阶电路的零输入响应、零状态响应，从而理解用三要素法求解一阶电路的全响应；
4. 理解时间常数的概念；
5. 了解阶跃响应和冲激响应的概念。

技能目标：

能够熟练使用示波器观察电信号。

任务 4.1　动态电路的方程及其初始条件

4.1.1　动态电路的基本概念

动态分析的有关概念是分析动态电路的基础，理解这些概念能更好地理解电路的动态过程。

1. 稳态

在前面内容的讨论中，电路中的电压或电流，都是某一稳定值或某一稳定的时间函数，这种状态称为电路的稳定状态，简称稳态。

2. 换路

动态电路的一个特征是当电路的结构或元件的参数发生变化时（例如，电路中电源或无源元件的断开或接入，信号的突然注入等），可能使电路改变原来的工作状态，转变到另一个工作状态，这种转变往往需要经历一个过程，在工程上称为过渡过程。上述电路结构或参数变化引起的电路变化统称为"换路"，并认为换路是在 $t=0$ 时刻进行的。为了叙述方便，将换路前的最终时刻记为 $t=0_-$，将换路后的最初时刻记为 $t=0_+$，换路经历的时间为 0_- 到 0_+。

3. 暂态

换路后，电路由原来的稳定状态转变到另一个稳定状态。这种转换不是瞬间完成的，而是有一个过渡过程，电路在过渡过程中所处的状态称为暂态。分析动态电路的过渡过程的方法之一：根据 KCL、KVL 和支路的 VCR（伏安特性）建立描述电路的方程，这类方程是以时间为自变量的线性常系数微分方程，然后求解常系数微分方程，从而得到电路所求变量（电压或电流）。

4. 激励

激励又称输入，是指从电源输入的信号。激励按类型不同可分为直流激励、阶跃信号激励、冲击信号激励及正弦激励。

5. 响应

电路在内部储能或外部激励的作用下，产生的电压和电流统称为响应。按照产生响应原因的不同，响应又可分为以下几项：

（1）零输入响应。零输入响应就是电路在无外部激励时，只是由内部储能元件中初始储能而引起的响应。

（2）零状态响应。零状态响应就是电路换路时储能元件在初始储能为零的情况下，由外部激励所引起的响应。

（3）全响应。在换路时储能元件初始储能不为零的情况下，再加上外部激励所引起的响应。

一般情况下，当电路中仅含一个动态元件，动态元件以外的线性电阻电路可用戴维南定理或诺顿定理置换为电压源和电阻的串联组合，或电流源和电阻的并联组合，对于这样的电路，所建立的电路方程将是一阶线性常系数微分方程，相应的电路称为一阶电路，如图 4.1.1(a)所示。当电路中含有两个动态元件时，建立的方程为二阶微分方程，相应的电路称为二阶电路，如图 4.1.1(b)所示。当电路中含有 n 个动态元件时,建立的方程为 n 阶微分方程,相应的电路称为 n 阶电路。

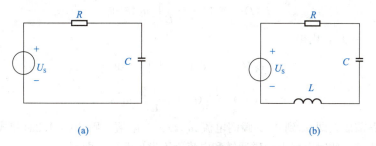

图 4.1.1 动态电路的例子
(a)一阶电路;(b)二阶电路

4.1.2 换路定则与初始值的确定

在上一小节中介绍了换路的概念,设 $t=0$ 发生换路,把换路前的最终时刻记为 $t=0_-$,把换路后的最初时刻记为 $t=0_+$。在含有电容元件的电路中,电容元件上储存的电场能量为 $\frac{1}{2}Cu^2$。换路时,由于电场能不能跃变,所以电容元件上的电压不能跃变。在含有电感元件的电路中,电感元件上储存的磁场能量为 $\frac{1}{2}Li^2$。换路时,由于磁场能不能跃变,所以电感元件中的电流不能跃变。即换路瞬间电容元件上的电压和电感元件中的电流均不能跃变,这一规律称为换路定则。

1. $u_C(0_+)$ 和 $i_L(0_+)$ 的确定

对于线性电容,在任意时刻 t 时,它的电荷、电压与电流的关系为

$$q(t) = q(t_0) + \int_{t_0}^{t} i_C(\xi)d\xi$$

$$u_C(t) = u_C(t_0) + \frac{1}{C}\int_{t_0}^{t} i_C(\xi)d\xi$$

式中,q、u_C、i_C 分别为电容的电荷、电压、电流。令 $t_0=0_-$,$t=0_+$,则得

$$q(0_+) = q(0_-) + \int_{0_-}^{0_+} i_C dt \tag{4.1.1a}$$

$$u_C(0_+) = u_C(0_-) + \frac{1}{C}\int_{0_-}^{0_+} i_C dt \tag{4.1.1b}$$

从式(4.1.1a)和式(4.1.1b)可以看出,如果在换路前后,即 0_- 到 0_+ 的瞬间电流 $i_C(t)$ 为有限值,则式(4.1.1a)和式(4.1.1b)中右方的积分项将为零,此时电容上的电荷和电压就不发生跃变,即

$$q(0_+) = q(0_-) \tag{4.1.2a}$$

$$u_C(0_+) = u_C(0_-) \tag{4.1.2b}$$

对于一个在 $t=0_-$ 储存电荷 $q(0_-)$,电压为 $u_C(0_-)=U_0$ 的电容,在换路瞬间不发生跃变的情况下,有 $u_C(0_+)=u_C(0_-)=U_0$,可见在换路的瞬间,电容可视为一个电压值为 u_0 的电压源。同理,对于一个在 $t=0_-$ 不带电荷的电容,在换路瞬间不发生跃变的情况下,有 $u_C(0_+)=u_C(0_-)=0$,在换路瞬间电容相当于短路。

线性电感的磁通链、电流与电压的关系为

$$\psi_L(t) = \psi_L(t_0) + \int_{t_0}^{t} u_L(\xi)\,\mathrm{d}\xi$$

$$i_L(t) = i_L(t_0) + \frac{1}{L}\int_{t_0}^{t} u_L(\xi)\,\mathrm{d}\xi$$

令 $t_0=0_-$，$t=0_+$，则得

$$\psi_L(0_+) = \psi_L(0_-) + \int_{0_-}^{0_+} u_L\,\mathrm{d}t \tag{4.1.3a}$$

$$i_L(0_+) = i_L(0_-) + \frac{1}{L}\int_{0_-}^{0_+} u_L\,\mathrm{d}t \tag{4.1.3b}$$

如果在换路前后，即 0_- 到 0_+ 的瞬间电流 $u_L(t)$ 为有限值，则式(4.1.3a)和式(4.1.3b)中右方的积分项将为零，此时电感上的磁通链和电流就不发生跃变，即

$$\psi_L(0_+)=\psi_L(0_-) \tag{4.1.4a}$$

$$i_L(0_+)=i_L(0_-) \tag{4.1.4b}$$

对于 $t=0_-$ 时，电流为 I_0 的电感，在换路瞬间不发生跃变的情况下，有 $i_L(0_+)=i_L(0_-)=I_0$，可见在换路的瞬间，电感可视为一个电流值为 I_0 的电流源。同理，对于一个在 $t=0_-$ 时电流为零的电感，在换路瞬间不发生跃变的情况下，有 $i_L(0_+)=i_L(0_-)=0$，在换路瞬间电感相当于开路。

式(4.1.2)和式(4.1.4)分别说明在换路前后电容电流和电感电压为有限值的条件下，换路前后瞬间电容电压和电感电流不能跃变，这一规律称为换路定则。

一个动态电路的独立初始条件为电容电压 $u_C(0_+)$ 和电感电流 $i_L(0_+)$，一般可以根据它们在 $t=0_-$ 时的值(电路发生换路前的状态) $u_C(0_-)$ 和 $i_L(0_-)$ 确定。该电路的非独立初始条件，即电阻的电压和电流、电容电流、电感电压等则需通过已知的独立初始条件求得。

2. 电路中其他变量的确定

对于电路中除 u_C 和 i_L 外的其他变量的初始值可按下面步骤确定：

(1)根据 $t=0_-$ 的等效电路，确定 $u_C(0_-)$ 和 $i_L(0_-)$。对于直流激励的电路，若 $t=0_-$ 时电路处于稳态，则电感视为短路，电容视为开路，得到 $t=0_-$ 的等效电路，并用前面所讲的分析直流电路的方法确定 $u_C(0_-)$ 和 $i_L(0_-)$。

(2)由换路定理得到 $u_C(0_+)$ 和 $i_L(0_+)$。

(3)画出 $t=0_+$ 的等效电路。在 $t=0_+$ 的等效电路中，电容用电压为 $u_C(0_+)$ 的电压源代替，电感用电流为 $i_L(0_+)$ 的电流源代替，电路的独立电源取 $t=0_+$ 时的值。

(4)根据 $t=0_+$ 的等效电路求其他变量的初始值。

【例 4.1.1】 图 4.1.2(a)所示的电路，已知 U_S 为直流电源，设 $t<0$ 时电路已达到稳态，试求初始条件 $u_C(0_+)$、$i_L(0_+)$、$i_C(0_+)$、$u_L(0_+)$、$u_{R_1}(0_+)$ 和 $u_{R_2}(0_+)$。

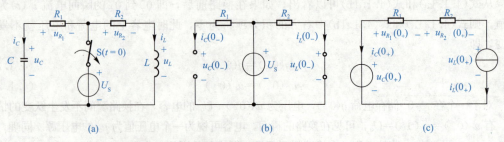

图 4.1.2 例 4.1.1 图
(a)原电路；(b)0_- 时刻的等效电路；(c)0_+ 时刻的等效电路

解：首先计算 $u_C(0_-)$ 和 $i_L(0_-)$，再由此求出 $u_C(0_+)$ 和 $i_L(0_+)$。因为在 $t<0$ 时电路已达稳态，且 U_S 为直流，可知电容电压和电感电流均为直流，根据 $i_C=\mathrm{d}u_C/\mathrm{d}t$ 和 $u_L=\mathrm{d}i_L/\mathrm{d}t$ 得 $i_C(0_-)=0$ 和 $u_L(0_-)=0$，所以，在 $t=0_-$ 时刻电容相当于开路、电感相当于短路，则 0_- 时刻的等效电路如图 4.1.2(b)所示，由图 4.1.2(b)可得

$$u_C(0_-)=U_S,\ i_L(0_-)=U_S/R_2$$

根据换路定则有 $u_C(0_+)=u_C(0_-)=U_S$ 和 $i_L(0_+)=i_L(0_-)=U_S/R_2$，即在 $t=0_+$ 时刻电容相当于电压源，电感相当于电流源，则 0_+ 时刻的等效电路如图 4.1.2(c)所示。根据图 4.1.2(c)得

$$i_C(0_+)=-i_L(0_+)=-U_S/R_2$$
$$u_{R_1}(0_+)=R_1 i_L(0_+)=R_1 U_S/R_2$$
$$u_{R_2}(0_+)=R_2 i_L(0_+)=U_S$$
$$u_L(0_+)=u_C(0_+)-u_{R_1}(0_+)-u_{R_2}(0_+)=-u_{R_1}(0_+)=-R_1 U_S/R_2$$

由该例可以看出，虽然电容电压和电感电流不能发生跃变，但电容电流和电感电压在换路时发生了跃变。可见，电容电流和电感电压是可以发生跃变的。

【例 4.1.2】 电路如图 4.1.3 所示，已知 $U_1=12\ \text{V}$，$R_1=4\ \Omega$，$R_2=2\ \Omega$，开关 S 断开前电路已达稳态。求 S 断开后，$u_C(0_+)$、$i_C(0_+)$、$u_{R_1}(0_+)$。

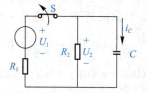

图 4.1.3 例 4.1.2 图

解：①画出 $t=0_-$ 时的等效电路如图 4.1.4(a)所示。

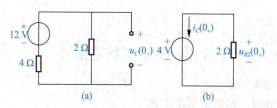

图 4.1.4 例 4.1.2 题解图
(a)$t=0_-$ 时的等效电路；(b)$t=0_+$ 时的等效电路

由题意知，换路前电路已处于稳态，电容 C 视为开路，由等效电路得

$$u_C(0_-)=\frac{2}{4+2}\times 12=4(\text{V})$$

②由换路定则得

$$u_C(0_-)=u_C(0_+)=4\ \text{V}$$

③画出 $t=0_+$ 时的等效电路如图 4.1.4(b)所示，此时电容视为一个电压为 4 V 的恒压源，则

$$i_C(0_+)=-\frac{4}{2}=-2(\text{A})$$
$$u_{R_2}(0_+)=4\ \text{V}$$

【例 4.1.3】 如图 4.1.5(a)所示电路，已知 $U_S=15\ \text{V}$，$R_1=10\ \Omega$，$R_2=R_3=20\ \Omega$，开关 S 闭合前电路处于稳态。$t=0$ 时，S 闭合。试求 S 闭合瞬间各电压、电流的初始值。

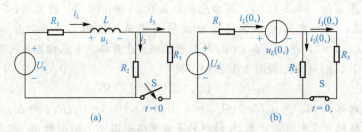

图 4.1.5　例 4.1.3 图
(a)假定电压和电流的参考方向；(b)$t=0_+$ 时的等效电路

解：假定所求电压和电流的参考方向如图 4.1.5(a)所示。由题意，S 闭合前电路处于稳态，电感在直流电路中相当于短路，故

$$i_L(0_-)=\frac{U_S}{R_1+R_2}=\frac{15}{10+20}=0.5(\text{A})$$

由换路定则可得

$$i_L(0_+)=i_L(0_-)=0.5\text{ A}$$

画出 $t=0_+$ 时的等效电路如图 4.1.5(b)所示，电感用一个电流源 $i_L(0_+)$ 替代，则

$$i_2(0_+)=\frac{R_3}{R_2+R_3}i_L(0_+)=\frac{20}{20+20}\times 0.5=0.25(\text{A})$$

$$i_3(0_+)=i_L(0_+)-i_2(0_+)=0.5-0.25=0.25(\text{A})$$

由 KVL 可知

$$u_L(0_+)=U_S-i_L(0_+)R_1-i_2(0_+)R_2=15-0.5\times 10-0.25\times 20=5(\text{V})$$

任务实训

使用示波器观察电信号

训练地点：电工基础实训室
训练器材：双踪示波器、函数信号发生器
训练内容与步骤：

1. 观察示波器"标准信号"波形

如图 4.1.6 所示，将 CH1 或 CH2 测试线(红色夹子)连接到示波器"CAL"输出端。改变触发源或调节触发电平数值，观察波形稳定情况。波形稳定后，用示波器测出该"标准信号"的峰值与周期，并与给定的标准值进行比较。

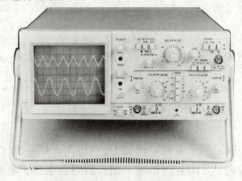

图 4.1.6　示波器

测试值记录：$f=$ _____，$U_{峰-峰}=$ _____。

2. 信号发生器输出电压幅值的测量

如图 4.1.7 所示，将信号发生器输出频率调为 $f=1$ kHz，波形选择正弦波。由小到大调节输出幅值，用示波器和交流电压表分别测量，选取 3 个不同电压值记入表 4.1.1，其中最后一次调为信号发生器最大输出电压值。由示波器测量结果计算出有效值并与交流电压表测量结果进行比较，选取一组数据画出波形图。

图 4.1.7　信号发生器

表 4.1.1　测量信号发生器输出电压幅值记录

测量次数	1	2	3
交流电压表读数			$U_{最大}$
示波器测量峰—峰值			
有效值计算结果			

3. 示波器测量信号的频率

将示波器接入信号发生器输出端，信号发生器输出调为 $U_{峰-峰}=4$ V，波形选择方波，频率分别调为 200 Hz、1 650 Hz、5 000 kHz（由信号发生器频率计读出），用示波器测出该信号的频率（采用两种测量方法），结果记入表 4.1.2，选取一组数据画出波形图。

测试时注意观察垂直耦合方式（DC/AC）改变对波形的影响，用文字叙述变化过程。

表 4.1.2　示波器测量信号频率记录

	信号发生器输出频率/Hz	200	1 650	5 000
方法 1：直读法	"TIME/div"挡位			
	一个周期占有的格数			
	信号周期			
	计算所得频率			
方法 2：光标法	Δt			
	$1/\Delta t$			

4. 示波器测量信号的相位

按图 4.1.8 所示接线，信号发生器输出频率 $f=1$ kHz、峰—峰值 $U_{峰-峰}=4$ V 的正弦波，用示波器同时观察信号源输出电压与电容电压的波形，调节 R 或 C，观察波形的变化。记录 $R=2$ kΩ，$C=0.2$ μF 时观察到的波形，并测出它们的相位差。

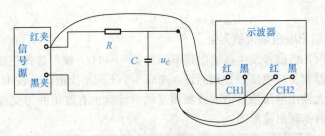

图 4.1.8 RC 测试电路

知识巩固

4-1-1 换路定则的内容是什么？

4-1-2 如图 4.1.9 所示的电路，开关 S 原始位置为 1，电路处于稳态，在 $t=0$ 时刻将 S 合到位置 2，试求电路中各初始值：$u_{R_1}(0_+)$、$u_{R_2}(0_+)$、$u_C(0_+)$ 及 $i_C(0_+)$。

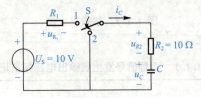

图 4.1.9 习题 4-1-2 图

4-1-3 如图 4.1.10 所示的电路，已知 $U_S=15$ V，$R_1=10$ Ω，$R_2=R_3=20$ Ω，开关 S 闭合前电路处于稳态。$t=0$ 时，S 闭合。试求 S 闭合瞬间各电压、电流的初始值。

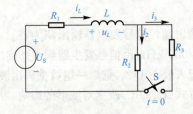

图 4.1.10 习题 4-1-3 图

任务 4.2　一阶电路的零输入响应

所谓零输入响应就是动态电路在没有外加激励时的响应，电路的响应仅仅是由动态元件的初始储能引起的，也就是说，是由非零初始状态引起的。如果初始状态为零，电路也没有外加输入，则电路的响应为零。

4.2.1　RC 电路的零输入响应

首先研究 RC 电路的零输入响应。图 4.2.1(a)所示为 RC 电路，换路前电容已充电，并设 $u_C(0_-)=U_0$，开关 S 在 $t=0$ 时闭合，则电路在 0 时刻换路。换路后，即 $t \geq 0_+$ 时的电路如图 4.2.1(b)所示。

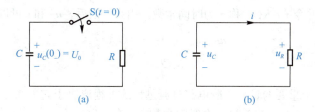

图 4.2.1 零输入 RC 电路
(a)RC 电路；(b)$t \geqslant 0_+$ 时电路

由图 4.2.1(b)，根据 KVL，得

$$u_R - u_C = 0$$

选状态变量 u_C 为方程变量，再由 $u_R = Ri$ 和 $i = -C\dfrac{du_C}{dt}$，代入上式得

$$RC\dfrac{du_C}{dt} + u_C = 0, \quad t \geqslant 0_+ \tag{4.2.1}$$

因为 R、C 为常数，所以式(4.2.1)是一阶线性齐次常系数微分方程。可见含一个储能元件的电路可以用一阶微分方程描述，所以 RC 电路是一阶电路。

由微分方程解的形式可知，线性齐次常系数微分方程的通解为 $u_C = Ae^{pt}$，代入式(4.2.1)可得对应的特征方程为

$$RCp + 1 = 0$$

即特征根为

$$p = -1/RC$$

通解为

$$u_C = Ae^{-\frac{t}{RC}}$$

根据换路定则和初始条件有 $u_C(0_+) = u_C(0_-) = U_0$，代入上式得积分常数 $A = u_C(0_+) = U_0$，于是式(4.2.1)的通解为

$$u_C = u_C(0_+)e^{-\frac{t}{RC}} = U_0 e^{-\frac{t}{RC}} \tag{4.2.2}$$

电路中的电流为

$$i = -C\dfrac{du_C}{dt} = \dfrac{U_0}{R}e^{-\frac{t}{RC}} \tag{4.2.3}$$

由式(4.2.2)和式(4.2.3)可以看出，电容上的电压 u_C 和电路中的电流 i 都是按同样的指数规律衰减的，其变化曲线如图 4.2.2 所示。

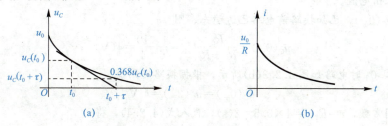

图 4.2.2 RC 电路的零输入响应
(a)电压的变化曲线；(b)电流的变化曲线

u_C 和 i 衰减的快慢取决于电路特征方程的特征根 $p = -1/RC$，即取决于电路参数 R 和 C 的乘积。当 R 的单位取 Ω，C 的单位取 F 时，有欧·法＝欧·库/伏＝欧·安·秒/伏＝秒，所以

RC 的量纲为时间，并令 $\tau=RC$，称 τ 为时间常数。引入 τ 以后，u_C 和 i 可以表示为

$$u_C = u_C(0_+)e^{-\frac{t}{\tau}} = U_0 e^{-\frac{t}{\tau}} \tag{4.2.4}$$

$$i = \frac{U_0}{R}e^{-\frac{t}{\tau}} \tag{4.2.5}$$

时间常数 τ 是一个重要的量，一阶电路过渡过程的进程取决于它的大小。以电容电压为例，在任一时刻 t_0，$u_C=u_C(t_0)$，当经过一个时间常数 τ 后有

$$u_C(t_0+\tau) = U_0 e^{-(t_0+\tau)/\tau} = e^{-1} U_0 e^{-t_0/\tau} = 0.368 u_C(t_0)$$

可见，从任一时刻 t_0 开始经过一个 τ 后，电压衰减到原来值的 36.8%，如图 4.2.2(a)所示。从理论上讲，当 $t=\infty$ 时过渡过程结束，即电容电压和电流衰减到零。经过计算得，当 $t=3\tau$ 时，$u_C(3\tau)=e^{-3}U_0=0.049\,8U_0$；$t=4\tau$、$5\tau$ 时，$u_C(4\tau)=0.018\,3U_0$，$u_C(5\tau)=0.006\,7U_0$。所以，一般认为换路后经过 $(3\sim5)\tau$ 后过渡过程就告结束。

可以证明，u_C 在 t_0 处的切线和时间轴的交点为 $t_0+\tau$，如图 4.2.2(a)所示。这一结果说明，从任一时刻 t_0 开始，如果衰减沿切线进行，则经过时间 τ 它将衰减到零。

在整个过渡过程中，由于电容电压按指数规律一直衰减到零，所以电容通过电阻进行放电，电容中的初始储能——电场能 $(CU_0^2/2)$ 全部由电阻消耗并转换成热能，即

$$W_R = \int_0^\infty i^2(t)R\,dt = \int_0^\infty \left(\frac{U_0}{R}e^{-\frac{t}{RC}}\right)^2 R\,dt$$

$$= -\frac{1}{2}CU_0^2 e^{-\frac{2t}{RC}} \Big|_0^\infty = \frac{1}{2}Cu_0^2$$

【例 4.2.1】 图 4.2.3(a)所示电路已达稳态，已知 $U_S=10$ V，$R_1=6\,\Omega$，$R_2=4\,\Omega$，$C=0.5$ F，在 $t=0$ 时打开开关 S，试求 $t\geqslant 0$ 时的电流 i。

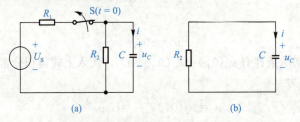

图 4.2.3　例 4.2.1 图
(a)稳态电路；(b)换路后 $t\geqslant 0_+$ 时电路

解： 由式(4.2.4)知，只要知道 RC 电路的初值 $u_C(0_+)$ 和时间常数 τ 就可以求出电容两端的电压，进而求出电流。

首先求 $u_C(0_+)$，已知换路前电路已达稳态，则

$$u_C(0_-) = \frac{R_2}{R_1+R_2}U_S = \frac{4\times 10}{6+4} = 4(\text{V})$$

换路后 $t\geqslant 0_+$ 时电路如图 4.2.3(b)所示，根据换路定则有

$$u_C(0_+) = u_C(0_-) = 4 \text{ V}$$

再求时间常数，$\tau = R_2 C = 4\times 0.5 = 2(\text{s})$，代入式(4.2.4)，得

$$u_C(t) = u_C(0_+)e^{-\frac{t}{\tau}} = 4e^{-0.5t} \text{ V}$$

则电流 i 为

$$i(t) = C\frac{du_C}{dt} = 0.5\times 4\times(-0.5)e^{-0.5t} = -e^{-0.5t}(\text{A})$$

或者用 $i=-u_C/R_2$ 同样可以得出此结果。

4.2.2 RL 电路的零输入响应

接下来研究 RL 电路的零输入响应。如图 4.2.4(a)所示的电路，在 $t=0$ 时刻将开关 S 由位置 1 合到位置 2，换路后的电路如图 4.2.4(b)所示。由图 4.2.4(a)知 $i_L(0_-)=I_S$，图 4.2.4(b)是 RL 零输入电路，根据 KVL，有

$$u_R - u_L = 0$$

选状态变量 i_L 为方程变量，再由 $u_R=-Ri_L$ 和 $u_L=L\dfrac{di_L}{dt}$，代入上式，得

$$\frac{L}{R}\frac{di_L}{dt}+i_L=0, \quad t\geqslant 0_+ \tag{4.2.6}$$

式中，R、L 为常数，与式(4.2.2)相同，该式也是一阶线性齐次常系数微分方程，所以，图 4.2.4(b)称为 RL 一阶电路。

式(4.2.6)对应的特征方程为

$$\frac{L}{R}p+1=0$$

特征根为

$$p=-R/L$$

通解为

$$i_L = Ae^{-\frac{R}{L}t}$$

根据换路定则和初始条件有 $i_L(0_+)=i_L(0_-)=I_S$，代入上式得积分常数 $A=i_L(0_+)=I_S$，所以式(4.2.6)的通解为

$$i_L = i_L(0_+)e^{-\frac{R}{L}t} = I_S e^{-\frac{t}{\tau}} \tag{4.2.7}$$

式中，$\tau=L/R$，称为时间常数。当 R 的单位取 Ω，L 的单位取 H 时，有亨/欧＝(伏·秒/安)/欧＝秒，可见 L/R 的量纲也为秒。

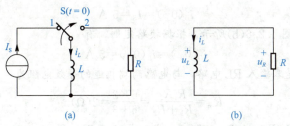

图 4.2.4　零输入 RL 电路

(a)RL 电路；(b)RL 一阶电路

电感和电阻两端的电压为

$$u_L = u_R = L\frac{di_L}{dt} = -RI_S e^{-\frac{t}{\tau}} \tag{4.2.8}$$

i_L、u_L 和 u_R 随时间变化的曲线如图 4.2.5 所示，它们都是按同样的指数规律衰减的，衰减的快慢取决于时间常数 τ，即取决于电路参数 R 和 L。

换路以后电阻吸收的能量为

$$W_R = \int_0^\infty i_L^2(t)R\,dt = \int_0^\infty (I_S e^{-\frac{R}{L}t})^2 R\,dt$$

$$= -\frac{1}{2}LI_S^2 e^{-\frac{2R}{L}}\bigg|_0^\infty = \frac{1}{2}LI_S^2$$

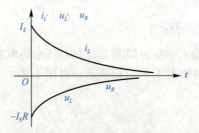

图 4.2.5 RL 电路的零输入响应

可见,在整个过渡过程中,电感的初始储能——磁场能($LI_S^2/2$)全部由电阻消耗了。

【例 4.2.2】 已知图 4.2.6(a)所示的电路已达稳态,已知 $I_S=5$ A,$R_1=6$ Ω,$R_2=3$ Ω,$L=1$ H,在 $t=0$ 时合上开关 S,试求 $t\geqslant 0$ 时的电流 i。

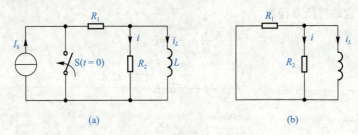

图 4.2.6 例 4.2.2 图
(a)稳态电路;(b)$t\geqslant 0_+$ 后的电路

解: 对于零输入 RL 电路,只要知道电路的初值 $i_L(0_+)$ 和时间常数 τ 就可以求出电感中的电流,然后求出电流 i。

换路前电路已达稳态,则

$$i_L(0_-)=I_S=5 \text{ A}$$

$t\geqslant 0_+$ 后的电路如图 4.2.6(b)所示,根据换路定则,有

$$i_L(0_+)=i_L(0_-)=5 \text{ A}$$

图 4.2.6(b)电路是零输入 RL 电路,与电感两端相连的等效电阻为

$$R_{eq}=\frac{R_1R_2}{R_1+R_2}=\frac{6\times 3}{6+3}=2(\Omega)$$

所以时间常数 $\tau=L/R_{eq}=1/2=0.5(s)$,代入式(4.2.7),得

$$i_L(t)=i_L(0_+)e^{-\frac{t}{\tau}}=5e^{-2t}(\text{A})$$

有两种方法可以求出图 4.2.6(a)中的电流 i。

方法一:用分流公式,即

$$i(t)=-\frac{R_1}{R_1+R_2}i_L(t)=-\frac{6}{6+3}\times 5e^{-2t}=-\frac{10}{3}e^{-2t}(\text{A})$$

方法二:先求出 u_L,再求出电流 i,即

$$u_L(t)=L\frac{di_L}{dt}=1\times 5\times(-2)e^{-2t}=-10e^{-2t}(\text{V})$$

$$i(t)=\frac{u_L}{R_2}=-\frac{10}{3}e^{-2t}(\text{A})$$

任务实训

用仪表观测零输入响应

训练地点：电工基础实训室

训练器材：直流稳压电源 0~24 V、直流指针式电压表、直流指针式电流表、秒表、电阻、电容、电感、开关、万用表。

训练内容与步骤：

(1)取 $C=40\ \mu F$，$R=150\ k\Omega$，电流表选用直流指针式微安表。

(2)直流稳压电源输出值调整为 $u_S=20\ V$。

(3)按照图 4.2.7 接线，开关 S 合向"2"的位置，电路稳定之后，将开关 S 打在"1"的位置同时用秒表计时，观测电容 C 通过 R 放电的过程，每经过一个时间常数读一次电压、电流值，将测量结果 $u_C(t)$、$i(t)$ 记录于表 4.2.1，为精确起见，可以反复多做几次。

(4)取 $L=15\ mH$，$R=330\ \Omega$，$u_S=20\ V$，按照图 4.2.8 接线，开关 S 合向"2"的位置，电路稳定之后，将开关 S 打在"1"的位置同时用秒表计时，观测 $i_L(t)$ 及 $u_L(t)$ 的变化，每经过一个时间常数读一次电流、电压值，将测量结果记录于表 4.2.1 中，为精确起见，可以反复多做几次。

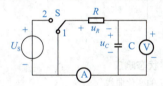 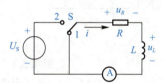

图 4.2.7　用仪表测量 RC 电路　　　图 4.2.8　用仪表测量 RL 电路

表 4.2.1　充放电电路时间常数测试实训数据

项目		测量数据					
时间/s		0_+	1τ	2τ	3τ	4τ	5τ
RC 电路零输入响应	u_C/V						
	$i/\mu A$						
RL 电路零输入响应	i_L/t						
	u_L/V						

(5)由表 4.2.1 的测量数据，分别画出一阶电路的零输入响应曲线。

知识巩固

4-2-1　电路如图 4.2.9 所示，已知 $R_1=6\ \Omega$，$R_2=3\ \Omega$，$C=0.01\ F$，$I_S=3\ A$，S 闭合前电路处于直流稳态，在 $t=0$ 时 S 闭合，求 $t \geqslant 0$ 时 i_C、i_1、i_2。

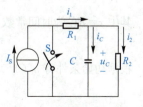

图 4.2.9　习题 4-2-1 图

任务 4.3 一阶电路的零状态响应

对于动态电路而言，反映动态元件储能大小的量称为状态变量，将状态变量在某一时刻的值称为状态。所谓零状态就是动态电路在换路时储能元件上的储能为零，即动态电路的零状态分别为 $u_C(0_-)=0$ V 和 $i_L(0_-)=0$ A。零状态响应就是在零状态下由外加激励所引起的响应。

4.3.1 RC 电路的零状态响应

图 4.3.1(a)所示为 RC 串联电路。已知 $u_C(0_-)=0$ V，在 $t=0$ 时将开关 S 闭合，则电路在 0 时刻换路。根据 KVL，在 $t \geq 0_+$ 时，有

$$u_R + u_C = U_S$$

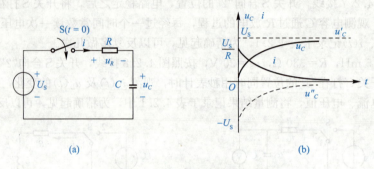

图 4.3.1　RC 电路的零状态响应
(a)RC 串联电路；(b)u_C 和 i 的变化曲线

选 u_C 为方程变量，再由 $u_R = Ri$ 和 $i = C\dfrac{\mathrm{d}u_C}{\mathrm{d}t}$，代入上式，得

$$RC\frac{\mathrm{d}u_C}{\mathrm{d}t} + u_C = U_S, \quad t \geq 0_+ \tag{4.3.1}$$

式(4.3.1)是一阶线性非齐次常系数微分方程。由数学知识知，非齐次常系数微分方程的解由两部分构成，即

$$u_C = u_C' + u_C''$$

其中，u_C' 是非齐次方程的特解；u_C'' 是对应齐次方程的通解。

用解非齐次方程的待定系数法，令 $u_C' = K$，代入式(4.3.1)，得

$$u_C' = K = U_S$$

式(4.3.1)对应齐次方程的通解为

$$u_C'' = A\mathrm{e}^{-\frac{t}{\tau}}$$

其中 $\tau = RC$ 为时间常数。于是有

$$u_C = u_C' + u_C'' = U_S + A\mathrm{e}^{-\frac{t}{\tau}}$$

根据初始条件有 $u_C(0_+) = u_C(0_-) = 0$，代入上式得 $A = -U_S$，即得式(4.3.1)的解为

$$u_C = U_S - U_S\mathrm{e}^{-\frac{t}{\tau}} = U_S(1 - \mathrm{e}^{-\frac{t}{\tau}}) \tag{4.3.2}$$

电路中的电流为

$$i = C\frac{\mathrm{d}u_C}{\mathrm{d}t} = \frac{U_S}{R}\mathrm{e}^{-\frac{t}{\tau}} \tag{4.3.3}$$

u_C 和 i 的变化曲线如图 4.3.1(b)所示，同时图中也给出了 u'_C 和 u''_C。

由图可见，当 $t\to\infty$ 时，$u_C(t)=U_S$，$i(t)=0$，电压和电流不再变化，电容相当于开路。此时电路达到稳定状态，简称为稳态。对于式(4.3.1)的解而言，它由两个部分构成，即特解和齐次方程的通解。可见特解 $u'_C=U_S$ 是电路达到稳定状态时的响应，所以称为稳态响应。又知稳态分量和外加激励有关，所以又称为强制响应。齐次方程的通解 u''_C 取决于对应齐次方程的特征根而与外加激励无关，所以称其为自由响应。由于自由响应随时间按指数规律衰减而趋于零，所以又称其为暂态响应。因此，换路以后电路中的响应 u_C 等于强制响应和自由响应之和，或者说，等于稳态响应和暂态响应之和。对于电流 i 来说，强制响应（或稳态响应）为 0；自由响应（或暂态响应）为指数衰减形式，见式(4.3.3)。

对于图 4.3.1(a)的电路，换路以后的过程实际上是直流电源通过电阻给电容充电的过程。在整个充电过程中，电源提供的能量一部分被电阻消耗了，而另一部分以电场能的形式储存在电容中。由于电容上的电压最终等于电源电压，所以当充电完毕后，电容上所存储的电场能为 $CU_S^2/2$。电阻消耗的能量为

$$W_R=\int_0^\infty i^2(t)Rdt=\int_0^\infty\left(\frac{U_S}{R}\mathrm{e}^{-\frac{t}{RC}}\right)^2 Rdt$$

$$=-\frac{1}{2}CU_S^2\mathrm{e}^{-\frac{2t}{RC}}\bigg|_0^\infty=\frac{1}{2}CU_S^2$$

可见，在整个充电过程中电阻所消耗的能量和电容最终储存的电场能相等，即电源所提供的能量只有一半变成电场能存于电容中，所以电容的充电效率只有 50%。

4.3.2　RL 电路的零状态响应

在图 4.3.1(a)所示的电路中，若将电容换成电感则电路如图 4.3.2(a)所示。已知零状态，即 $i_L(0_-)=0$ A。换路后，根据 KVL，有

$$u_R+u_L=U_S$$

选 i_L 为变量，由 $u_R=Ri_L$ 和 $u_L=L\dfrac{\mathrm{d}i_L}{\mathrm{d}t}$，代入上式，得

$$L\frac{\mathrm{d}i_L}{\mathrm{d}t}+Ri_L=U_S,\quad t\geqslant 0_+ \tag{4.3.4}$$

式(4.3.4)是一阶线性非齐次常系数微分方程，其解的结构为

$$i_L=i'_L+i''_L$$

其中，i'_L 是特解；i''_L 是齐次方程的通解。可得特解和齐次方程的通解分别为

$$i'_L=\frac{U_S}{R},\quad i''_L=A\mathrm{e}^{-\frac{t}{\tau}}$$

其中 $\tau=L/R$ 为时间常数。于是有

$$i_L=i'_L+i''_L=\frac{U_S}{R}+A\mathrm{e}^{-\frac{t}{\tau}}$$

根据零状态有 $i_L(0_+)=i_L(0_-)=0$，代入得 $A=-U_S/R$，即得式(4.3.4)的解为

$$i_L=\frac{U_S}{R}-\frac{U_S}{R}\mathrm{e}^{-\frac{t}{\tau}}=\frac{U_S}{R}(1-\mathrm{e}^{-\frac{t}{\tau}}) \tag{4.3.5}$$

电感和电阻两端的电压分别为

$$u_L=L\frac{\mathrm{d}i_L}{\mathrm{d}t}=U_S\mathrm{e}^{-\frac{t}{\tau}} \tag{4.3.6}$$

$$u_R=Ri_L=U_S(1-\mathrm{e}^{-\frac{t}{\tau}}) \tag{4.3.7}$$

i_L、u_L 和 u_R 的变化曲线如图 4.3.2(b)所示。

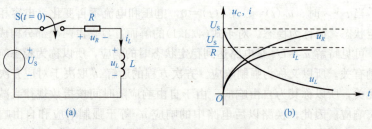

图 4.3.2 RL 电路的零状态响应
(a)RL 串联电路；(b)i_L、u_L 和 u_R 的变化曲线

【例 4.3.1】 图 4.3.3(a)所示的电路，在 $t=0$ 时合上开关 S，已知 $i_L(0_-)=0$ A，试求 $t \geqslant 0$ 时的电流 i_1。

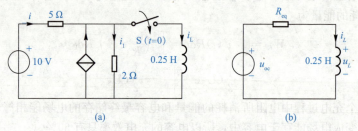

图 4.3.3 例 4.3.1 图
(a)原电路；(b)等效电路

解：换路后应用戴维南定理求得等效电路如图 4.3.3(b)所示，其中 $u_{oc}=3.75$ V，$R_{eq}=1.25$ Ω，得时间常数为

$$\tau = \frac{L}{R_{eq}} = \frac{0.25}{1.25} = 0.2(s)$$

代入式(4.3.5)，得

$$i_L = \frac{U_{oc}}{R_{eq}}(1-e^{-\frac{t}{\tau}}) = 3(1-e^{-5t}) \text{ A}$$

$$u_L = L\frac{di_L}{dt} = 0.25 \times 3 \times (-1) \times (-5)e^{-5t} = 3.75e^{-5t} \text{ (V)}$$

换路后 2 Ω 电阻上的电压就是电感电压 u_L，则

$$i_1 = \frac{u_L}{2} = 1.875e^{-5t} \text{ (A)}$$

任务实训

用仪表观测零状态响应

训练地点：电工基础实训室
训练器材：直流稳压电源 0~24 V、直流指针式电压表、直流指针式电流表、秒表、电阻、电容、电感、开关、万用表。
训练内容与步骤：
(1)取 $C=40$ μF，$R=150$ kΩ，电流表选用直流指针式微安表。

(2)直流稳压电源输出值调整为 $u_S=20$ V。

(3)按照图 4.3.4 接线,开关 S 先打在"1"的位置,$u_{C(0_-)}=0$,C 处于零状态,没有储存电能,开关 S 合向"2"的位置同时用秒表计时,观测电源通过 R 向电容 C 充电,每经过一个时间常数读一次电压、电流值,将测量结果 $u_c(t)$、$i(t)$ 记录于表 4.3.1,为精确起见,可以反复多做几次。

(4)取 $L=15$ mH,$R=330$ Ω,$u_S=20$ V,按照图 4.3.5 接线,开关 S 先打在"1"的位置,$i_{L(0_-)}=0$,L 处于零状态,没有储能,开关 S 合向"2"的位置同时用秒表计时,同样由电流表中可以观测到 $i_L(t)$、$u_L(t)$ 的变化,每经过一个时间常数读一次电流、电压值,将测量结果记录于表 4.3.1,为精确起见,可以反复多做几次。

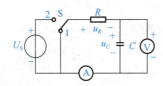 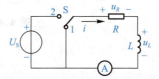

图 4.3.4　用仪表测量 RC 电路　　　　图 4.3.5　用仪表测量 RL 电路

表 4.3.1　充放电电路时间常数测试实训数据

项目		测量数据					
时间/s		0_+	1τ	2τ	3τ	4τ	5τ
RC 电路零状态响应	u_C/V						
	i/μA						
RL 电路零状态响应	i_L/T						
	u_L/V						

(5)由表 4.3.1 的测量数据,分别画出一阶电路的零输入响应曲线。

🧰 知识巩固

4-3-1　如图 4.3.6 所示的电路,换路前电路已稳定,$t=0$ 时 S 闭合,求换路后的响应 $i_L(t)$。

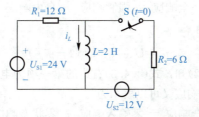

图 4.3.6　习题 4-3-1 图

任务 4.4　一阶电路的全响应及三要素法

前面两节分别研究了一阶电路的零输入响应和零状态响应。本任务研究一阶电路在非零输入和非零状态下的响应,该响应称为一阶电路的全响应。

4.4.1 一阶电路的全响应

如图4.4.1所示的电路，换路后直流电压源被连接到RC串联电路，即非零输入；又已知$u_C(0_-)=U_0$，即非零状态。根据KVL，有

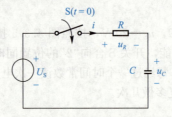

图4.4.1 一阶电路的全响应

$$RC\frac{du_C}{dt}+u_C=U_S, \quad t \geqslant 0_+ \quad (4.4.1)$$

方程解的结构为

$$u_C=u_C'+u_C''$$

其中特解和齐次方程的通解分别为

$$u_C'=U_S, \quad u_C''=Ae^{-\frac{t}{\tau}}$$

$\tau=RC$为时间常数，则

$$u_C=u_C'+u_C''=U_S+Ae^{-\frac{t}{\tau}}$$

根据初始条件有$u_C(0_+)=u_C(0_-)=U_0$，代入上式得积分常数为

$$A=U_0-U_S$$

即得式(4.4.1)的解，即全响应为

$$u_C=U_S+(U_0-U_S)e^{-\frac{t}{\tau}} \quad (4.4.2)$$

式(4.4.2)右边的第一项为电路达到稳态时的响应，所以称为稳态响应；右边的第二项随着时间逐步衰减到零，所以为暂态响应。可见全响应可以表示为

$$全响应 = 稳态响应 + 暂态响应$$

或者

$$全响应 = 强制响应 + 自由响应$$

式(4.4.2)可以改写为

$$u_C=U_0e^{-\frac{t}{\tau}}+U_S(1-e^{-\frac{t}{\tau}}) \quad (4.4.3)$$

对比式(4.2.2)和式(4.3.2)知，式(4.4.3)右边的第一项为电路的零输入响应，右边的第二项为电路的零状态响应。则全响应又可以表示为

$$全响应 = 零输入响应 + 零状态响应$$

由此可见，电路的全响应是零输入响应和零状态响应的叠加，这是由线性电路的性质所决定的。

将全响应分解成稳态响应(强制响应)和暂态响应(自由响应)，或者零输入响应和零状态响应是从不同的角度来分析全响应的构成，便于进一步理解动态电路的全响应。

4.4.2 三要素法

在式(4.4.2)中，当$t\rightarrow\infty$时，$u_C(t)=u_C(\infty)=U_S$是稳态响应，$u_C(0_+)=u_C(0_-)=U_0$是初

始值，则式(4.4.2)可以改写为

$$u_C = u_C(\infty) + [u_C(0_+) - u_C(\infty)]e^{-\frac{t}{\tau}}$$

由该式可见，只要知道 $u_C(\infty)$、$u_C(0_+)$ 和时间常数 τ，就可以求出电容电压的全响应。所以，称 $u_C(\infty)$、$u_C(0_+)$ 和 τ 为直流激励下一阶动态电路全响应的三个要素。在直流激励下，当 $t \to \infty$ 时，$u_C(t)$ 是一个值，所以 $u_C(\infty)$ 称为终值。

上述结论可以推广到直流激励下一阶动态电路中的任意响应，即设任意响应为 $f(t)$，如果求出响应的终值 $f(\infty)$、初值 $f(0_+)$ 和时间常数 τ，就可以求出 $f(t)$，即

$$f(t) = f(\infty) + [f(0_+) - f(\infty)]e^{-\frac{t}{\tau}} \tag{4.4.4}$$

根据式(4.4.3)就可求出直流激励下一阶动态电路中的任意响应，这种方法称为三要素法。

有了三要素法以后，对于一阶电路就不需要由列微分方程开始来求电路中的响应了，而是利用式(4.4.4)直接求取。或者说，只要求出相应的初值、终值和时间常数后直接代入式(4.4.3)即可。若 $f(t)$ 是状态变量（u_C 或 i_L），则可以由换路定则求出初值 $f(0_+)$，否则利用状态变量的初值间接求出非状态变量的初值。由于是直流激励，当 $t \to \infty$ 时电容相当于开路，电感相当于短路，所以利用该条件可以求出终值 $f(\infty)$。因为是一阶电路，所以电路中只含一个动态元件（C 或 L），电路的其他部分是含源的一端口电路，它们可以分别表示成图4.4.2的形式。

图4.4.2中的含源的一端口 N_S 可以用戴维南或诺顿定理等效，则时间常数分别为

$$\tau = R_{eq}C, \quad \tau = L/R_{eq} \tag{4.4.5}$$

式中，R_{eq} 是含源一端口 N_S 的戴维南或诺顿等效电阻。

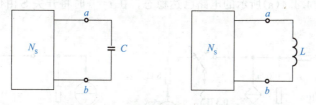

图 4.4.2　一阶动态电路的一般形式

【例 4.4.1】 图4.4.3(a)所示的电路已达稳态，试求 $t \geqslant 0$ 时的 u_C、i_C 和 i。

解：由图4.4.3(a)电路首先求出 u_C 的初值，即

$$u_C(0_+) = u_C(0_-) = -2 \times 6 = -12(\text{V})$$

为了求出换路后的终值和时间常数，将图4.4.3(a)电路 a、b 左边的含源一端口用戴维南定理等效，由结点电压法，得

$$\left(\frac{1}{3} + \frac{1}{6}\right)u_{oc} = \frac{9}{3} - 2$$

解得 $u_{oc} = 2 \text{ V}$，再求出 $R_{eq} = \dfrac{3 \times 6}{3 + 6} = 2(\Omega)$，等效电路如图4.4.3(b)所示，于是得

$$u_C(\infty) = u_{oc} = 2 \text{ V}$$
$$\tau = R_{eq}C = 2 \times 2 = 4(\text{s})$$

将以上结果代入式(4.4.4)，得

$$u_C = 2 + (-12 - 2)e^{-0.25t} = (2 - 14e^{-0.25t}) \text{ V}$$

$$i_C = C\frac{du_C}{dt} = 2 \times (-14) \times (-0.25)e^{-0.25t} = 7e^{-0.25t} \text{ (A)}$$

$$i = \frac{u_C}{6} = \left(\frac{1}{3} - \frac{7}{3}e^{-0.25t}\right) \text{ A}$$

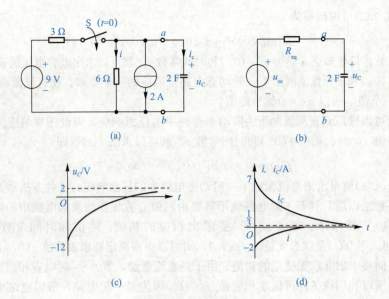

图 4.4.3　例 4.4.1 图
(a)稳态电路；(b)戴维南等效电路；(c)u_C 的波形图；(d)i_C 和 i 的波形图

u_C、i_C 和 i 的波形图分别如图 4.4.3(c)和(d)所示。

【**例 4.4.2**】 图 4.4.4(a)所示的电路已达稳态，在 $t=0$ 时将开关 S 由位置 2 合到 1，试求 $t \geqslant 0$ 时的 i_L 和 u_L。

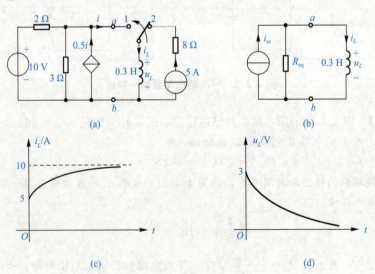

图 4.4.4　例 4.4.2 图
(a)稳态电路；(b)诺顿等效电路；(c)i_C 的波形图；(d)u_L 的波形图

解：先由图 4.4.4(a)电路求出 i_L 的初值，即
$$i_L(0_+) = i_L(0_-) = 5 \text{ A}$$
将图 4.4.4(a)电路 a、b 左边的含源一端口用诺顿定理等效，得
$$u_{oc} = \frac{3}{2+3} \times 10 = 6(\text{V})$$

$$i_{SC}=0.5i_{SC}+5$$

解得 $i_{SC}=10$ A，所以

$$R_{eq}=\frac{u_{oc}}{i_{SC}}=\frac{6}{10}=0.6(\Omega)$$

等效电路如图 4.4.4(b)所示，于是得

$$i_L(\infty)=i_{SC}=10 \text{ A}$$
$$\tau=L/R_{eq}=0.3/0.6=0.5(\text{s})$$

由三要素法，得

$$i_L=10+(5-10)e^{-2t}=(10-5e^{-2t}) \text{ A}$$
$$u_L=L\frac{di_L}{dt}=0.3\times(-5)\times(-2)e^{-2t}=3e^{-2t}(\text{V})$$

i_L 和 u_L 的波形分别如图 4.4.4(c)和(d)所示。

任务实训

测量一阶充放电电路的时间常数

训练地点：电工基础实训室
训练器材：函数信号发生器(含频率计)、示波器、电阻、电容、电感。
训练内容与步骤：

(1)按图 4.4.5 完成接线，其中 $R=330\ \Omega$，$C=0.1\ \mu\text{F}$，双踪示波器 Y_1 和 Y_2 的公共端均接电源负极(地线端)，信号发生器接方波输出口。如图 4.4.6 所示，由 Y_1 探头，可得到方波电压波形，由此可读得方波电压的周期 T。由双踪示波器的 Y_2 探头，可得到电容电压 u_C 波形，由此可读得暂态(5τ)的时间，并由此可推算出时间常数 τ。

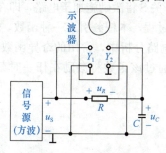

图 4.4.5 接线图

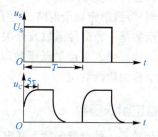

图 4.4.6 方波作用下的电容电压波形

(2)调节方波发生器的幅值，使 $U_S=5$ V，$f=1.0$ kHz($T=1.0$ ms)，调节示波器，使波形适中而清晰。只要满足 $\frac{T}{2}\geqslant 5\tau$，便可在示波器的荧光屏上形成稳定的响应波形。

(3)记录下方波与 $u_C(t)$ 电压波形，并由此估算出 τ 的数值。
(4)将 R 与 C 位置互换(因 Y_1 与 Y_2 必须有公共端)，记录下 $u_R(t)$ 的电压波形。
(5)以电感 $L=15$ mH 取代 C，保持方波电压不变，重做步骤(3)实验，记录下方波与 $u_L(t)$ 电压，并由此估算出 τ 的数值。
(6)将 R 与 L 位置互换，记录 $u_R(t)$ 的波形。
(7)在一张坐标纸上，对照画出方波电压 u_S、电容电压 u_C 及电阻电压 u_R 三个波形曲线，分

析 u_S、u_C 与 u_R 三者间的关系，并由图解推算出时间常数 τ 的数值。

(8)在一张坐标纸上，对照画出方波电压 u_S、电抗器电压 u_L 及电阻电压 u_R，并由图解推算出时间常数 τ。

实验注意事项：

(1)双踪示波器两个探头公共端必须是同一电位。

(2)电感 L 线圈本身也具有电阻 R_L，计算时间常数 τ 时，应将 R_L 计算进去。

知识巩固

4-4-1　电路如图 4.4.7 所示，用三要素法求解电路在换路后的响应 $i_1(t)$、$i_L(t)$ 和 $i_3(t)$。

4-4-2　图 4.4.8 所示的电路换路前处于稳态，试用三要素法求换路后的全响应 u_C。图中 $C=0.01$ F，$R_1=R_2=10$ Ω，$R_3=20$ Ω，$U_S=10$ V，$I_S=1$ A。

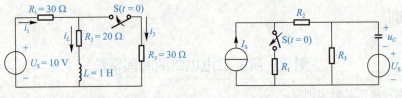

图 4.4.7　习题 4-4-1 图　　　　　图 4.4.8　习题 4-4-2 图

*任务 4.5　一阶电路的阶跃响应

在前面几节中，动态电路都是通过开关实现换路的，即电路结构或参数的改变是通过开关的动作完成的。在各种换路现象中，有一种是通过开关 S 将激励施加于电路，即在 $t=0$ 时刻(也可以是其他时刻)将激励施加于电路。为了简化开关过程，本任务引入一种函数，该函数称为阶跃函数。阶跃函数是一种奇异函数或开关函数。在电路分析中，常用的奇异函数有单位阶跃函数和单位冲激函数。引入单位阶跃函数以后，可以通过该函数将激励在任一时刻施加于电路，由此引起的响应称为阶跃响应。

4.5.1　单位阶跃函数

单位阶跃函数是一种奇异函数，其定义为

$$\varepsilon(t)=\begin{cases}0, & t\leqslant 0_-\\ 1, & t\geqslant 0_+\end{cases} \tag{4.5.1}$$

该函数说明，当 $t\leqslant 0_-$ 时函数的值为 0，当 $t\geqslant 0_+$ 时函数的值为 1，其波形如图 4.5.1(a)所示。因为该函数在 $t=0$ 时发生跃变，并且跃变的幅度为 1，所以称为单位阶跃函数。由于该函数在 $t=0$ 时刻的导数不存在，所以称为奇异函数。

如果阶跃函数的跃变不是发生在 0 时刻，而是在任意 $t=t_0$ 时刻，即

$$\varepsilon(t-t_0)=\begin{cases}0, & t\leqslant t_{0_-}\\ 1, & t\geqslant t_{0_+}\end{cases} \tag{4.5.2}$$

其波形如图 4.5.1(b)所示。$\varepsilon(t-t_0)$ 函数实际上是将 $\varepsilon(t)$ 函数在时间轴上移动 t_0 后的结果，所以称为延迟单位阶跃函数。

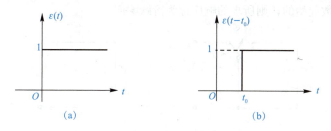

图 4.5.1 单位阶跃函数和延迟单位阶跃函数
(a)单位阶跃函数；(b)延迟单位阶跃函数

4.5.2 阶跃函数在电路中的应用

引入单位阶跃函数的目的是利用它来描述电路中的换路现象。首先看单位阶跃函数是一个很重要的用途，即利用该函数可以"起始"任意一个函数 $f(t)$。设 $f(t)$ 是对所有 t 都有定义的一个任意函数，则

$$f(t)\varepsilon(t-t_0)=\begin{cases}0, & t\leqslant t_{0_-}\\ f(t), & t\geqslant t_{0_+}\end{cases}$$

其波形如图 4.5.2 所示。

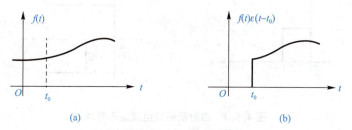

图 4.5.2 用单位阶跃函数起始任意函数
(a) $f(t)$ 波形；(b) $f(t)\varepsilon(t-t_0)$ 波形

根据单位阶跃函数的起始作用，可以为开关 S 建模。设图 4.5.3(a)中的 $u_S(t)$ 是任一随时间变化的电压源，在 $t=0$ 时刻将开关 S 由位置 1 合向位置 2，对 $a-b$ 端口而言相当于在 0 时刻将 $u_S(t)$ 接入。这一过程可以用 $\varepsilon(t)$ 和 $u_S(t)$ 的相乘来描述，即 $u_S(t)\varepsilon(t)$，其结果如图 4.5.3(b)所示。可见用函数 $u_S(t)\varepsilon(t)$ 可以描述图 4.5.3(a)的开关过程。所以阶跃函数可以作为开关的数学模型，有时也称其为开关函数。同理，图 4.5.3(d)中的函数 $i_S(t)\varepsilon(t)$ 可以描述图 4.5.3(c)中的开关过程，它们均表示在 $t=0$ 时刻将任一随时间变化的电流源 $i_S(t)$ 接到 $a-b$ 端口。如果用函数 $\varepsilon(t-t_0)$ 为开关建模，则表示在 $t=t_0$ 时刻将电压源或电流源接通。

单位阶跃函数的另一个用途是用它可以描述一个幅值为 1 的矩形脉冲。例如，图 4.5.4(a)所示的矩形脉冲可以用图 4.5.4(b)所示的两个阶跃函数波形来组合，即

$$f(t)=\varepsilon(t)-\varepsilon(t-t_0)$$

同理，可以用阶跃函数描述任意时间段的矩形脉冲，即

$$f(t)=\varepsilon(t-t_1)-\varepsilon(t-t_2), \quad t_1<t_2$$

请读者自己画出该矩形脉冲的波形。

4.5.3 一阶电路的阶跃响应

图 4.5.5(a)所示为 RC 串联电路，已知激励为 $u_S\varepsilon(t)$，求该激励下的响应 u_C。由于电路中

的激励是由阶跃函数起始的，则所求的响应称为阶跃响应。

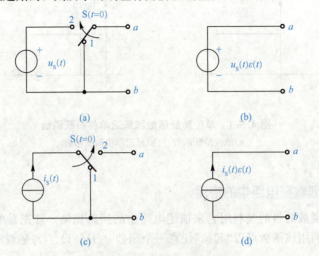

图 4.5.3　阶跃函数的开关模型
(a)开关过程(电压)；(b)$u_S(t)\varepsilon(t)$函数；(c)开关过程(电流)；(d)$i_S(t)\varepsilon(t)$函数

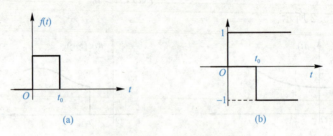

图 4.5.4　由阶跃函数组成矩形脉冲
(a)矩形脉冲；(b)阶跃函数波形

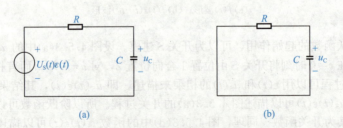

图 4.5.5　RC 电路的阶跃响应
(a)RC 串联电路；(b)$t=-\infty \sim 0_-$ 时等效电路

激励 $u_S\varepsilon(t)$ 表明在 $t=0$ 时刻将直流电压源 U_S 接入 RC 串联电路。由 $\varepsilon(t)$ 函数的定义知，当 $t\leqslant 0_-$ 时 $\varepsilon(t)=0$，所以 $U_S\varepsilon(t)=0$。又因为 U_S 是电压源，所以在 $t=-\infty \sim 0_-$ 期间相当于短路，等效电路如图 4.5.5(b)所示。由此得

$$u_C(0_+)=u_C(0_-)=0$$

可见，阶跃响应是零状态响应。由任务 4.3 知，图 4.5.5(a)中 RC 电路的零状态响应为

$$u_C(t)=U_S(1-e^{-t/\tau})\varepsilon(t) \tag{4.5.3}$$

式中，$\tau=RC$，$\varepsilon(t)$ 表明响应是从零时刻开始并由单位阶跃函数起始的，所以为阶跃响应。如果 $U_S=1$，则激励变为单位阶跃 $\varepsilon(t)$，所得的响应称为单位阶跃响应，即式(4.5.3)变为

$$s(t)=u_C(t)=(1-e^{-t/\tau})\varepsilon(t) \qquad (4.5.4)$$

式中，$s(t)$ 表示单位阶跃响应。

【例 4.5.1】 试求图 4.5.6(a)所示电路的阶跃响应 i_L。

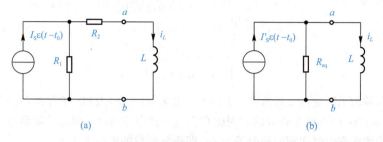

图 4.5.6 例 4.5.1 图
(a)原电路；(b)诺顿等效电路

解：由图可知，直流电流源 I_S 是在 $t=t_0$ 时刻接入的，即初始条件为
$$i_L(t_{0_+})=i_L(t_{0_-})=0$$
求得图 4.5.6(a)电路中 a、b 左边的诺顿等效电路如图 4.5.6(b)所示，其中
$$I'_S=\frac{R_1}{R_1+R_2}I_S,\quad R_{eq}=R_1+R_2$$
于是得阶跃响应为
$$i_L(t)=I'_S(1-e^{-\frac{t-t_0}{\tau}})\varepsilon(t-t_0)$$
该响应称为延迟阶跃响应，其中，$\tau=L/R_{eq}$。

知识巩固

4-5-1 用阶跃函数表示如图 4.5.7 所示延迟矩形脉冲和方波信号。

4-5-2 如图 4.5.8 所示的电路，电源为一矩形脉冲电流，求阶跃响应 u_C。

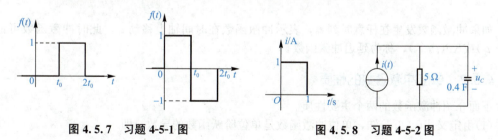

图 4.5.7 习题 4-5-1 图　　　　　**图 4.5.8 习题 4-5-2 图**

*任务 4.6　一阶电路的冲激响应

阶跃函数可以为电路中的开关建模，或者可以起始一个函数。如果被起始的函数是电容电压 u_C 或电感电流 i_L，那么对 u_C 或 i_L 求导应该是电容电流 i_C 或电感电压 u_L。这样就涉及对阶跃函数的求导运算，将对阶跃函数求导所得到的函数称为冲激函数，由该函数激励下的响应称为冲激响应。

4.6.1 单位冲激函数

单位冲激函数是对单位阶跃函数求导所得到的函数，其定义为

$$\delta(t) = \frac{d}{dt}\varepsilon(t) = \begin{cases} 0, t \leqslant 0_- \\ 未定义, t = 0 \\ 0, t \geqslant 0_+ \end{cases}$$

$$\int_{-\infty}^{\infty} \delta(t)dt = 1 \qquad (4.6.1)$$

可见，单位冲激函数在 $t \neq 0$ 处为零，在 $t=0$ 处是未知的。因为 $\varepsilon(t)$ 函数在 $t=0$ 处的导数是 ∞，所以冲激函数 $\delta(t)$ 在 $t=0$ 时是奇异的，因此它也是一种奇异函数。单位冲激函数也称为 δ 函数。由定义知，δ 函数在整个时间域的积分等于 1，即积分所得的面积为 1。

单位冲激函数 $\delta(t)$ 可以看作单位脉冲函数的极限情况。图 4.6.1(a) 所示为一个单位矩形脉冲函数 $p_\Delta(t)$，它的宽为 Δ，高为 $1/\Delta$，则面积等于 1。当脉冲宽度 $\Delta \to 0$ 时，脉冲高度 $(1/\Delta) \to \infty$，于是该脉冲的宽度趋于零而高度趋于无穷大，但面积仍然为 1，则单位脉冲函数可以描述为

$$\delta(t) = \lim_{\Delta \to 0} p_\Delta(t)$$

$\delta(t)$ 函数的波形如图 4.6.1(b) 所示，箭头表示 ∞，1 表示积分面积或冲激强度。可见，单位冲激函数 $\delta(t)$ 的冲激强度为 1。冲激强度为 K 的冲激函数记为 $K\delta(t)$，波形如图 4.6.1(c) 所示，K 表示冲激强度。

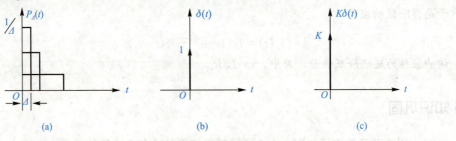

图 4.6.1 冲激函数
(a)单位矩形脉冲函数；(b)波形；(c)冲激函数波形

如果冲激函数发生在任意时刻 t_0，表示冲激函数在时间轴上移动 t_0，此时冲激函数可记为 $\delta(t-t_0)$ 或 $K\delta(t-t_0)$，称为延迟冲激函数。

4.6.2 单位冲激函数的性质

下面介绍冲激函数的两个主要性质。

(1)由定义式(4.6.1)知，单位冲激函数是单位阶跃函数的导数，即

$$\delta(t) = \frac{d\varepsilon(t)}{dt}$$

反之，单位冲激函数对时间的积分是单位阶跃函数，即

$$\int_{-\infty}^{t} \delta(\xi)d\xi = \varepsilon(t) \qquad (4.6.2)$$

(2)筛分性质。由于在 $t \neq 0$ 处 $\delta(t) = 0$，对于任意在 $t=0$ 处连续的函数 $f(t)$，有

$$f(t)\delta(t) = f(0)\delta(t)$$

所以

$$\int_{-\infty}^{\infty} f(t)\delta(t)dt = f(0)\int_{0_-}^{0_+} \delta(t)dt = f(0)$$

可见，冲激函数 $\delta(t)$ 可以将任意函数 $f(t)$ 在 0 时刻的值分离出来或者"筛"出来，所以该性质称为筛分性质，有时也称为抽样性质。

同理，利用延迟冲激函数可以筛分出任意 t_0 时刻 $f(t)$ 的值，即

$$\int_{-\infty}^{\infty} f(t)\delta(t-t_0)dt = f(t_0)\int_{-\infty}^{\infty} \delta(t)dt = f(t_0)$$

4.6.3 电容电压和电感电流的跃变

前面讨论了冲激函数的定义与性质，由于冲激作用是在瞬间完成的，如果将这样具有冲激变化规律的激励作用于电路，当冲激过后，冲激源所携带的能量如何转移，这是本小节将讨论的内容。

在任务 4.1 已经讨论过，换路瞬间若电容的电流为有限值，则换路前后电容电压是连续的，即不发生跃变；若电感电压为有限值，则换路前后电感电流也不发生跃变。但是，如果电容电流或电感电压在换路瞬间不是有限值，确切地说是冲激函数，则电容电压或电感电流将发生跃变。设 $i_C(t)=Q\delta_i(t)$，Q 是冲激电流的强度，根据线性电容的电压与电流关系式有

$$u_C(t) = u_C(t_0) + \frac{1}{C}\int_{t_0}^{t} i_C(\xi)d\xi$$

由于 $\delta(t)$ 函数在 0 时刻作用，所以令 $t_0=0_-$ 和 $t=0_+$，代入上式，得

$$u_C(0_+) = u_C(0_-) + \frac{1}{C}\int_{0_-}^{0_+} Q\delta_i(t)dt = u_C(0_-) + \frac{Q}{C} \quad (4.6.3)$$

可见 $u_C(0_+) \neq u_C(0_-)$。结果说明，若有冲激电流作用于电容时，电容电压可以跃变。由式(4.6.3)可以得出冲激电流所携带的电荷量为

$$Q = C[u_C(0_+) - u_C(0_-)] \quad (4.6.4)$$

因为冲激电流使电容电压发生了跃变，所以冲激作用前后电容上所储存的电场能也发生了跃变，因此冲激电流携带有一定的能量。由于 Q 是有限值，所以能量跃变的幅度也是有限值，或者冲激所携带的能量也是有限值。

如果电容电流为单位冲激，则

$$u_C(0_+) = u_C(0_-) + \frac{1}{C} \quad (4.6.5)$$

对于电感来说，设 $u_L(t)=\Psi\delta_u(t)$，Ψ 是冲激电压的强度，有线性电感的电流与电压的关系式为

$$i_L(t) = i_L(t_0) + \frac{1}{L}\int_{t_0}^{t} u_L(\xi)d\xi$$

令 $t_0=0_-$，$t=0_+$，代入上式，得

$$i_L(0_+) = i_L(0_-) + \frac{1}{L}\int_{0_-}^{0_+} \Psi\delta_u(t)dt = i_L(0_-) + \frac{\Psi}{L} \quad (4.6.6)$$

式(4.6.6)表明，若有冲激电压作用于电感时，电感电流可以跃变，即 $i_L(0_+) \neq i_L(0_-)$。由式(4.6.6)得出冲激电压所携带的磁链大小为

$$\Psi = L[i_L(0_+) - i_L(0_-)] \quad (4.6.7)$$

因为冲激电压使电感电流发生了跃变，又因为 Ψ 是有限值，所以电感所储存的磁场能跃变的幅度(或者冲激所携带的能量)也是有限值。如果电感电压为单位冲激，则

$$i_L(0_+) = i_L(0_-) + \frac{1}{L} \quad (4.6.8)$$

需要注意的是，如果冲激电压(而不是冲激电流)作用于电容，或者是冲激电流(而不是冲激电压)作用于电感，则电容电流和电感电压将是冲激的导数，称为冲激偶。本书不讨论这种情况。

4.6.4 冲激响应

如果一个动态电路的激励源为冲激(冲激电流或冲激电压)，由冲激函数的定义知，冲激源的作用是瞬时发生的，就是说，在冲激作用以前电路中没有激励，由于冲激源携带有一定的能量，冲激过后冲激源所携带的能量转移到电路中。所谓冲激响应就是由冲激源所携带的能量引起的响应。

求冲激响应首先要解决的问题是，当冲激过后，冲激所携带的能量转移到何处，确切地说，冲激过后能量转移到哪一个(些)具体的元件上。当动态电路由冲激激励时，冲激到来之前电路处于零状态。设冲激在 0 时刻作用，根据零状态条件，则电路中所有的 $u_C(0_-)=0$ 和 $i_L(0_-)=0$。当冲激电压源 $\delta_u(t)$ 或者冲激电流源 $\delta_i(t)$ 作用于电路时，由于电容或者电感只能存储有限的能量，根据 $W_C=Cu_C^2/2$ 和 $W_L=Li_L^2/2$ 知，电容电压不可能是冲激电压；同理，电感电流也不可能是冲激电流。因为冲激在 $t=0$ 时刻作用，则有 $u_C(0)=u_C(0_-)=0$ 和 $i_L(0)=i_L(0_-)=0$，所以在冲激作用瞬间电容可看作短路，电感可看作开路。有了这两个条件以后就可以画出 $t=0$(冲激作用)时刻的等效电路，然后根据 KCL 和 KVL 得出冲激电流或者冲激电压的约束关系，进而求出动态元件的初始状态(或初始值)。

有了动态元件的初始状态以后，就可以求电路的冲激响应了。

【例 4.6.1】 试求图 4.6.2(a)所示电路的冲激响应 u_C。

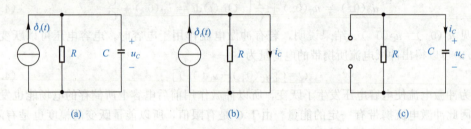

图 4.6.2 例 4.6.1 图
(a)原电路；(b)$t=0$ 时等效电路；(c)$t\geqslant 0_+$ 时等效电路

解： 首先求冲激电流源 $\delta_i(t)$ 携带能量的转移结果。根据上面的分析，在 $\delta_i(t)$ 作用的 0 时刻电容相当于短路，其等效电路如图 4.6.2(b)所示。由图 4.6.2(b)并应用 KCL 得 $i_C=\delta_i(t)$，由于是冲激激励，所以 $u_C(0_-)=0$，根据式(4.6.3)，有

$$u_C(0_+)=u_C(0_-)+\frac{1}{C}=\frac{1}{C}$$

当 $t\geqslant 0_+$ 时，由于 $\delta_i(t)=0$，冲激电流源相当于开路，等效电路如图 4.6.2(c)所示，求冲激响应就是求图 4.6.2(c)电路在 $t\geqslant 0_+$ 时的零输入响应，即

$$u_C=u_C(0_+)e^{-\frac{t}{\tau}}\varepsilon(t)=\frac{1}{C}e^{-\frac{t}{\tau}}\varepsilon(t)$$

式中，$\tau=RC$，是给定 RC 电路的时间常数，乘 $\varepsilon(t)$ 表示响应发生在 $t\geqslant 0_+$ 时。

【例 4.6.2】 试求图 4.6.3(a)所示电路的冲激响应 i_L 和 u_L。

解： 先求冲激电压源 $\delta_u(t)$ 能量的转移结果。在 $\delta_u(t)$ 作用的 0 时刻电感相当于开路，其等效电路如图 4.6.3(b)所示。由图 4.6.3(b)并应用 KVL 得 $u_L=\delta_u(t)$，因为是冲激激励，所以 $i_L(0_-)=0$，根据式(4.6.8)，有

$$i_L(0_+)=i_L(0_-)+\frac{1}{L}=\frac{1}{L}$$

当 $t\geqslant 0_+$ 时，由于 $\delta_u(t)=0$，冲激电压源相当于短路，等效电路如图 4.6.3(c)所示，求冲激

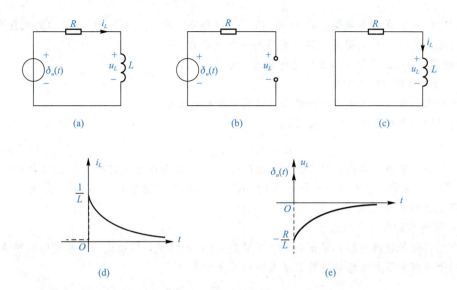

图 4.6.3　例 4.6.2 图
(a)原电路；(b)$t=0$ 时等效电路；(c)$t \geqslant 0_+$ 时等效电路；(d)i_C 的波形；(e)u_C 的波形

响应 i_L 就是求图 4.6.3(c) 电路在 $t \geqslant 0_+$ 时的零输入响应，即

$$i_L = i_L(0_+) e^{-\frac{t}{\tau}} \varepsilon(t) = \frac{1}{L} e^{-\frac{t}{\tau}} \varepsilon(t)$$

式中，$\tau = L/R$ 为电路的时间常数。

求冲激响应 u_L 有两种方法。一种方法是直接对冲激响应 i_L 求导，即

$$u_L = L \frac{\mathrm{d} i_L}{\mathrm{d} t} = L \frac{1}{L} \left[-\frac{1}{\tau} e^{-\frac{t}{\tau}} \varepsilon(t) + e^{-\frac{t}{\tau}} \delta(t) \right] = \delta(t) - \frac{R}{L} e^{-\frac{t}{\tau}} \varepsilon(t)$$

式中应用了冲激函数的筛分性质，即 $e^{-t/\tau}|t=0=1$。

另一种方法是，根据图 4.6.3(a) 并应用 KVL，得

$$u_L = \delta_u(t) - R i_L = \delta_u(t) - \frac{R}{L} e^{-\frac{t}{\tau}} \varepsilon(t)$$

如果只考虑 $t \geqslant 0_+$ 时的响应，则 u_L 将不存在冲激项。i_L 和 u_L 的波形分别如图 4.6.3(d) 和 (e) 所示。

项目总结

1. 换路和换路定则

换路：电路的结构或元件参数突然改变称为换路。若设 $t=0$ 时刻换路，把换路前的最终时刻记为 $t=0_-$，把换路后的最初时刻记为 $t=0_+$。

换路定则：若换路瞬间电容电流为有限值，则有 $u_C(0_+) = u_C(0_-)$；若换路瞬间电感电压为有限值，则有 $i_L(0_+) = i_L(0_-)$。

2. 初始值计算

(1) 根据 $t=0_-$ 的等效电路，确定 $u_C(0_-)$ 和 $i_L(0_-)$。对于直流激励的电路，若 $t=0_-$ 时电路处于稳态，则电感视为短路，电容视为开路，得到 $t=0_-$ 的等效电路，并用分析直流电路的方法确定 $u_C(0_-)$ 和 $i_L(0_-)$。

(2) 由换路定理得到 $u_C(0_+)$ 和 $i_L(0_+)$。

(3) 画出 $t=0_+$ 的等效电路。在 $t=0_+$ 的等效电路中，电容用电压为 $u_C(0_+)$ 的电压源代替，电感用电流为 $i_L(0_+)$ 的电流源代替，电路的独立电源取 $t=0_+$ 时的值。

(4) 根据 $t=0_+$ 的等效电路求其他变量的初始值。

3. 一阶电路的零输入响应

激励为零，仅由动态元件初始储能引起的响应称为零输入响应。

一阶电路的零输入响应的一般公式：

$$r_{zi}=r_{zi}(0_+)\mathrm{e}^{-\frac{t}{\tau}},\ t>0$$

式中，r_{zi} 为一阶电路任意需求的零输入响应；$r_{zi}(0_+)$ 为仅由动态元件初始储能引起的响应的初始值；τ 为时间常数，含电容的一阶电路 $\tau=RC$，含电感的一阶电路 $\tau=L/R$。上述 R 为动态元件两端看进去的等效电阻。

4. 一阶电路的零状态响应

动态元件初始状态为零，即 $u_C(0_-)=0$ V 或 $i_L(0_-)=0$ A，仅由激励引起的响应称为零状态响应。对于电容电压和电感电流的零状态响应可表示为

$$u_C=U_S(1-\mathrm{e}^{-\frac{t}{\tau}}),\ t\geqslant 0$$

$$i_L=\frac{U_S}{R}(1-\mathrm{e}^{-\frac{t}{\tau}}),\ t\geqslant 0$$

激励与零状态响应之间存在线性关系，通常称为零状态线性。

5. 一阶电路的全响应

全响应：由动态元件初始储能和外界激励共同引起的响应。

$$\text{全响应}=\text{零输入响应}+\text{零状态响应}$$
$$=\text{固有响应（自然响应）}+\text{强制响应}$$
$$=\text{瞬态响应（暂态响应）}+\text{稳态响应}$$

6. 一阶电路的三要素法

三要素：响应的终值 $f(\infty)$、初值 $f(0_+)$ 和时间常数 τ。

一阶电路的三要素公式：

$$f(t)=f(\infty)+[f(0_+)-f(\infty)]\mathrm{e}^{-\frac{t}{\tau}},\ t>0$$

7. 阶跃函数和阶跃响应单位阶跃函数定义为

$$\varepsilon(t)=\begin{cases}0,\ t\leqslant 0_-\\ 1,\ t\geqslant 0_+\end{cases}$$

一阶电路的单位阶跃响应：在单位阶跃信号激励下的零状态响应，记为 $s(t)$。$s(t)$ 的计算同样应用三要素公式即可。阶跃响应表征了一阶电路的特性，应用它可以方便地计算任意波形信号激励下的零状态响应。

8. 冲激函数和冲激响应

单位冲激函数是对单位阶跃函数求导所得到的函数，其定义为

$$\delta(t)=\frac{\mathrm{d}}{\mathrm{d}t}\varepsilon(t)=\begin{cases}0,t\leqslant 0_-\\ \text{未定义},t=0\\ 0,t\geqslant 0_+\end{cases}$$

$$\int_{-\infty}^{\infty}\delta(t)\mathrm{d}t=1$$

冲激在 $t=0$ 时刻作用，在冲激作用瞬间电容可看作短路，电感可看作开路。利用这两个条件画出 $t=0$ 时刻的等效电路，然后根据 KCL 和 KVL 得出冲激电流或者冲激电压的约束关系，进而求出动态元件的初始状态。有了动态元件的初始状态以后，就可以求电路的冲激响应了。

*项目 5 船舶用电安全

 **项目描述**

在使用电能的过程中,如果不注意用电安全,可能造成人身触电伤亡事故或电气设备的损坏,甚至影响电力系统的安全运行,造成大面积的停电事故。因此,在使用电能的同时,必须注意安全用电,以保证人身、设备、电力系统三个方面的安全,防止事故的发生。

电气火灾是指由电气设备的绝缘材料的温度升高或遇到明火而燃烧,并引起周围可燃物的燃烧或爆炸所形成的火灾。因此,预防电气火灾十分必要。造成电气火灾除电气设备安装不良、选择不当等设计和施工方面的原因外,运行中的短路、过负荷及接触电阻过大都会引起电气设备的温度升高,导致火灾。预防电气火灾,必须采取综合性的措施,如合理选用电气设备,保证设备的正常运行,装设短路、过负荷保护装置,采用耐火设施和保持通风良好,加强日常电气设备维护、监视、定期检修等。

"安全第一,预防为主"是安全用电的基本方针,要建立健全各种安全操作规程和安全管理制度,宣传和普及安全用电的基本知识,采取各种安全措施,做好防护。本项目从船舶安全生产管理入手,介绍了安全用电的基础知识,包括触电种类、触电急救,电气防护等内容,又增加了火灾报警的实训内容。

 **项目目标**

知识目标
1. 了解触电基本知识及如何预防;
2. 掌握常用防护工具的使用;
3. 了解常见安全标识。

技能目标
1. 能够掌握并熟练急救知识和技能;
2. 能够掌握工作中如何按照电工着装标准着装;
3. 能够了解机舱报警系统操作流程。

 **知识链接**

任务 5.1 常见的触电与急救

5.1.1 触电基本知识

1. 触电种类

触电有电击和电伤两类。

(1)电击是指电流通过人体时所造成的内伤。它可使肌肉抽搐,内部组织损伤,造成发热、发麻、神经麻痹等,严重时将引起昏迷、窒息,甚至心脏停止跳动,血液循环中止等而死亡。通常说的触电,就是指电击。触电死亡中绝大部分是电击造成的。

(2)电伤是在电流的热效应、化学效应、机械效应及电流本身作用下造成的人体外伤。常见的有灼伤、烙伤和皮肤金属化等现象。灼伤由电流的热效应引起,主要是电弧灼伤,造成皮肤红肿、烧焦或皮下组织损伤;烙伤由电流热效应或力效应引起,是皮肤被电器发热部分烫伤或由于人体与带电体紧密接触而留下肿块、硬块,使皮肤变色等;皮肤金属化是由电流热效应和化学效应导致熔化的金属微粒渗入皮肤表层,使受伤部位皮肤带金属颜色且留下硬块。

2. 人体触电方式

(1)单相触电。人体的一部分接触带电体的同时,另一部分又与大地或零线(中性线)相接,电流从带电体流经人体到大地(或零线)形成回路,这种触电叫作单相触电,如图 5.1.1 所示。在接触电气线路(或设备)时,若不采用防护措施,一旦电气线路或设备绝缘损坏漏电,将引起间接的单相触电。若站在地上误接触带电体的金属裸漏部分,将造成直接的单相触电。

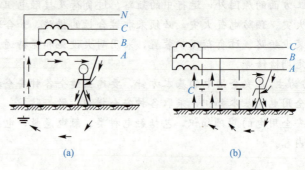

图 5.1.1 单相触电
(a)中性点接电;(b)中性点不接电

(2)两相触电。如图 5.1.2 所示,两相触电是指人体同时接触两根相线,电流从一根相线经过人体流至另一根相线造成的触电。因为两相触电中,人体承受的是线电压,所以,这种触电更危险,一般发生在带电检修或安装电气设备时。

图 5.1.2 两相触电

(3)跨步电压触电。如图 5.1.3 所示。高压电线断落到地面上,电流会从着地点向周围扩散,当人走近时两脚之间就会有电压,并有电流流过人体造成触电,跨步越大,流过人体的电流越大,这就是跨步电压触电。

跨步电压触电时,电流仅通过人体两下肢,基本不通过人体的重要器官,因此一般不危及生命,但人体感觉非常明显。当跨步电压较高时,流过两下肢的电流较大,易导致两下肢肌肉强烈收缩,造成身体重心不稳,人很容易跌倒造成电流流过人体重要器官,从而引起人身伤亡事故。

图 5.1.3 跨步电压触电

(4)静电触电和感应电压触电。在停电的线路和电气设备上带有电荷,称为静电。带有静电的原因是各式各样的,如物体的摩擦带有电荷,电容器或电缆线路充电后切断电源仍残存电荷等。人体触及带有静电的设备会受到电击,导致伤害。停电后的电气设备或线路,受到附近有电设备或线路的感应而带电,称为感应电,人体触及带有感应电的设备也会受到电击。

3. 电流对人体的伤害

当电流通过人体时,电流会对人体产生热效应、化学效应以及刺激作用等生物效应,从而影响人体的功能,严重时可损伤人体,甚至危及人的生命。电流对人体伤害的严重程度与通过人体电流大小、频率、通电时间、通过人体的路径及人体电阻的大小等多种因素有关。

(1)电流大小。通过人体的电流越大,人体的反应就越明显,感应就越强烈,引起心室颤动所需的时间也越短,对人致命的危害就越大。对于工频交流电,按照通过人体电流的大小和人体所呈现的不同状态,大致可分为下列三种:

1)感觉电流。感觉电流是指引起人的感觉的最小电流。实验表明,一般成年男性的平均感觉电流为 1.1 mA,成年女性约为 0.7 mA。

2)摆脱电流。摆脱电流是指人体触电后能自主摆脱电源的最大电流。实验表明,一般成年男性的平均摆脱电流约为 16 mA,成年女性约为 10 mA。

3)致命电流。致命电流是指在较短的时间内危及生命的最小电流。实验表明,一般情况下,当通过人体的电流达到 30~50 mA 时,中枢神经就会受到伤害,会使人感觉麻痹或呼吸困难;当通过人体的工频电流超过 100 mA 时,在极短的时间内人就会失去知觉而导致死亡。

(2)频率。一般认为 40~60 Hz 的交流电对人体最危险。随着频率的增加,危险性将会降低,对人体的伤害程度也减小。

(3)通电时间。通电时间越长,人体电阻因多方面的原因会降低,而导致通过人体的电流增加,触电的危险性也随之增加。引起触电危险的工频电流和通过电流的时间关系可用下式表示:

$$I=\frac{165}{\sqrt{t}}$$

式中,I 为引起触电危险的电流(单位为 mA);t 为通电时间(单位为 s)。

(4)电流路径。电流从左手到右脚通过胸部是最危险的电流路径,从手到手、从脚到脚是危险性较小的电流路径。

(5)人体电阻。人体电阻包括内部组织电阻(称为体阻)和皮肤电阻两部分。皮肤电阻主要由角质层决定,角质层越厚,电阻就越大。人体电阻平均为 1 700~2 000 Ω(为保险起见,通常取 800~1 000 Ω)。

影响人体电阻的因素很多,除皮肤厚薄外,皮肤潮湿、多汗、有损伤、带有导电性粉尘等因素都会降低人体电阻。

4. 安全电流和安全电压

(1)安全电流。安全电流是人体触电后的最大摆脱电流。各国规定的安全电流值不完全一致，我国一般取 30 mA(50 Hz)为安全电流值，但是触电时间按不超过 1 s 计。如果通过人体的电流达到 50 mA，则对人有致命危险；如果达到 100 mA，则一般会致人死亡。因此，将 50 mA 的电流称为危险电流，100 mA 的电流称为致命电流。

(2)安全电压。安全电压是指不使人直接致死或致残的电压。我国有关标准规定，12 V、24 V 和 36 V 三个电压等级为安全电压级别，不同场所所选用的安全电压等级不同。在湿度大、狭窄、行动不便、周围有大面积接地导体的场所(如金属容器内、矿井内、隧道内等)使用的手提照明灯，应采用 12 V 的安全电压。

凡手提照明器具、在危险环境或高危险环境的局部照明灯、高度不足 2.5 m 的一般照明灯、携带式电动工具等，若无特殊的安全防护装置或安全措施，均应采用 24 V 或 36 V 的安全电压。

5.1.2 触电原因和预防

引起触电的原因有多种，但根据统计，主要原因：私拉乱接导致触电；用电常识匮乏触电；思想懈怠，违章作业导致触电；用电设备年久失修、老化，导致作业者触电；设备安装没按要求，导致使用时触电。为防止触电，除减少主观因素外，还应采取以下措施。

1. 做好绝缘

绝缘是指用绝缘材料将带电体封闭起来，必要时要采用加强绝缘，即对电气设备采用双重绝缘，即使工作绝缘损坏了，还有一层加强绝缘，不易发生带电体裸露造成间接触电。良好的绝缘是防止触电发生的重要措施。

2. 做好屏护

屏护是指采用屏护装置将带电体与外界隔离开来。如常用电器的绝缘外壳、金属网罩，变压器的遮栏、栅栏等都属于屏护装置。凡是金属材料制作的屏护装置，都应接地或接零。

3. 保持安全距离

带电体之间、带电体与地面之间、带电体与其他设备之间、工作人员与带电体之间都应该保持一定的安全距离，安全距离的大小取决于电压的高低、设备的类型、安装的方式等因素。

4. 自动断电措施

在线路、设备上安装漏电保护、过流保护、过压或欠压保护、短路保护、接零保护等自动断电措施，在发生触电事故或其他事故时，能自动切断电源，起保护作用。

5. 保护接地

保护接地简称接地，是指在电源中性点不接地的供电系统中，将电气设备的金属外壳与埋入地下并且与大地接触良好的接地装置(接地体)进行可靠连接。若设备漏电，外壳和大地之间的电压会通过接地装置将电流导入大地。如果有人接触漏电设备外壳，因人体电阻远大于接地装置对地电阻，则通过人体的电流非常微弱，从而消除了触电危险，如图 5.1.4 所示。

6. 保护接零

保护接零简称接零，是指在电源中性点接地的供电系统中，将电气设备的金属外壳与电源零线(中性线)可靠连接，如图 5.1.5 所示。此时，当电气设备漏电致使其金属外壳带电时，设备外壳将与零线之间形成良好的电流通路。当有人接触设备金属外壳时，由于人体电阻远大于设备外壳与零线之间的接触电阻，因此通过人体的电流很小，没有了触电危险。由于零线不能断开，所以零线上不能安装开关或熔断器。将零线和接地装置连接起来，叫作重复接地，在零线开路时，重复接地线能把电流导入大地，起到保护的作用。

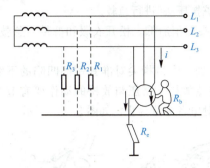
图 5.1.4　保护接地

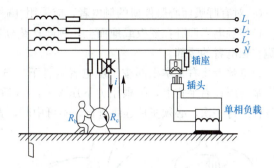
图 5.1.5　保护接零

知识巩固

5-1-1　总结如何预防触电以及触电后急救。

任务实训

触电急救演练

训练地点：教室、电工基础实训室

训练器材：急救培训假人、地垫、清洁用品等。

训练内容与步骤：

(1)使触电者迅速脱离电源。触电事故附近有电源开关或插座时，应立即断开开关或拔掉电源插头。若无法及时找到并断开电源开关时，应迅速用绝缘工具切断电线，以断开电源。

(2)简单诊断。将脱离电源的触电者迅速移至通风、干燥处，将其仰卧，并将上衣和裤带放松，观察触电者是否有呼吸，摸一摸颈部动脉的搏动情况。观察触电者的瞳孔是否放大。抢救前应先拨打 120 急救电话。

(3)对有心跳而呼吸停止的触电者，应采用"口对口人工呼吸法"进行急救。

1)将触电者身体和头偏向一侧，张开其嘴，用手清除口腔中假牙或其他异物，使呼吸道畅通，如图 5.1.6(a)所示。

2)将触电者鼻孔朝天，头后仰，抢救者在触电者一边，在深呼吸 2～3 次后，张大嘴严密包绕触电者的嘴，同时用放在前额的手的拇指、食指捏紧其双侧鼻孔，连续向肺内吹气 2 次。吹完气后应放松捏鼻子的手，让气体从触电者肺部排出，如此反复进行，每 5 s 吹气一次，坚持连续进行。不可间断，直到触电者苏醒为止，如图 5.1.6(b)～(d)所示。

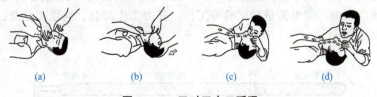

图 5.1.6　口对口人工呼吸

(a)使呼吸道畅通；(b)头后仰；(c)吹气；(d)排气

(4)对有呼吸而心脏停搏的触电者,应采用"胸外心脏按压法"进行急救。

1)将触电者仰卧在硬板或地面上,颈部枕垫软物使头部稍后仰,松开衣服和裤带,急救者跨跪在触电者的腰部。

2)急救者将右手掌根部按于触电者胸骨下二分之一处,中指指尖对准其颈部凹陷的下缘,左手掌复压在右手背上,掌根用力下压3~4 cm后,突然放松,挤压与放松的动作要有节奏,每秒钟进行一次,必须坚持连续进行,不可中断,直到触电者苏醒为止,如图5.1.7所示。

图 5.1.7　胸外心脏按压
(a)确定压区;(b)按压手型;(c)双手按压;(d)放松

(5)对呼吸和心脏都已停止的触电者,应同时采用口对口人工呼吸法和胸外心脏按压法进行急救:吹气2~3次,再挤压10~15次,不可停止,直到触电者苏醒或医生到来为止。

(6)可参考相应视频资料辅助学习。

任务5.2　船舶电气工具工装防护

5.2.1　常用防护工具

电气安全用具是用来防止电气工作人员在工作中发生触电、电弧灼伤、高空坠落等事故的重要工具。

电气安全用具可分为绝缘安全用具和一般防护安全用具两大类。绝缘安全用具又可分为基本安全用具和辅助安全用具,常用的基本安全用具有绝缘棒、绝缘夹钳、验电器等;常用的辅助安全用具有绝缘手套、绝缘靴、绝缘垫、绝缘站台等。基本安全用具的绝缘强度能长期承受工作电压,并能在该电压等级内产生过电压时,保证工作人员的人身安全。辅助安全用具的绝缘强度不能承受电气设备或线路的工作电压,只能起加强基本安全用具的保护作用,用来防止接触电压、跨步电压对工作人员的危害,不能直接接触高压电气设备的带电部分,一般防护安全用具有携带型接地线、临时遮栏、标示牌、警示牌、安全带、防护目镜等,这些安全用具用来防止工作人员触电电弧灼伤及高空摔跌。

1. 绝缘棒

绝缘棒又称绝缘杆、操作棒,主要用来断开或闭合高压隔离开关、跌落式熔断器、安装和拆除携带型接地线及进行带电测量和试验等工作。其由工作部分、绝缘部分及握手部分组成。其构造如图5.2.1所示。

图 5.2.1　绝缘棒构造

绝缘棒的工作部分一般用金属制成，其长度一般较短(5～8 cm)，过长在操作中容易引起相间或接地短路。绝缘部分与握手部分之间用护环隔开，它是用浸过绝缘漆的木材、硬塑料、胶木制成的，其长度的最小尺寸可根据电压等级和使用场所的不同而确定，一般见表 5.2.1。

表 5.2.1 绝缘棒的最小长度　　　　　　　　　　　　　　　　　　　　　m

额定电压/kV	户内使用		户外使用	
	绝缘部分长度	握手部分长度	绝缘部分长度	握手部分长度
10 及以下	0.70	0.35	1.10	0.40
35 及以下	1.10	0.40	1.40	0.60

绝缘棒使用时应注意：操作人员的手应放在握手部分，不能超过护环，同时要戴绝缘手套、穿绝缘靴(鞋)；雨天室外倒闸操作应按规定使用带有防雨罩的绝缘棒；使用绝缘棒时，绝缘棒禁止装接地线；绝缘棒使用完成后，应垂直悬挂在专用的架子上，以防止绝缘棒弯曲。绝缘棒的定期试验周期为每年一次。

2. 绝缘夹钳

绝缘夹钳主要用于 35 kV 及以下的电气设备上装拆熔断器等工作，其结构如图 5.2.2 所示。

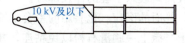

图 5.2.2　绝缘夹钳结构

绝缘夹钳由工作钳口、绝缘部分和握手部分组成。各部分所使用材料与绝缘棒相同。绝缘夹钳的钳口必须要保证能夹紧熔断器。使用时应注意：操作人员手握绝缘夹钳时，要保持平衡和注意力集中；夹熔断器时，操作人应戴防护目镜、绝缘手套、穿绝缘靴(鞋)或站在绝缘台(垫)上，并且头部不可超过握手部分。绝缘夹钳的定期试验周期为每年一次。

3. 验电器

验电器可分为低压和高压两种。

(1)低压验电器。低压验电器又称验(试)电笔、电笔，主要用来检查低压电气设备或线路是否带有电压，检测范围为 50～500 V，有钢笔式、螺钉旋具式等形式。其由笔尖、降压电阻、氖管、弹簧、笔尾金属体等部分组成。其结构和握笔方法如图 5.2.3 所示。只要被测带电体与大地之间电压超过 60 V，氖管就会启辉发光。观察时应将氖管窗口背光朝向操作者。

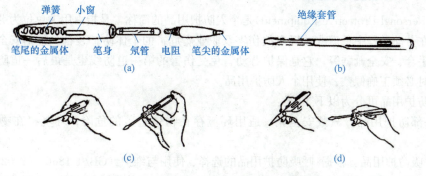

图 5.2.3　验(试)电笔的结构和握笔方法
(a)钢笔式；(b)螺钉旋具式；(c)正确握法；(d)错误握法

验(试)电笔在每次使用前，应先在确认有电的带电体上试验，检查其是否能正常验电，以免因氖管损坏，在检验中造成误判，危及人身或设备安全。凡是性能不可靠的，一律不准使用。平时要注意防止验(试)电笔受潮和强烈振动，不得随便拆卸。螺钉旋具式验(试)电笔裸露部分较长，可在金属杆上加绝缘套管，以便使用安全。

(2)高压验电器。高压验电器是电力系统和工矿企业电气部门必备的安全用具，用于测量高压电气设备或线路上是否带有电压(包括感应电压)。高压验电器形式较多，按照适用电压等级可分为 0.1~10 kV 验电器，6 kV、10 kV 验电器，35 kV、66 kV 验电器，110 kV、220 kV 验电器，500 kV 验电器；按照型号可分为 GDY 声光型高压验电器、GD 声光型高压验电器、GSY 声光型高压验电器、YD 语言型高压验电器、GDY-F 防雨型高压验电器、GDY-C 风车式高压验电器、GDY-S 绳式高压验电器。

使用时应按产品使用说明书要求正确使用。

4. 绝缘手套

绝缘手套是用特种橡胶或乳胶制成的，具有较高的绝缘强度。绝缘手套的规格有 12 kV 和 5 kV 的两种。使用时应注意以下几项：

(1)使用前应检查有无漏气或裂口等缺陷。
(2)戴绝缘手套时，应将外衣袖口放入手套的伸长部分。
(3)绝缘手套不得挪作他用；普通的医疗、化验用的手套不能代替绝缘手套。
(4)绝缘手套用后应擦净晾干，撒上一些滑石粉以免粘连，并应放在通风、阴凉的柜子里。

5. 绝缘靴(鞋)

绝缘靴(鞋)是在任何电压等级的电气设备上工作时，用来与地保持绝缘的辅助安全用具，也是防护跨步电压的基本安全用具，对泄漏电流接触电压等同样具有一定的防护作用。其用特种橡胶制成。应根据作业场所电压高低正确选用绝缘靴(鞋)，穿用绝缘靴(鞋)时，应将裤管套入靴筒。

绝缘靴(鞋)不用时要放在柜子内，并应与其他工具分开放置。特别值得注意的是，穿了绝缘鞋(靴)，也不得直接用手接触电气设备。为保证绝缘靴(鞋)安全可靠，要每半年定期试验一次。

6. 绝缘站台、绝缘垫和绝缘毯

绝缘站台用干燥的木板或木条制成，站台四角用绝缘瓷瓶做台脚，是辅助安全用具。绝缘垫和绝缘毯都是用特种橡胶制成，表面有防滑槽纹，其厚度不应小于 5 mm。

绝缘垫(毯)一般铺设在高、低压开关柜前，作为固定的辅助安全用具。

5.2.2 个人防护用品(PPE)

PPE(Personal Protective Equipment)是个人防护用品的简称，是指由用人单位为劳动者配备的，使其在劳动过程中免遭或减轻事故伤害及职业病危害的个体防护装备，包括安全帽、护目镜、安全手套、安全靴鞋等，它是保护劳动者免受伤害的第一道防线也是最后一道防线。劳动者在工作时必须正确佩戴、使用个人防护用品。

个人防护用品可分为以下 10 类：

(1)头部防护用品：佩戴安全帽，适用环境存在物体坠落的危险；环境存在物体击打的危险。

(2)呼吸防护用品：根据《呼吸防护用品的选择、使用与维护》(GB/T 18664—2002)选用。要考虑是否缺氧、是否有易燃易爆气体、是否存在空气污染、种类、特点及其浓度等因素之后，选择适用的呼吸防护用品。

(3)眼面部防护用品：佩戴防护眼镜、眼罩或面罩，适用存在粉尘、气体、蒸汽、雾、烟或飞屑刺激眼睛或面部的场所。佩戴安全眼镜、防化学物眼罩或面罩(需整体考虑眼睛和面部同时防护的需求)。焊接作业时,佩戴焊接防护镜和面罩。

(4)听力防护用品:根据相关要求选用护耳器;提供适当的通信设备。

(5)手部防护用品:佩戴防切割、防腐蚀、防渗透、隔热、绝缘、保温、防滑等手套,可能接触尖锐物体或粗糙表面时,防切割;可能接触化学品时,选用防化学腐蚀、防化学渗透的防护用品;可能接触高温或低温表面时,做好隔热防护;可能接触带电体时,选用绝缘防护用品;可能接触油滑或湿滑表面时,选用防滑的防护用品,如防滑鞋等。

(6)足部防护用品:佩戴防砸且能够防腐蚀、防渗透、防滑、防火花的保护鞋,适用可能发生物体砸落的地方,要穿防砸保护的鞋;可能接触化学液体的作业环境要防化学液体;注意在特定的环境穿防滑或绝缘或防火花的鞋。

(7)躯干防护用品:防护服,保温、防水、防化学腐蚀、阻燃、防静电、防射线等,适用高温或低温作业要能保温;潮湿或浸水环境要能防水;可能接触化学液体要具有化学防护使用;在特殊环境注意阻燃、防静电、防射线等。

(8)护肤用品:物理、化学和生物危险、有害因素损伤皮肤或引起皮肤疾病时,应发放护肤用品。

(9)坠落防护用品:系好安全带,适用需要登高时(2 m以上);有跌落的危险时。

(10)其他防护用品:出现上述情况之外的危险有害因素时,应当根据实际情况配备必要的劳动防护用品。

5.2.3 电工着装标准

为了确保安全可靠供电,保证人身安全,特制定如下着装标准。

1. 值班电工着装标准

(1)工作时,必须穿工作服,戴工作帽,穿绝缘鞋,不得穿凉鞋、高跟鞋、短衣裤。

(2)高压倒闸操作应按有关规定,穿绝缘靴,戴绝缘手套。必要时,应戴护目镜,任何操作,不得卷起衣袖。

2. 维修电工着装标准

(1)工作时,穿工作服,戴安全帽,穿绝缘靴(鞋),待工时,不得穿凉鞋、拖鞋,不赤膊,不得穿背心。

(2)在设备上工作,要佩戴手套或绝缘手套。

(3)高空起吊大型设备,或者进行安装、检修、电缆铺设等作业时,要戴安全帽,高空作业必须系安全带。

3. 进入现场人员着装标准

进入工作现场、变电所,必须按照维修、值班电工的着装标准穿戴。

注意:工作服(包括棉衣)应有荧光安全标识。

任务实训

防护用品穿戴

训练地点:教室、电工基础实训室

训练器材:安全帽、全身式吊带安全带等。

训练内容与步骤：

1. 正确使用安全帽

戴安全帽前，仔细检查合格证和使用期限，塑料安全帽正常使用年限为 30 个月。检查外观是否有裂痕、异常损伤。安全帽的帽衬和帽壳不得紧贴，间隔是否为 32～50 mm。在使用时必须系紧颌下带。只有按要求正确佩戴好安全帽，当高空发生物料落到安全帽壳上时，帽衬才可起到缓冲作用，才能避免因使用者不同作业姿势使安全帽脱落而失去防护效果。安全帽只要受过一次强力撞击，就无法再次有效吸收外力，必须更换（图 5.2.4）。

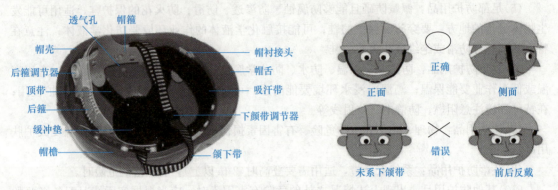

图 5.2.4　正确使用安全帽

2. 眼面防护用品常见分类、基本功能和选择要点

眼部受伤的案例中，约有 20% 的人将会暂时或永久性失明。佩戴护目镜，可以最大限度地减少眼睛伤害。紧固高强度螺栓时佩戴护目镜；使用化学品时佩戴护目镜；使用润滑脂、润滑油、液压油时佩戴护目镜；使用切割、打磨设备时佩戴护目镜；使用焊接设备时佩戴焊接专用护目镜。

眼面防护用品常见分类、基本功能和选择要点见表 5.2.2。

表 5.2.2　眼面防护用品常见分类、基本功能和选择要点

产品类型	防护功能	选择要点	不合适	图例
防护眼镜	防冲击	选择侧翼，防护来自侧面的冲击物 选防雾镜片	防尘 防液体喷溅 防气体 防焊接弧光	
防护眼罩	防冲击 防液体喷溅	选择具有间接通气孔 选防雾镜片	防气体 防焊接弧光	
焊接面屏	防焊接弧光 防冲击	遮光号 设计和安全帽匹配（配安全帽用）	防尘 防液体喷溅 防气体	

3. 耳塞的佩戴

噪声是一切惹人讨厌、令人烦躁、对人有害、人们不愿意听到的声音。长时间持续暴露于强噪声环境或多次接受脉冲噪声，会引起听力明显下降，或者永久性听力损失。噪声达到 85 dB 以上时，必须使用听力防护用品。职工佩戴护耳器后，其实际接受的等效声级应当保持在 85 dB 以下(图 5.2.5)。

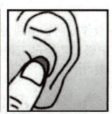

图 5.2.5 耳塞的佩戴

洗净双手将耳塞的圆头部分搓细(只适用子弹型及圆柱形耳塞)，另一只手从头后部绕过，将耳朵向上、向外拉起，将耳塞的圆头部分塞入耳中，此步骤适合所有耳塞。轻扶耳塞直至耳塞完全膨胀定型。为舒适安全地摘下耳塞，需一边旋转一边往外轻轻拉出耳塞。

4. 手、足、身体防护

(1)防护手套。防护手套的作用：防止火与高温、低温的伤害；防止电磁与电离辐射的伤害；防止电、化学物质的伤害；防止撞击、切割、割伤、擦伤；防止微生物侵害及感染(图 5.2.6)。

图 5.2.6 防护手套
(a)耐高温手套；(b)防辐射手套；(c)化学防护手套；(d)防割手套；(e)浸塑防油手套

防护手套使用注意事项：所有存在手部伤害风险的作业必须使用防护手套；防水、耐酸碱手套使用前应仔细检查，观察表面是否有破损，简易办法是向手套内吹口气，用手捏紧套口，观察是否漏气，漏气则不能使用。绝缘手套应定期检验电绝缘性能，不符合规定的不能使用。

橡胶、塑料等类防护手套用后应冲洗干净、晾干，保存时避免高温，并在制品上撒上滑石粉以防粘连。操作钻床、高速转刃设备不得使用手套；焊接、切割作业必须佩带焊工手套，焊工手套不能清洗；电工用绝缘手套若有油污，用酒精洗净后风干；手套避免存储在高温、高湿、太阳直射的场所。

(2)安全鞋。安全鞋的作用：防止火与高温、低温的伤害；电击伤害；化学物质的伤害；砸伤、刺穿、挤压、碾压、防滑(图 5.2.7)。

安全鞋使用注意事项：电绝缘鞋适合工频电压在 1 kV 以下的作业环境，工作环境应保持鞋面干燥，避免接触锐器、高温和腐蚀性物质，帮底不能有腐蚀破损；防静电安全鞋禁止当作绝缘鞋使用；穿用防静电鞋时不应再穿绝缘的毛料厚袜或使用绝缘鞋垫；防静电鞋应与防静电服配套使用；耐酸碱安全鞋只能适用浓度低的酸碱作业场所，应避免接触高温，穿用后应用清水冲洗鞋上的酸碱液体，然后晾干，避免日光直接照射或烘干。不得更改安全鞋的构造，如打孔。

图 5.2.7 安全鞋
(a)防滑花纹；(b)防砸钢包头；(c)防刺穿钢中板

(3)防护服。防护服可分为一般作业防护服和特殊作业防护服。一般作业防护服具有防污、防机械磨损的作用。特殊作业防护服有防静电工作服、防化工作服、防火、抗热工作服(焊工服)、抗油抗水防护服及其他防护服(图 5.2.8)。

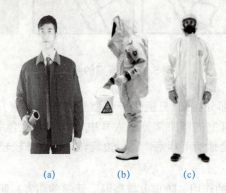

图 5.2.8 防护服
(a)防静电工作服；(b)重型防护服；(c)轻型防护服

5. 正确穿戴安全带

如图为全身式吊带安全带的正确穿戴图，全身式安全带能将冲击均匀地分布到身体各部分(图 5.2.9)。

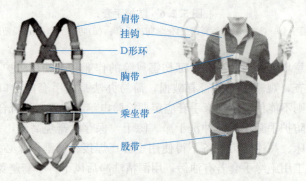

图 5.2.9 安全带

安全带使用注意事项：登高大于 2 m 时必须使用安全带；安全带必须有可靠的固定点，要防止摆动或碰撞，绳子不能打结，钩子要挂在连接环上；使用前应检查绳带有无变质、卡环是否有裂纹，卡簧弹跳性是否良好；如无固定悬挂处，应采用适当强度的钢丝绳或采取其他方法；禁止把安全带挂在移动、尖锐棱角或不牢固的物件上；高挂低用或水平悬挂；使用 3 m 以上的长绳时，应使用缓冲器；安全带及悬挂绳应避免火或其他热源、锋利的边缘、腐蚀性物品、拖行悬挂绳。

知识巩固

5-2-1 总结常用的防护工具有哪些？如何使用？
5-2-2 什么是 PPE？说明其使用的必要性。

任务 5.3 船舶消防管理与处置

5.3.1 常见安全常识标志

为了防止意外事故的发生，需要在电气设备上悬挂各类不同颜色及不同图形的标志，提醒人们对不安全因素的重视及注意。

1. 安全色

安全色是表达安全信息含义的颜色，表示禁止、警告、指令、提示等。国家规定的安全色有红、蓝、黄、绿、黑五种颜色。红色表示禁止、停止；蓝色表示指令、必须遵守的规定；黄色表示警告、注意；绿色表示指示、安全状态、通行；黑色用于安全标志的文字、图形符号和警告标志的几何图形。

2. 安全标志

安全标志由安全色、几何图形和图形符号组成，用来表达特定的安全信息。安全标志可分为以下几类：

(1) 禁止类：不准或禁止人们的某些行为，如禁止攀登等。几何图形是带斜杠的圆环，圆环与斜杠用红色，背景用白色，图形符号用黑色(图 5.3.1)。

图 5.3.1 禁止类标志

(2) 警告类：警告人们可能发生的危险，如注意安全、当心触电等。几何图形是等边三角形，背景用黄色，中间图形符号用黑色(图 5.3.2)。

(3) 命令类：必须遵守，如必须戴安全帽等。几何图形是圆形，背景是蓝色，图形符号及文字用白色(图 5.3.3)。

(4) 提示类：示意目标的方向，如安全出口。几何图形是方形，背景为红色时为消防设备的提示标志；背景为绿色时一般为安全通道、太平门等的提示标志(图 5.3.4)。

(5) 补充标志：是对以上四种的补充说明，补充标志可分为横写和竖写。横写的禁止标志用红底白字，警告标志用白底黑字，命令标志用蓝底白字；竖写的禁止标志用白底黑字(图 5.3.5)。

图 5.3.2　警告类标志　　　　　　　　　图 5.3.3　命令类标志

图 5.3.4　提示类标志　　　　　　　　　图 5.3.5　补充类标志

5.3.2　电气火灾的消防

电气设备材料选择不当；过载、短路；照明或电热设备发生故障；用电设备接触不良或遭受雷击等，都可能引起高温、高热或产生电弧、放电火花，从而引发火灾事故。

一旦发生电气火灾事故首先应切断电源，同时，拨打火警电话"119"报警。切不可用水或普通灭火器（如泡沫灭火器）灭火。应使用干粉二氧化碳或"1211"等灭火器灭火，也可用干燥的黄沙灭火。灭火人员也不可使身体及手持的灭火器材碰到有电的导线或电气设备。

📟 任务实训

机舱组合报警系统操作

训练地点：教室、实训室

训练器材：船舶工作状况综合报警的设备型号、SGB－7 电源、AC220 V/DC24 V 等。

训练内容与步骤：

在现代船舶中，一些较重要设备的报警，如通用紧急报警、CO_2 释放报警、火灾报警、电话呼叫、车钟呼叫、机器故障报警和轮机员安全报警等，除有单独的报警板外，还把报警信号传输到机舱报警灯柱和报警灯板，发出相应的声光报警，以便通知机舱工作人员，称为机舱组合报警系统（E/R Alarm Group Light Column）。

各种报警信号被送到组合报警系统继电器箱后，再经过继电器箱的转换将这些报警送到机舱组合报警灯柱和报警灯板,通知机舱内的船员。这些被送到报警灯柱和报警灯板的信号在继电器箱内是并联连接的,只要有报警信号,它们都同时发出灯光信号和音响信号。所以,机舱组合报警系统主要由两部分组成:一是报警继电器箱,也就是系统的控制电路,负责报警信号采集,同时输出信号驱动报警灯柱(板);二是外围报警灯柱和报警灯板,也就是系统的报警装置,通常布置于机舱、舵机舱、分油机室、集控室、锅炉舱等噪声较大的场所。机舱组合报警系统框图如图5.3.6所示。

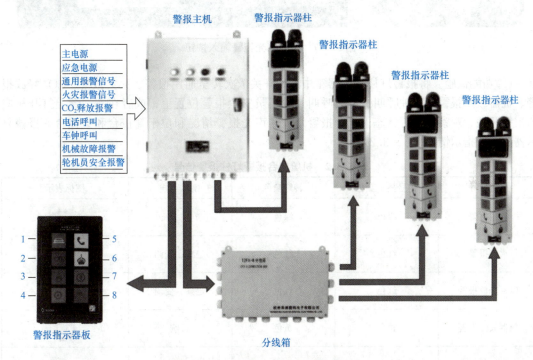

图 5.3.6　机舱组合报警系统组成框图

1—通用紧急报警;2—火灾报警;3—CO_2释放报警;4—机械故障报警;
5—电话呼叫;6—车钟呼叫;7—轮机员安全报警;8—灭火喷淋

(1)系统通电检查。在集控台 AC220 V 分电箱处打开报警灯柱继电器箱 AC220 V 电源,报警灯柱继电器箱上 AC220 V 电源指示灯亮。在集控台 AC220 V 分电箱处打开 DC24 V 电源转换模块开关,并在集控台 DC24 V 分电箱处打开报警灯柱继电器箱 DC24 V 电源,报警灯柱继电器箱上 DC24 V 电源指示灯亮。

机舱组合报警系统组成及安装位置见表5.3.1,机舱声光报警输入按钮如图5.3.7所示。

表 5.3.1　机舱组合报警系统组成及安装位置

名称	安装方式	安装部位
报警灯柱继电器箱	挂壁安装	教学室
报警灯柱	挂壁安装	教学室
机舱组合报警复示器	嵌入安装	驾控台台面
机舱组合报警复示器	嵌入安装	集控台台面
机舱声光报警输入按钮	嵌入安装	实训台台面

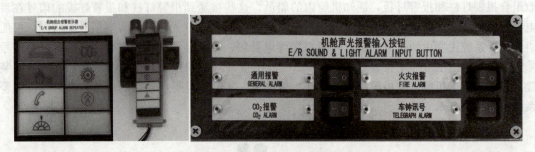

图 5.3.7　机舱电光报警输入按钮

(2)功能试验。将报警灯柱继电器箱中测试开关依次转至通用报警、火灾报警、CO_2 释放报警、机器故障报警、车钟呼叫、电话呼叫及轮机员安全报警位置上，或者在实训台上打开相应的报警开关，观察各报警状态下组合报警灯柱的声光报警情况和位于驾控台和集控台的报警复示器的报警指示情况(表 5.3.2)。

表 5.3.2　机舱组合报警灯柱报警信号

报警信号	信号显示颜色	转灯颜色	喇叭声响	图标表示
通用报警	绿色	绿色	7短1长	
火灾报警	红色	红色	定频、变调	
CO_2 释放报警	红色	红色	定频、变调	CO_2
机器故障报警	黄色	黄色	长响	
车钟呼叫	白色	黄色	响和不响交替	
电话呼叫	白色	黄色	两个音调交替	
轮机员安全报警	黄色	黄色	响和不响交替	

(3)报警信号优先级。当电源接通后，外来选通信号的优先级依次为机器报警、车钟、电话、CO_2 释放、火警、通用报警。当优先级不同的两个报警信号同时送入组合报警灯柱，可分为以下两种情况：

1)两个报警信号所用的转灯不同，如通用报警(绿色)和 CO_2 释放报警(红色)。在实训台上，同时按下通用报警和 CO_2 释放报警输入信号按钮开关，报警灯柱同时发出通用报警和 CO_2 释放报警两种声光警报。

2)两个报警信号所用的转灯相同，如火灾报警(红色)和 CO_2 释放报警(红色)。在实训台上，同时按下火灾报警和 CO_2 释放报警输入信号按钮开关，报警灯柱上火灾报警和 CO_2 释放报警指示灯都亮，但是只发出优先级高的 CO_2 释放报警的声响警报。

知识巩固

5-3-1　国家规定的五种安全色各有什么意义？

项目总结

1. 触电有电击和电伤两类。

2. 人体触电方式：单相触电、两相触电、跨步电压触电、静电触电和感应电压触电。

3. 安全电流和安全电压：我国一般取 30 mA(50 Hz)为安全电流值；我国有关标准规定，12 V、24 V 和 36 V 三个电压等级为安全电压级别，不同场所所选用的安全电压等级不同。

4. 电气安全用具分绝缘安全用具和一般防护安全用具两大类。绝缘安全用具又分为基本安全用具和辅助安全用具。电气安全用具是用来防止电气工作人员在工作中发生触电、电弧灼伤、高空坠落等事故的重要工具。

5. PPE 是指由用人单位为劳动者配备的，使其在劳动过程中免遭或者减轻事故伤害及职业病危害的个体防护装备，它是保护劳动者免受伤害的第一道防线也是最后一道防线。劳动者在工作时必须正确佩戴、使用个人防护用品。

6. 为了防止意外事故的发生，需要在电气设备上悬挂各类不同颜色及不同图形的标志，提醒人们对不安全因素的重视及注意。劳动者必须掌握安全色和安全标识的作用和意义。

附录1 知识巩固参考答案

1-1-1 略

1-1-2 5 V,2 V,−6 V

1-1-3 10 V 吸收,10 V 吸收,−10 V 发出

1-1-4 C、D、A、B,满足

1-2-1 $i = C \cdot \dfrac{\mathrm{d}u}{\mathrm{d}t}$

1-2-2 $u = L \cdot \dfrac{\mathrm{d}i}{\mathrm{d}t}$

1-2-3 $R = \dfrac{U_2 - U_1}{U_1} R_g$

1-2-4 $R = 6.04\ \Omega$

1-2-5 $I_2 = 2.4\ \text{A}$,$I_3 = 2.4\ \text{A}$,$R_3 = 50\ \Omega$

1-3-1 支路:GH、HC、AB、GF、HE、CD;结点:G、C、H、E;网孔:GHEF、HCDE、ABCHG

1-3-2 $U_{S1} = I_1 R_1 - I_2 R_2 + U_{S2} + I_5 R_4$;$U_{S2} = I_2 R_2 - I_3 R_3 + U_{S3} + (I_2 + I_5) R_5$;$I_5 R_4 + (I_5 + I_2) R_5 = I_4 R_6$

1-4-1 $R_{ab} = 3\ \Omega$

1-4-2 $R_{ab} = 2\ \Omega$

1-4-3 $U = 18.75\ \text{V}$,$I = 0.9\ \text{A}$

1-4-4 $i = -0.1\ \text{A}$

1-4-5 $U_{ab} = 6\ \text{V}$

1-4-6 $I_1 = 2\ \text{A}$,$I_2 = -1\ \text{A}$,$I_3 = 5\ \text{A}$

1-4-7 (1) $I_1 = 2\ \text{A}$,$I_2 = -1\ \text{A}$,$I_3 = 1\ \text{A}$;
     (2) 15 V;
     (3) $P_{25\ \text{V}} = -50\ \text{W}$(发出),$P_{10\ \text{V}} = 10\ \text{W}$(吸收),$P_{5\ \Omega(1)} = 20\ \text{W}$(吸收),$P_{5\ \Omega(2)} = 5\ \text{W}$(吸收),$P_{15\ \Omega(3)} = 15\ \text{W}$(吸收)

1-4-8 $I = 2.83\ \text{A}$,$U_{AB} = 9.33\ \text{V}$

1-4-9 $I_a = 1\ \text{A}$,$I_b = -5\ \text{A}$,$I_c = 4\ \text{A}$

1-4-10 $I_1 = \dfrac{29}{24}\ \text{A}$;$I_2 = -\dfrac{5}{24}\ \text{A}$;$I_3 = 1\ \text{A}$;$I_4 = -\dfrac{7}{24}\ \text{A}$;$I_5 = -\dfrac{1}{12}\ \text{A}$;$I_6 = -\dfrac{11}{12}\ \text{A}$

1-4-11 $U = 80\ \text{V}$

1-4-12 $I_1 = -\dfrac{52}{7}\ \text{A}$;$I_2 = \dfrac{43}{7}\ \text{A}$;$I_3 = -\dfrac{43}{7}\ \text{A}$;$I_4 = 5\ \text{A}$;$I_5 = -\dfrac{8}{7}\ \text{A}$

1-4-13 $I = 1.4\ \text{A}$

1-4-14 $I_1 = 1\ \text{A}$,$I_2 = 6\ \text{A}$,$I_3 = 4\ \text{A}$,$I_4 = -2\ \text{A}$

1-4-15 $I_1 = 1\ \text{A}$,$I_2 = -1\ \text{A}$,$I_3 = -1\ \text{A}$,$I_4 = 2\ \text{A}$,$I_5 = 2\ \text{A}$。

1-5-1 $U = 8.4\ \text{V}$

1-5-2 $I = 1.67\ \text{A}$

1-5-3 $I = -\dfrac{23}{20}$ A

1-5-4 $I = -\dfrac{10}{13}$ A

1-5-5 $i = 1.5$ A

1-5-6 (a)$I = 1$ A；(b)$I = 2.5$ A

1-5-7 $I = 1$ A

1-5-8 $I = \dfrac{16}{9}$ A

2-1-1 (1)$F_1 = \sqrt{5}\angle 63.4°$；(2)$F_2 = 50\angle 53.1°$；(3)$F_3 = 13\angle 112.6°$

2-1-2 (1)$F_1 = \left(-\dfrac{5}{2} + \dfrac{5}{2}\sqrt{3}\mathrm{j}\right)$；(2)$F_2 = 2.588 - \mathrm{j}9.659$；(3)$F_3 = -\mathrm{j}12$

2-1-3 略。

2-1-4 $i_1(t) = 10\sqrt{2}\sin(376.8t + 75°)$ A；$i_2(t) = 6\sqrt{2}\sin(376.8t + 75°)$ A；$\varphi = -120°$

2-1-5 (1)$X_C = 63.69\ \Omega$；(2)$I_C = 3.45$ A $Q_C = -759.8\ var$；(3)$X'_C = 3.18\ \Omega$

2-1-6 $Z_a = (0.2 + \mathrm{j}99.6)\Omega$；$Y_a = 0.01\angle -89.88°$ s；$Z_b = (41 + \mathrm{j}20)\Omega$；$Y_b = 0.022\angle -26°$ s

2-1-7 略。

2-1-8 $\dot{U} = (4 - \mathrm{j}4)$ V

2-1-9 $Z_L = (4 - \mathrm{j}8)\Omega$ 时，$P_{\max} = 125$ W

2-2-1 $u_A = 220\sqrt{2}\cos(\omega t)$ V

2-2-2 两种；星形、三角形，特点及图略。

2-2-3 略。

2-2-4 $\dot{I}_B = 10\angle -120°$ A；$\dot{I}_C = 10\angle 120°$ A

$\dot{I}_{AB} = \dfrac{10}{\sqrt{3}}\angle 30°$ A；$\dot{I}_{BC} = \dfrac{10}{\sqrt{3}}\angle -90°$ A；$\dot{I}_{CA} = \dfrac{10}{\sqrt{3}}\angle 150°$ A

2-2-5 $U_p = 380$ V $I_p = 22$ A $I_l = 22$ A

2-2-6 (1)$U_p = U_l = 380$ V $I_p = 19\sqrt{2}$ A $I_C = 19\sqrt{6}$ A；(2)$I_l = 32.01$ A $I_p = 18.48$ A $U_l = 261.4$ V

2-2-7 (1)$U_p = 220$ V $\dot{I}_A = 44\angle 0°$ A $\dot{I}_B = 22\angle -120°$ A $\dot{I}_C = 11\angle 120°$ A

$\dot{I}_N = 29.1\angle -19.1°$ A；

(2)$\dot{U}_{N'} = 83.15\angle -19.1°$ V $\dot{U}_{AN'} = 144.02\angle 10.89°$ V

$\dot{U}_{BN'} = 249.46\angle -139.1°$ V $\dot{U}_{CN'} = 288.0\angle +130.9°$ V

(3)$\dot{U}_{AN'} = 0\angle 0°$ V $\dot{U}_{BN'} = 380\angle 150°$ V $\dot{U}_{CN'} = 380\angle 150°$ V

(4)$U_A = 220\angle 0°$ V $U_B = 190$ V $I_B = \dfrac{38}{3}$ A $I_A = 0$ A

2-2-8 $P = 5\ 798.1$ W

3-1-1 0.1；1

3-1-2 $u_2 = 8.88\cos(314t)$ V

3-1-3 (1)1 和 2；(2)略。

3-1-4 $L = \dfrac{L_1 L_2 - M^2}{L_1 + L_2 + 2M}$

3-1-5　略。

3-1-6　166 盏；$I_{1N}=3.03$ A；$I_{2N}=45.45$ A

3-2-1　略。

3-2-2　3 000 r/min；0.5 Hz

3-2-3　略。

4-1-1　略。

4-1-2　0 V；-10 V；10 V；-1 A

4-1-3　$i_L(0_+)=0.5$ A；$i_2(0_+)=i_3(0_+)=0.25$ A，$u_L(0_+)=5$ V

4-2-1　$i_C=-4.5\mathrm{e}^{-50t}$ A，$i_2=3\mathrm{e}^{-50t}$ A，$i_C=-1.5\mathrm{e}^{-50t}$ A

4-3-1　$i_L(t)=(4-2\mathrm{e}^{-2t})$ A

4-4-1　$i_1(t)=\left(\dfrac{5}{21}+\dfrac{1}{35}\mathrm{e}^{-35t}\right)$A；$i_L(t)=\left(\dfrac{1}{7}+\dfrac{2}{35}\mathrm{e}^{-35t}\right)$A；$i_3(t)=\left(-\dfrac{2}{21}-\dfrac{1}{35}\mathrm{e}^{-35t}\right)$A

4-4-2　$u_C(t)=(-5+15\mathrm{e}^{-10t})$V

4-5-1　(a) $f(t)=\varepsilon(t-t_0)-2\varepsilon(t-2t_0)$；(b) $f(t)=\varepsilon(t)-2\varepsilon(t-t_0)+\varepsilon(t-2t_0)$

4-5-2　$u_C(t)=5\mathrm{e}^{-\frac{t}{2}}\varepsilon(t)-(5\mathrm{e}^{-\frac{t-1}{2}})\varepsilon(t-1)$

5-1-1　略。

5-2-1　略。

5-2-2　略。

5-3-1　略。

附录 2　实训项目考核标准

实训项目名称：		扣分	得分
评分标准			
接线 (30 分)	1. 准确操作各仪器仪表(10 分)		
	2. 应用原理设计电路(10 分)		
	3. 按设计电路原理图接线(10 分)		
调试 (40 分)	1. 能正确选择仪器仪表进行调试(10 分)		
	2. 在规定时间内完成接线(15 分)		
	3. 调试结果正确(15 分)		
	4. 虚接、漏接、错接，每处扣 2 分；损坏元器件，每处扣 2 分		
	5. 调试过程中仪器仪表挡位选错，每次扣 5 分		
	6. 带电接线、拆线，每次扣 5 分		
团队协作 (20 分)	1. 接线调试过程中团结协作(10 分)		
	2. 制订分工计划，完成任务明确(10 分)		
	3. 不动手、不协作，扣 5 分		
结果分析 (10 分)	对测试数据及误差正确分析总结(10 分)		
组员签到			

参考文献

[1] 邢迎春,葛廷友.电工基础[M].5版.北京:北京航空航天大学出版社,2021.
[2] 单潮龙.电路[M].2版.北京:国防工业出版社,2014.
[3] 陈希有.电路理论基础[M].3版.北京:高等教育出版社,2004.
[4] 孔凡东.电路基础[M].2版.西安:西安电子科技大学出版社,2011.
[5] 邱关源.电路[M].5版.北京:高等教育出版社,2010.
[6] 姚年春,侯玉杰.电路基础[M].北京:人民邮电出版社,2010.
[7] 华春梅,王丽琴.电路基础实训指导[M].哈尔滨:哈尔滨工程大学出版社,2020.
[8] 王昭同.电工技能与实训[M].西安:西安电子科技大学出版社,2012.
[9] 范忻,程立群.电工技术基本理论与技能[M].北京:国防工业出版社,2010.
[10] 李海凤.电工电子技术及应用[M].北京:北京理工大学出版社,2013.
[11] 徐国华.电工技能实训教程[M].北京:北京航空航天大学出版社,2007.
[12] 王世锟.电工操作技术[M].上海:上海科学技术文献出版社,2008.
[13] 王兆晶,国家职业资格培训教材编审委员会.维修电工(中级)[M].北京:机械工业出版社,2013.
[14] 人力资源和社会保障部教材办公室.电工电子基本技能[M].北京:中国劳动社会保障出版社,2010.